Del comunismo a la autogestión

Radiografía de una conciencia radical

Mario Rechy Montiel

Del comunismo a la autogestión | Radiografía de una conciencia radical
Mario Rechy Montiel
Primer Edición. Ciudad de México, agosto 2020.

Una producción de Barbas Poéticas Ediciones
Colección Especial Mario Rechy Montiel

Diseño Editorial y de Portada: Susana Zavala
Revisiones y cuidado editorial: Odeen Rocha

www.barbaspoeticas.com
contacto@barbaspoeticas.com
susana@aguamielcreativo.com

Impreso y hecho en México
Printed and made in Mexico

Índice

Proemio

Pedro Salmerón Sanginés

No citaré el párrafo inicial del Manifiesto Comunista de Marx y Engels, porque si acaso algún lector lo desconoce, lo encontrará en diez segundos en internet. Refiero a ese luminoso párrafo porque en estos días, como si no hubiesen pasado 17 décadas, los enemigos de todas las fuerzas progresistas, del cardenal Sandoval al expresidente Calderón; de Lozano (cualquier de los dos) a Fernández (el de FEMSA y el del ITAM); de Krauze a Aguilar Camín, de Proceso a Reforma, parecen lanzarse en estridente competencia para resucitar al fantasma de los comunistas que comen niños para el desayuno. El más violento lenguaje de la guerra fría reaparece en las redes sociales para hacer de "comunista" la palabra más ofensiva del lenguaje político.

Por eso resulta refrescante que nos recuerden qué se entendía por comunismo y cómo se luchaba por el comunismo, como hace Mario Rechy Montiel en los diez ensayos recogidos en este libro. pero no solo es un análisis nostálgico de cómo se luchó por el comunismo y qué se entendía por comunismo hace treinta, cuarenta, cincuenta años, sino un replanteamiento de la idea comunista, quizá con otras palabras, pues si (como dice Emanuel Terray), la caída del socialismo realmente existente no significó el fin de la explotación capitalista y las formas de opresión que la acompañan, era fácil predecir que el fénix comunista renacería pronto de sus cenizas, muchas señales de lo cual aparecen en la primera década del siglo XXI. Y estas señales de renacimiento exigen inquirir por las lecciones de la historia del comunismo. Mario lo dice así:

> Hoy creo en la ineludible búsqueda de cambios a través de la organización de las amplias mayorías. Y suscribo además una estrategia que no apuesta por la organización política como forma fundamental de instrumentar los cambios. O para decirlo más claro, no creo en la organización partidaria como forma básica, sino en la organización económica de los productores, en los procesos autogestionarios que les confieren poder a los trabajadores, en la construcción progresiva de un nuevo estado, desde cada sitio y desde abajo. En líneas generales, he susti-

tuido la idea de un ejército de conspiradores por la de un proceso democrático de conversión de todos los trabajadores en sujetos subversivos de la economía, el estado y la organización social.

¿Son estas nuevas formas de comunismo? Es muy probable. Lo que es seguro es que constituyen formas de exploración de alternativas anticapitalistas. Lo cual también es muy pertinente y aleccionador cuando los "intelectuales" orgánicos a las élites políticas y económicas tradicionales, que siguen dominando los espacios en los medios de comunicación y las revistas que se autoproclaman el centro de la vida intelectual del país. Justo en vísperas de que Mario Rechy entregue su libro a la imprenta, el director o el comité editorial de nexos escribió o escribieron, en julio de 2020

> Sectores de la izquierda marxista pronostican el fin de la globalización y del capitalismo al que apodan neoliberalismo. En el mundo sólo quedan dos países con economías estatizadas de carácter marxista: Corea del Norte y Cuba. El capitalismo es ahora hegemónico bajo democracias liberales, en dictaduras comunistas, autocracias nacionalistas o dictadores bananeros. Corea del Norte es una monarquía comunista, no forma parte de la mitología revolucionaria universal. El régimen cubano es entonces el último referente moral, político e ideológico del modelo marxista, anticapitalista y antiimperialista [...]

Y su continuación en agosto:

> En la entrega pasada [...] se ocupó del régimen cubano como último refugio del modelo marxista y del desastre que fue Fidel Castro como jefe de Estado. En esta segunda y última parte del ensayo, detalla el efecto negativo que ha tenido la cercanía de Cuba con la izquierda en América Latina [...] Es momento [...] de reconocer que no hay nada que agradecerle a Cuba, la dictadura más longeva, y de hacer que la izquierda deje de ser fiel a la religión marxista.

Sobre su versión casi infantil, su reducción al absurdo del "fin de la historia" y de la inexistencia del neoliberalismo, les respondí en "Nexos, Cuba y la reducción al absurdo"[1], pero es muy pertinente porque el último y más largo de los ensayos de Mario Rechy recogidos en este libro es justamente una devastadora crítica al, llamémosle así, socialismo cubano realmente existente. No comparte buena parte de las opiniones de Mario sobre Cuba (creo que hace falta historizar la crítica) pero su texto desmiente las afirmaciones de los "telectuales" antes citados: así como muchos de los más connotados intelectuales neomarxistas (como Slavoj Zizek) no tienen a Cuba como "referente", ni primero ni "último", muchos de quienes construyen actualmente alternativas anticapitalistas, como Mario, tampoco lo tienen, ni mucho menos.

Hay un ensayo que requiere, que provocaría una discusión muy necesaria: aquel en el que Mario pretende caracterizar a la 4T. La discusión que daría desde mi perspectiva personal es que se caracteriza un aspecto, un ala del actual gobierno que no ha sido suficientemente crítica con el pasado, en el sentido de detener las políticas neoliberales y reconstruir sobre ellas. Sin embargo, dejo esa discusión para después y solo recuerdo que en el reciente debate entre los secretarios de Estado Victor Manuel Toledo y Víctor Villalobos en los que se involucró también al subsecretario Víctor Suárez y al jefe de la oficina de la presidencia, Alfonso Romo, los vencedores en la práctica, fueron Toledo y Suárez; es decir, los defensores de la agricultura sustentable y comunitaria frente a la agroempresarial; los enemigos del glofosato y los transgénicos contra sus defensores. Por eso, creo pertinente diferir el debate: como escribí en un breve texto titulado "Waterloo"[2], la batalla no ha terminado y desconocemos aún sus resultados.

Reitero las buenas noticias que traen consigo los ensayos aquí reunidos: ni el marxismo ha muerto, ni la historia se ha terminado, ni el capitalismo es el fin de la historia, ni todo capitalismo es neoliberal, ni todo anticapitalismo es marxista.

---

1. Disponible en https://lacabezadevilla.wordpress.com/2020/08/20/nexos-cuba-y-la-reduccion-al-absurdo/
2. Disponible en https://www.jornada.com.mx/2019/06/25/opinion/016a2pol

Palabras Liminares
Presentación de Mario

Por Olivia Revueltas y Orso Arreola[3]

Conocimos a Mario Rechy Montiel a mediados de los años 60 del pasado siglo XX, cuando él y nosotros cursábamos estudios en la Secundaria Anexa a la Normal Superior de la Ciudad de México. En ese tiempo éramos jóvenes con un corazón inmenso y puro. Por aquellos años compartíamos en nuestro pequeño grupo cultural y político, todo lo que significaban las ideas libertarias de esa época en la que no había justicia para los desposeídos y marginados de la sociedad, tanto del sector obrero urbano, como del medio rural, incluyendo campesinos e indígenas de todo el país. Soñábamos, como la nueva generación que representábamos por nuestra joven edad, en poder realizar un cambio profundo dentro de las estructuras políticas, sociales y económicas de México.

Para lograr nuestro propósito nos inspiramos en una especie de Ideario Latinoamericano, que nuestros padres y maestros nos habían inculcado desde niños; y puedo citar a algunos héroes y próceres que nos fueron presentados, como: Miguel Hidalgo y Costilla, José María Morelos y Pavón, Fray Servando Teresa de Mier, Benito Juárez García, Ignacio Ramírez, Francisco Zarco, y Melchor Ocampo, entre tantos mexicanos fundadores de la Patria y de la identidad Nacional. Otros pensadores ejemplares a los que nos introdujeron fueron: Simón Bolívar, José de San Martín, y José Martí, este último tan cercano a México. Por todo esto nos sentimos plenamente identificados con las causas que consideramos eran las más justas y dignas de

---

3. Olivia Revueltas inició sus estudios en la Escuela Nacional de Música, los prosiguió en el Conservatorio. Se ha dedicado a la composición de Jazz. Grabó su primer disco acompañada de figuras consagradas. Fue declarada pionera del Jazz por el INBA y se le han dado varios reconocimientos a su trabajo. Entre otros la Medalla al mérito de las artes y el Reconocimiento como artista del año por el poder legislativo. Orso Arreola ha publicado varios libros, entre otros *El último juglar*, la biografía de Juan José, su padre, y ensayos diversos. Es directora del Museo que lleva su apellido en Cd. Guzmán Jalisco, tiene una importante obra poética.

ser imitadas en nuestra época, la que nos tocó vivir durante la década que va de 1960 a 1970, sólo por citar el inicio de la primera etapa de los movimientos armados del México moderno. Desde luego que antes y después de esa álgida etapa, hubo en nuestro país importantes movimientos que los estudiosos pueden consultar en la amplia bibliografía de que se dispone en la actualidad.

Es indudable que la Revolución cubana influyo de manera decisiva en toda nuestra generación, y no solo nos referimos al caso de México sino a toda la América Latina, desde sus inicios en los años cincuenta y hasta su triunfo e instauración en el año de 1959. Esto atrajo a numerosos grupos de jóvenes, en especial a los universitarios y de partidos políticos, sobre todo de izquierda, que desde distintos ángulos y con diferentes tácticas de organización y de lucha, se organizaron en pequeñas células, sindicatos y organizaciones; y que desde luego con diversas tendencias ideológicas se fueron unificando aún a pesar de tener en su origen formaciones partidistas de distinta naturaleza ideológica, pero que al irse conociendo e integrando en distintas asociaciones, células, partidos y ligas dieron por resultado la celebración de algunas alianzas de mayor consistencia y envergadura. A manera de ejemplo recordemos algunas: Partido Comunista Mexicano, Liga Leninista Espartaco, Partido Revolucionario del Proletariado, Frente Nacional Antiimperialista; Asociación Cívica Guerrerense, Movimiento de Liberación Nacional, Movimiento de Izquierda Revolucionaria Estudiantil, y finalmente mencionamos a la Liga Comunista 23 de Septiembre que por su importancia a nivel nacional estableció comunicación entre los jóvenes más insignes que fueron Lucio Cabañas, Raúl Ramos Zavala y Diego Lucero. Sobra decir aquí que el universo de las agrupaciones guerrilleras por aquellos tiempos es muy amplio y difícil de referenciar en el estudio que se presenta y que tiene un carácter introductorio al libro titulado Del comunismo a la autogestión, que se ostenta como la Radiografía de una conciencia radical y que forma un conjunto de ensayos escritos por Mario Rechy Montiel.

Como ya hemos aludido anteriormente, la década comprendida de 1960 a 1970 marcó los destinos de varios países en cuanto a los grandes cambios democráticos que se dieron como consecuencia de los movimientos armados de carácter revolucionario que proliferaron en toda América Latina y que florecieron en Cuba, en Guatemala, en Venezuela, en Chile, en Perú, en el Salvador, en Nicaragua, Uruguay, Brasil y Argentina, estos últimos países avasallados durante décadas por las dictaduras militares, durante el siglo XX, con el abierto apoyo de los Estados Unidos.

Ante este difícil panorama era urgente que los jóvenes, la generación de medio siglo nacida a principios de 1950 y sus predecesores, se propusieran iniciar la lucha por distintos caminos, y fue así que un 23 de septiembre de 1965, un grupo de valientes guerrilleros mexicanos con Arturo Gámiz y el Dr. Pablo Gómez a la cabeza, decidieran tomar por asalto el cuartel de Ciudad Madera, en el estado de Chihuahua. Esto se menciona por el simbolismo que tuvo el hecho de que algunos años después se formara la Liga 23 de Septiembre, con presencia en las ciudades de Chihuahua, Monterrey, Guadalajara, Guerrero y la Ciudad de México, y con poco conocidas gestas en el campo de los Estados del norte.

Otros factores que influyeron grandemente en la consciencia de los militantes mexicanos fueron las grandes luchas por los derechos civiles que estaban en su apogeo —igual que hoy— cuyo máximo líder y dirigente espiritual fue Martin Luther King, junto a los Panteras Negras. Lo mismo las luchas iniciadas por los líderes México-americanos Reies López Tijerina y César Chávez con una larga trayectoria sindical y laboral que conmovió socialmente a los Estados Unidos.

No olvidemos que Estados Unidos por estos años promovió la invasión de Cuba en el año de 1961 La cual además de representar un rotundo fracaso en el intento de derrocar a Fidel Castro sólo sirvió para unificar a todas las izquierdas del mundo para darle un histórico respaldo moral y material a la naciente Revolución Cubana.

En relación a lo anteriormente señalado, cabe mencionar el asesinato del Presidente John F. Kennedy en 1964 y la famosa Crisis de los Misiles que enfrentó a Rusia y Cuba con los Estados Unidos, a nivel mundial, como parte de uno de los peores periodos de la historia que conocemos como "La guerra fría".

En un mundo tan complejo y aterrador resulta hermoso que un pequeño grupo de estudiantes que fue creciendo poco a poco en la Escuela Secundaria Anexa a la Normal Superior entre los años de 1963 a 1965, en la Ciudad de México, que finalmente se iba a conocer como Grupo Antiimperialista.

En el Grupo llegamos a participar de alguna forma, los hijos de Juan José Arreola, las gemelas de Eli de Gortari, la hija de Edmundo Valadés, la hija de Renato Leduc, la hija de José Revueltas, entre otros. Además luego se unieron amigos entusiastas como Roberto Sánchez, Georgina Ramírez, el Maestro Guillermo Rocha y Carlos Salcedo. Recordamos que Mario y Orso se entrevistaron con el Poeta Carlos Pellicer en su casa de las Lomas de Chapultepec y lo visitaron varios fines de semana en su villa de Tepoztlán, en el Estado de Morelos, con la idea de hacer un periódico literario en el que colaborarían algunas de las mejores plumas de México. Por cierto Carlos Pellicer nos habló de su devoción por César Augusto Sandino y nos ofreció un poema para el periódico. En este mismo orden de ideas resulta oportuno anotar que el principal alentador del grupo era el Escritor Arqueles Vela, que como iconoclasta, y en su calidad de Director de la Secundaria Anexa, mantenía una estrecha relación literaria con algunos de los escritores que nos apoyaban y nos daban grandes muestras de solidaridad.

La sede más importante que tuvo el Grupo se obtuvo gracias a la solidaridad y la simpatía de Don Ermilo Abreu, que en memorable ocasión citó a Mario a desayunar en el Café La Habana, y sin más le pidió ahí que lo acompañara a una caminata, que culminó en la calle de Filomeno Mata 8, a donde subieron al 2° piso donde estaba la oficina del maestro en el Club de Periodistas de México, en el Centro de la Ciudad, donde le entregó a Mario la llave diciendo: "creo que usted y sus compañeros darán mejor uso que yo a este espacio". La simpatía y la generosidad del escritor Ermilo Abreu Gómez, fue algo que cambió nuestra perspectiva y situación material. Pero además siguió alentándonos cuando nos recibía en su casa con su esposa Margarita Paz Paredes, excelente poeta, y su hija Yamilé, que luego sería la Secretaria de la Célula Comuna de Paris donde militaría Mario. En este espacio emblemático del Club de Periodistas realizábamos nuestros círculos de estudio y escuchábamos música de los grandes compositores con una gran solemnidad. En todas estas actividades el gran espíritu de Mario nos envolvía, hacía cabriolas, subía y bajaba, leía, vociferaba su carcajada sonora que cimbraba los muros de cualquier recinto y con su ejemplo de magnífico lector, rubricaba nuestras reuniones con frases como "Y esto ha sido nuestra melcocha solemne". Entre líneas diríamos que Mario sabía muchas cosas inusuales para sus diecisiete años, con las que nos inspiró el amor por la aventura y nos introdujo en muchos libros a los que pudimos dedicar nuestra devoción.

De los grandes maestros, artistas e intelectuales de entonces, Mario, nosotros y muchos jóvenes más, conocimos los relatos de la guerra de Vietnam, el fracaso de la invasión de Bahía de Cochinos, el asesinato de Sandino, la gesta de Salvador Allende, la insurrección por la democracia en Hungría una década antes, y muchas anécdotas sobre el heroísmo de los comunistas en muchas partes del mundo. Escuchamos de la boca de Don Ermilo Abreu, de la de Florencio Sánchez Cámara, de la de Renato Leduc, de la de Arqueles Vela, de la de Juan José Arreola, de la de José Revueltas, de Luz María (la hermana de Mario) y muchos más, cómo la cultura en nuestro país debía ser una cultura ligada al pueblo y expresión de su espíritu. Y creemos que supimos heredar algo de tan enorme gente.

Durante nuestras sesiones de trabajo, recuerdo que escuchamos por Radio Habana Cuba, en un radio de onda corta, las transmisiones de los discursos de Fidel Castro y algunos otros programas y noticieros. Al término siempre se cantaba La Internacional. También leíamos el periódico Granma y la revista Bohemia, libros y revistas de China y Rusia. En la Secundaria proyectábamos grandes películas, organizábamos kermeses y actos culturales y llegamos a publicar dos periódicos Cuauhtli y El Guerrillero, mismos que se distribuían en la Normal Superior, en la Escuela Nacional de Maestros y en muchas otras escuelas de la ciudad. También asistíamos a las manifestaciones de protesta contra la Guerra de Vietnam y los aniversarios de la Revolución Cubana. Siempre llevando grandes mantas, y volantes escritos en un mimeógrafo. Diseñamos también grandes periódicos murales en facultades y escuelas.

Vale recordar que algunos miembros del Grupo Antiimperialista tuvieron dos etapas, en particular Mario Rechy Montiel fue de los fundadores del MIRE (Movimiento de Izquierda Revolucionaria Estudiantil) y fue también uno de los fundadores de la organización que en aquellos años juntó a las organizaciones espartaquistas bajo el nombre de Liga Comunista Espartaco. Por esta razón Mario se orientó hacia un compromiso más radical al que se entregó como un apostolado, dedicando más tiempo y esfuerzo, prosiguiendo su formación intelectual como militante. Es importante señalar que en aquellos años en el medio de los intelectuales, los escritores y los artistas hubo un compromiso ético y moral con respecto a mantener una conciencia muy clara de la situación tan desigual, en lo político y social, y contra los abusos de los poderes fácticos del Estado. Y en esa nuestra generación muchos decidieron enfrentar esa injusticia y autoritarismo.

Como ya se habló en ese mismo sentido, y dado que nuestra generación y sobre todo el grupo que iniciamos formalmente estaba constituido por muchos de los hijos de grandes creadores y personas de letras, ello se concretó en la confianza que nos daban como padres, con sus mejores consejos, brindándonos su apoyo moral y material para poder realizar nuestras actividades de la mejor manera posible. Podemos decir que respetaban nuestras inquietudes y nuestra búsqueda de nuevos caminos para la libertad.

Mario se fue con todos esos pensamientos y motivos de inspiración a ejercer un apostolado para replicarlos o seguirlos. Y dejamos de vernos mucho tiempo, porque en su empeño se vio involucrado en actos abiertamente subversivos, cayendo preso en Lecumberri a la edad de diecinueve años en 1967. Otorgándosele la libertad en 1973, teniendo nuestro entrañable amigo la edad de 25 años.

Desde aquellos años y hasta la fecha, Mario ha sido para nosotros un referente de continuidad y consecuencia, y en nuestra madurez un amigo, un hermano, entrañable y siempre próximo. Con sus textos y con su optimismo, ha seguido alentando nuestra esperanza y nuestra convicción por llegar a un mundo mejor.

Estamos seguros de que en sus reflexiones vibra el mismo espíritu con el que nacimos a la vida política hace más de medio siglo, y en su experiencia brillan destellos que deben alumbrar a la generación que hoy quiere seguir en el combate hacia un nuevo humanismo.

Julio de 2020.

Qué fue el comunismo.

Y cuál sería un balance general de su paso por el Siglo XX

Publicado en *Reincidente* Num 40. Puebla, Pue. México. 1ª quincena de agosto de 2012.

Para la gran mayoría, la percepción que hoy se tiene del comunismo es que fue un sistema político económico que prevaleció en Rusia y sus países satélites durante siete décadas; que se caracterizó por la planeación central de la economía y la supresión del mercado; un estado fuerte y autoritario, la ausencia de libertades democráticas y la intolerancia religiosa. Esa percepción es, relativamente, una idea correcta. Pero el comunismo fue también, el motivo de inspiración de varias generaciones de jóvenes idealistas, preocupados por la injusticia en el mundo, decididos a terminar con la pobreza y la explotación de los seres humanos por empresas capitalistas carentes de valores; jóvenes convencidos de que el camino para conseguirlo era una revolución social. Esta visión también era la mía.

Menos personas piensan también que el comunismo fue una religión. Una religión sin dios, pero que cumplía o satisfacía todas las características de una fé. Es decir, que estaba fundado en un cuerpo doctrinario que contenía algunas premisas o dogmas fundamentalistas que se cimentaban en una visión ideológica del mundo, donde todo estaba regido por la lucha de contrarios, la necesaria supresión de uno de los opuestos, en un proceso de perpetua destrucción y creación. También esa visión es verdadera.

No porque sus militantes lo hubieran concebido así, sino porque nos comportábamos como fieles de un culto, más que como intérpretes de una disciplina científica. Yo fui un caso o ejemplo de lo primero que describí. Es decir, alguien que concebía al socialismo como una disciplina que abordaba la historia universal como una sucesión de formas económicas, o modos de producción como se dice en la jerga obligada; que pensaba que la sociedad llegaría a un punto de madurez en el que la lucha de clases nos colocaría al frente de una revolución universal, que no podía tener otro horizonte que la sustitución de las formas capitalistas hacia un momento de economía planificada. Ello quería decir que los hombres producirían según sus capacidades y que acorde con ello tendrían su correspondiente retribución. Como lector y estudioso de esa disciplina, no solamente aprendí su coherencia teórica y su rigor económico, tuve también la voluntad y capacidad de ir a verlo a donde se construía para verificar su funcionamiento y alcances.

La primera impresión, en mi experiencia como testigo del socialismo, fue de enorme dicha: encontré una sociedad en la que no había desempleados, no había hambre, no había niños desamparados, ni ancianos mendicantes. Todos tenían acceso a la educación, a la cultura y a una vida digna. Con una salvedad, no podían disentir so riesgo de ser etiquetados como elementos disolventes o enemigos del socialismo. Y este riesgo que podía conducir al ostracismo conllevaba, también, restricciones para la libre expresión, la libertad de reunión y la libertad de prensa. Aunque se guardaran las formas sobre los derechos que tenían los individuos.

Ciertamente no conocí, en mi primer viaje al este, sino dos casos del socialismo, Alemania y Polonia. Y los conocí en su etapa final, en la década de los setenta; años en los que para mí quedaba claro que el socialismo se encontraba ante un dilema mortal: democratizarse o ser barrido de la faz de la tierra. Pero también constaté que quienes gobernaban no estaban dispuestos a nada que pudiera parecerse al régimen de libertades occidentales, porque ello los hacía vulnerables a la crítica y hubiera sido fuente de una renovación del liderazgo y el poder público. Así que no me fue difícil prefigurar grandes transformaciones hacia un mundo con mayores libertades, que debían complementar las conquistas que ya se tenían en el camino de la igualdad y la justicia social. Pero sobretodo en el privilegio que se concedía a los niños, que gozaban de una atención muy completa desde su primera infancia, a cargo de especialistas, de nutriólogos, pedagogos, entrenadores físicos, niños que tenían después asegurada una educación extraordinaria, con formación artística, científica y humanista.

Antes de ver el socialismo, había sido yo, en mi primera juventud, un joven fanático. Bajo la influencia de los combatientes de muchos países, así como de los defensores del socialismo donde ya había triunfado, y compartiendo el entusiasmo que invadía a la juventud de mi tiempo por la sabiduría y la justeza con que Mao Tse Tung exponía los principios de la dialéctica y la acción política, había sido un guardia rojo, un teórico de la propaganda y, hasta donde mis capacidades me lo permitían, un fiel ejecutor de nuestro ideal.

Pero tenía también una intensa vocación de conocimiento y de estudio, que en mi medio y mis días se tradujeron en la incursión hacia todas las corrientes del pensamiento social, de la ciencia y de las reflexiones sobre la historia. Cosa que me permitió descubrir que en nuestra disciplina o propuesta, se habían estancado varios elementos y herramientas.

Se había clausurado la introducción de nuevas recursos de análisis, se había circunscrito el universo de estudio, se habían realizado demasiados deslindes con otras disciplinas o metodologías para abordar la realidad social y el complejo universo de lo humano.

Como parte de una generación que vivía su ideal con profunda vocación y hasta apostolado, yo sabía que desde la época de las catacumbas cristianas no había pisado la tierra una legión de jóvenes entusiastas, vehementes y fieles, como nosotros. Y sabía también que desde aquellos días no había estado tan cerca y tan cierta la posibilidad de alcanzar el cielo. El cielo de una sociedad justa, armónica, donde todos los seres humanos pudiéramos ser felices.

La percepción de los ciudadanos que vivían bajo el socialismo era sin embargo harto diferente. Y representó siempre para mí un punto de profunda reflexión y de búsqueda. Los jóvenes habitantes del socialismo miraban hacia occidente con ilusión y con esperanza. Pero también como motivo de inspiración para la rebeldía y la expresión de la inconformidad. Los Beatles, que yo en lo personal no había apreciado y que en ello me apartaba de mi generación, eran en estos países del socialismo real los verdaderos héroes. Tan solo en Rusia había más de mil clubes clandestinos que además de escuchar su música como parte de un levantamiento espiritual, realizaban un ejercicio subversivo de fabricación rudimentaria de guitarras eléctricas y de cantadas, donde manifestaban su necesidad de aire, de libertad y de atrevimiento.

Los obreros se decían también inconformes por el lento ritmo de mejora en sus condiciones de vida, porque su esfuerzo y su productividad no recibían lo que la doctrina había postulado, y cuando cuestionaban o demandaban, se les machacaba que el enemigo amenazante obligaba al Estado a dar prioridad a la industria de defensa y al mantenimiento de un ejército invencible. Cuando años después de la caída del socialismo volví a constatar las condiciones de vida y de trabajo en Rusia, Ucrania, la luego fraccionada Checoeslovaquia y Hungría, y vi que ni diez años de capitalismo salvaje o de mercado habían remontado el estancamiento, lloré largamente en casas obreras de Rusia y Ucrania donde el ingreso no permitía comer carne más de tres veces al mes, y en donde no se podía tener todavía una televisión a color o más de dos pares de zapatos o de botas de invierno.

La burocracia gobernante de aquellos países había perdido toda auténtica fe y compromiso. Eso yo lo ví, lo sufrí. Sin duda el largo proceso de conversión del Partido en una maquinaria del poder, que solamente conservaba la ideología como parte de un uniforme institucional, pero lejano de toda convicción interna, había convertido a los miembros del Partido y del Estado —que eran lo mismo—en una clase social que se había apropiado del Estado. Es decir, en una clase social que no necesitaba los medios de producción, pues tenía directamente el dominio total y absoluto sobre la fuente misma de la propiedad, no solo sobre las cosas, sino incluso sobre los hombres y las almas.

Los modelos y los esquemas de los fundadores de la doctrina no habían resistido la prueba ácida de la historia. Probablemente en parte porque al contrario del destino inexorable que postulara la ineluctabilidad de esa etapa de la sociedad humana, la revolución no había llegado en el desarrollo, sino en la periferia, o mejor dicho, solo en las periferias había llegado. Mientras en las metrópolis el capitalismo se había seguido desarrollando hasta formas no previstas, si bien prefiguradas por los fundadores del materialismo histórico.

La sociedad socialista que había iniciado el camino hacia el comunismo cayó. Y no cayó bajo los arcabuces de sus enemigos. O al menos no de los arcabuces que lanzan balas, pues fueron más vulnerables al bombardeo con ideas y ejemplos, y más aún a sus propias contradicciones. Por su afán de impedir y aplastar los intentos de democratización y construcción de un régimen de libertades; por evitar un régimen que hubiera sin duda terminado con el control y la hegemonía de los llamados partidos comunistas y que habría inaugurado la coexistencia de propuestas diversas de socialismo. El sistema cayó también como producto de una competencia económica en la que fue más fuerte o decisiva en sus logros y resultados la economía donde el espíritu individual no es suprimido, sino aprovechado para el esfuerzo común. Y donde bien que mal se ha ido construyendo un camino de convergencia, no de modelos económicos, sino entre las libertades individuales y los intereses colectivos, y entre el poder central y la autogestión ciudadana. En ese sentido, la experiencia no está perdida, pues lo que no parece haber asimilado la sociedad soviética, lo está retomando la juventud occidental. Hoy esta juventud mira hacia las cooperativas y la construcción de un conjunto de economías locales, sustentables y solidarias. Sin duda los jóvenes de hoy volverán a confrontar al capitalismo.

Del socialismo la sociedad humana no supo conservar sus virtudes. Tiró al monstruo junto con sus criaturas sanas. Se liberó de una dictadura ideológica, sin conservar la educación gratuita, la impartición de salud, el pleno empleo o el acceso a la cultura. Y sin embargo, el capitalismo no llegó a esos países. Pues al menos en Rusia fueron los mismos miembros del partido comunista los que siguieron gobernando. Ahora reciclados, bajo nombres más convencionales y ajenos a toda ideología, como Nueva Rusia. Ellos se heredaron a sí mismos las empresas que antes administraron formalmente para la sociedad toda. Putin es dueño monopólico de la cerveza. El alcalde de Moscú de todas las constructoras. Y no han permitido que de la sociedad surjan los hombres de empresa. Los encarcelan cuando destacan, como a Jodorkovski, el petrolero.

Pero lo más doloroso de todo acaso sea que los comunistas que siguieron sintiéndose comunistas, y que no están en el poder, no aprendieron la lección. Y siguen repitiendo las viejas consignas o buscando recorrer los mismos caminos. Como si la crucifixión no les hubiera enseñado nada; y como si no pudieran escuchar las voces reverberantes del Gulag, donde ahogaron tantas quejas y tantos ideales de enmienda al proyecto original.

* El autor de este ensayo fue preso político en Lecumberri (de noviembre de 1967 a julio de 1973); profesor universitario durante treinta años, fue también miembro fundador del PRT, del Frente Democrático Nacional en 1988, y luego del PRD. Hoy no milita en ningún partido. Se dedica a organizar cooperativas.

Cambio revolucionario hace treinta años y cambio revolucionario hoy

Reflexiones que presenta Mario Rechy Montiel al IV Encuentro de Excombatientes del Movimiento Armado en México.

24 y 25 de abril de 2004

Queridos compañeros, estas reuniones vienen siendo de las cosas que más disfruto y más sufro. Que más disfruto porque con ustedes nací a la conciencia, y han venido a ser aquello que siento más caro y compartido, y que tengo como pendiente en mi vida. Y que más sufro, porque nuestro destino ha sido doloroso, no pocas veces trágico, y todavía lleno de atavismos, prejuicios y concepciones que sueño con dejar atrás.

Pero permítase detallar este sentimiento y esta concepción:

I. Pertenecemos a las últimas generaciones que fueron capaces de vivir la utopía del siglo XX. Esa es nuestra grandeza y nuestra tragedia. Grandeza porque el político posterior a nuestros días ha perdido la capacidad de imaginar y soñar con la justicia y con el cambio revolucionario, se ha vuelto realista y hasta pragmático, y ha hecho a un lado la inspiración que podía mover al sacrificio y a la epopeya. La política sin espíritu es una política de la decadencia o, cuando menos, de la mediocridad, tal y como el mundo gris de este capitalismo que todo lo corrompe, y todo lo malbarata. Tragedia, porque en nuestra obsesión y empeño no hubo el dominio y la fuerza instrumental para enfrentar con éxito a nuestros enemigos, y ello costó la vida de muchos compañeros, y porque también significó la derrota de un camino, de una estrategia.

A casi cuarenta años de distancia vemos con satisfacción y con dolor nuestra historia. Con la satisfacción de quien puso todo lo que podía de su esfuerzo y sus capacidades, y con el dolor de no haber podido consolidar los cambios que buscábamos.

Sin embargo, a diferencia de los neoliberales, que miden su eficiencia comparando el cumplimiento de sus metas en función de lo que van planeando, nuestro balance es inesperado y positivo. Inesperado porque hemos contribuido y provocado cambios que no estaban en nuestra orden del día, pero que representan un avance importantísimo en las libertades ciudadanas y en las condiciones de trabajo para un mundo más justo y democrático. Sin caer en las cuentas alegres, tenemos que reconocer que la mayor libertad que hoy tiene el pueblo de México, se la debe a nuestros muertos, en primer lugar, y al esfuerzo de organización y lucha que todos pusimos. Positivo, porque, este conjunto de organizaciones que fundamos y sostuvimos, además de haber sido un factor decisivo en los cambios sociales y políticos de los últimos treinta y cinco años, constituyeron un movimiento que hoy puede reflexionar sobre sí mismo, y sobre las condiciones y cambios desde los cuales podemos replantearnos nuestras metas y tareas. Para algunos, he escuchado, no hay mérito en nuestra aventurada actividad, y difícilmente se ve la relación de causa efecto entre nuestras iniciativas y lo que realmente cambió. Sin embargo, sin que vaya ahora a demostrarlo, nuestro ejemplo fue un fermento entre la juventud, nuestro esfuerzo ha sido punto de partida de muchos movimientos, y nuestras ideas se han convertido en lugares comunes, que hoy todo mundo tiene como parte de su concepción, y que en nuestros días pioneros sonaban irreales o imaginarios.

II. Queríamos un mundo socialista. Un mundo donde no existiera la explotación del hombre por el hombre; donde no existiera hambre, y todos tuvieran trabajo y acceso a la salud, la educación y la cultura. Teníamos claro, desde entonces, que eso no es posible mientras la riqueza se concentre en unas cuantas personas, mientras el mercado irrestricto sea el vehículo o mecanismo a través del cual se distribuya el producto, y el poder sirva básicamente a esos dos intereses. Viéndolo en retrospectiva hemos tenido razón. No hubo socialismo, pero lo seguimos necesitando.

No se creó una sociedad dirigida o gobernada por los trabajadores, y hoy ni me parece tal cosa posible; pero aun así pudimos conocer la experiencia soviética, donde a pesar de no haberse establecido la democracia de ningún género, la sociedad tuvo los servicios básicos, se instrumentó un proceso de industrialización y se dio trabajo a todos los habitantes.

Hoy, muchos de nosotros concebimos un socialismo sin dictadura, y sin carácter de clase. Aunque parezca difícil o poco próximo delinearlo.

Haciendo un recuento, sabemos que además de no justificarse ninguna dictadura, hoy algunos tenemos la convicción de que no es tampoco conveniente suprimir el mercado, y que deberemos moderar los alcances de la planeación. Sabemos también que el gobierno no puede hacerse en nombre de nadie, y que los partidos han manejado imágenes ideológicas, pero no necesariamente han sido los representantes de las clases o los grupos sociales que dicen ser. Con enorme dificultad descubrimos que la supuesta conversión de la sociedad en dos campos antagónicos no tenía ni tiene nada que ver con el proceso histórico real, que existen grupos sociales que no se originan en el capitalismo y que prevalecen y deben seguir existiendo, tales como los indígenas y los campesinos, a quienes las sociedades de todos los tiempos deben mucho. Sabemos hoy que la sociedad ha evolucionado tecnológicamente, hasta tal punto, que no será necesario ya, históricamente hablando, que todos participen en las tareas de la producción directa, y que el género humano puede ya ir reduciendo la jornada laboral, aún sin haber conseguido el socialismo. Sabemos que la capacidad productiva de la sociedad contemporánea puede hacer que una buena parte de la población se dedique a múltiples actividades de cultura, educación, investigación, y desarrollo de nuevas actividades de interés colectivo. Y que esto es posible con tan sólo la vigencia de una democracia económica. Y ahí debemos poner nuestros nuevos esfuerzos para concretarla.

A la explicación sobre el motor de la historia algunos de nosotros hemos agregado el principio de la cooperación y la solidaridad, y no hemos podido quedarnos con la lucha de clases a secas.

Y probablemente la mayor lección que nos hemos llevado fue la de descubrir que la superación del capitalismo no se cumplía con el derrocamiento de una clase dominante, sino con el hecho de que las clases subalternas o explotadas adquirieran las capacidades y funciones de sus explotadores. En esto, parafraseando, diríamos que la partera de una nueva sociedad no viene siendo la violencia, sino la autogestión.

III. Dejamos las armas. Básicamente porque fuimos derrotados cuando apenas comenzábamos; pero también porque llegamos a la conclusión de que todo cambio violento es el resultado de que la mayoría no suscriba o apoye lo que los revolucionarios persiguen, y porque terminamos por entender que solamente existe un camino a la democracia cuando es la mayoría la que decide enfilarse hacia ella. En esto podríamos decir que fuimos voluntaristas, cómplices de los regímenes dictatoriales que se impusieron a una parte de la humanidad, y hasta un peligro para nuestras sociedades. ¡Qué hubiéramos hecho si en aquellos años hubiéramos llegado a gobernar?

Pero es también necesario decir que no han sido debilidades morales o concepciones beatas las que nos apartaron de la violencia. Si hoy no llamamos a provocar o buscar cambios sociales a través de las armas es simplemente porque nuestra vocación democrática tuvo mayor peso que nuestra vehemencia revolucionaria.

Tampoco quiere decir esto que nos hayamos vuelto pacifistas, o que renunciemos a acompañar al pueblo en sus acciones, por más inesperadas que estas sean, o por más peligrosas u osadas que puedan presentarse. Pues la historia del hombre no deja de tener muchos componentes de espontaneidad, donde el odio y de locura provocan acciones y reacciones, y los socialistas y comunistas no somos almas de la caridad que predican, sino dirigentes políticos que intervienen.

A donde quiera que el pueblo o los trabajadores sean atropellados ahí seguiremos presentes. Y a donde quiera que un hombre o una mujer defienda sus derechos y reciba un bofetón, estaremos solidarios a impedirlo o a castigarlo. No creemos que la injusticia se resuelva con prédicas morales, ni con paciencia sin actos.

En esto, siento que existe una línea de continuidad, pues cuando menos en la organización en la que yo militaba, no nos planteábamos como forma principal de lucha la organización armada. Postulábamos la autodefensa popular, y el ir minando la capacidad militar o violenta del enemigo. En ningún momento propusimos, ni procedimos, como si nuestro método de lucha fuera la violencia. Éramos organizadores.

Y la verdad extraño, echo de menos profundamente, esa capacidad de respuesta contra todo atropello. ¡Cuánta falta hace que alguien le parara el alto a gente como Diego Fernández de Cevallos, o como Salinas o como esos seres pequeños que cometen enormes crímenes! En esto sigo siendo violento, o quisiera serlo. Me siento desarmado. Pero no creo en la procedencia de enfrentar a los guachos, cuando éstos no saben qué hacen, ni tienen peso político alguno. Mantengo sí la convicción de que en ocasiones se puede cambiar la situación al deshacerse de un solo hijo de la chingada. Así venía siendo antes, y sigue siendo en muchas partes. Pero no en México, y no me queda claro por qué. Es algo que en nuestro país tiene un extraño carácter, casi de excepción, pues en el mundo árabe, o en el cono sur, el pueblo reacciona con violencia ante la violencia, y nosotros parecemos haber perdido el umbral de la dignidad, de la defensa intransigente de la dignidad.

IV. Hoy creo en la ineludible búsqueda de cambios a través de la organización de las amplias mayorías. Y suscribo además una estrategia que no apuesta por la organización política como forma fundamental de instrumentar los cambios. O para decirlo más claro, no creo en la organización partidaria como forma básica, sino en la organización económica de los productores, en los procesos autogestionarios que les confieren poder a los trabajadores, en la construcción progresiva de un nuevo estado, desde cada sitio y desde abajo. En líneas generales, he sustituido la idea de un ejército de conspiradores por la de un proceso democrático de conversión de todos los trabajadores en sujetos subversivos de la economía, el estado y la organización social.

Y en esto, aunque suene jactancioso, vengo diciendo lo mismo desde hace exactamente 40 años, pues en lugar de organizar al partido yo postulaba crear el poder.

Más allá de las recomendaciones que Marx alguna vez hizo a los izquierdistas Willich y Shapper, para que aprendieran a enseñar y esperar unos veinte años a que el pueblo trabajador aprendiera a gobernarse, hoy le diría a mi pasado marxista, que fue un error considerar que la revolución podía llevarnos una o dos generaciones, cuando puede en realidad representar el esfuerzo de más de uno o dos siglos.

Tengo la convicción de que la prisa con que queríamos alcanzar los objetivos era producto de ese ritmo de la vida occidental que venía tomando el espíritu de las máquinas; y que hoy, para que la tarea sea sólida y perdurable, tiene que tener la fuerza que han tenido las doctrinas y la fe, al mismo tiempo que el tesón y la paciencia de los indígenas, para ver resultados en el presente siglo.

Creo en un socialismo transfigurado que admite la pluralidad; que reconoce el derecho a la propiedad individual o familiar que se consigue sobre la base del esfuerzo personal y familiar, y que admite la existencia de cuando menos tres sectores económicos: el estatal, el social y el privado.

V. Hace cuarenta años, teníamos claro que el pueblo no lucha por objetivos ideológicos o programas máximos, y por ello no pretendíamos convencerlo de la bondad del socialismo. Lo que queríamos era dirigir el movimiento espontáneo y elevar progresivamente su nivel de conciencia y de programa. Sabíamos que la gente se moviliza y lucha por intereses inmediatos. Hoy sigue siendo de la misma manera. Sólo en los países donde el nivel de cultura e información ha elevado la conciencia general, las amplias masas se plantean defender conquistas históricas, instituciones o programas. En términos generales la gente se moviliza por el jornal, los derechos elementales y la autonomía.

Las elecciones vienen siendo el mecanismo más eficaz para apartar la conciencia y la participación de la verdadera democracia. Y por una sencilla razón: porque se vota por candidatos que la gente ni elige ni ha formado, y que constituyen propuestas de los partidos y de las cúpulas que detentan el sistema político. Eso no tiene solución con reformas, ni con perfeccionamientos legislativos; y sólo puede solucionarse en la medida que sea la gente la que se organice para participar según su claridad de miras y organización, es decir, en cada sitio, localmente.

La democracia sólo puede alcanzar su realidad en el nivel directo, donde el conocimiento de los participantes no está nublado por los medios masivos de comunicación y el anonimato de la sociedad de masas.

La democracia no puede tener vigencia cuando las propuestas son tan generales que el voto termina siendo una adhesión de simpatía; o cuando es la mercadotecnia la que convence de una imagen, o hace coincidir las expectativas de los votantes con la envoltura de los candidatos a los cargos.

En esto tampoco hemos cambiado. Quisimos desmitificar las elecciones cuando levantamos la candidatura de Demetrio Vallejo en un solo distrito de la capital a mediados de los años sesenta. Y tal vez deberíamos seguir haciendo lo mismo con nuestros presos para educar a la población.

Las elecciones no se ganan bajo el sistema actual. Lo que sí gana terreno es la organización autogestiva de la gente.

Por lo demás, el Congreso, o poder legislativo, no tiene capacidad para reorientar el modelo de país, y ni siquiera para corregir sus más graves problemas, como el IPAB, la distribución presupuestal o la política exterior. En esto sigo creyendo que tenemos que sustituir el estado actual. Pero no a través de una dictadura, sino de una lenta construcción de un nuevo estado.

Más que preocuparnos por los partidos, las elecciones o las cámaras, deberíamos proponernos dejar algunas ideas claras entre los trabajadores. Hay que enfrentar la propaganda que educa a la mercadotecnia que manipula.

VI. En resumen, muchos o todos nos sentimos, como hace cuarenta años, parte del socialismo. Pero este socialismo se ha transfigurado. Ya no tiene un referente internacional. Ni siquiera un ejemplo. Ya no se resume en un modelo sobre la socialización de los medios de producción, sino en un proceso autogestivo con muchos escenarios. Ya no supone un horizonte evolutivo universal, sino el reconocimiento de la diversidad y las particularidades. Ya no defiende el derecho de ninguna dictadura, sino la voluntad mayoritaria, así esta voluntad pueda estar en contra de lo que creemos la verdad.

A cuarenta años hemos aprendido. Tuvimos que retroceder en nuestras prisas de cambio. Tuvimos que cambiar la clandestinidad por un trabajo abierto, y un programa que combina objetivos inmediatos y objetivos históricos; cuando además hoy sabemos que esos sueños sobre el socialismo probablemente ya no los veremos nosotros, y acaso ni nuestra primera descendencia.

Hemos tenido que aprender muchas nuevas disciplinas, pues nuestra herramienta de análisis de la realidad se mostró limitada para explicarnos cómo se conducen los productores del campo, y no aceptamos reducirlos a la condición de papas en un costal, ni a convertirlos por la fuerza en proletarios. Tuvimos que estudiar a muchos pensadores que no suscribían la visión de los fundadores del materialismo histórico, porque necesitábamos entender la complejidad de nuestro mundo actual, y ello no tenía antecedente en la ortodoxia. Tuvimos, en fin, que mirar con espíritu abierto y con autocrítica este doloroso pasado siglo, donde millones de gentes murieron por quimeras, porque ya no queremos que el género humano haga sacrificios en vano.

Pero estamos fortalecidos en nuestra nueva y enriquecida concepción. Y estamos listos para formar al nuevo ejército que debe reemplazarnos. En este empeño trabajamos. Y con esta perspectiva mantenemos nuestro inalterable optimismo. Un optimismo como el de Ana Frank, que desde sus peores momentos le llevó siempre a decir: "creo en la bondad humana". No en la de todos, ni como virtud inalterable, sino como posibilidad que se refrenda y se fortalece.

Hemos dejado atrás la idea de que la pobreza o la explotación son la única fuente de donde nace la justicia. Hoy sabemos que en cada uno de nosotros existe la dualidad del lobo y el cordero, y que la búsqueda del socialismo no se garantiza con un Carnet de partido, sino con una solidaridad que se cultiva y con una lealtad que sólo puede mantenerse a través de lo colectivo, de la democracia y el fortalecimiento de principios y valores, y no de ideologías o dogmas.

Hoy queremos aproximarnos al socialismo al irlo construyendo entre nosotros, como algo que sólo puede tener vigencia cuando mantenemos lo social y lo común, por encima del interés personal o egoísta. Antes nos sentíamos generales, capitanes, parte de un estado mayor. Hoy nos han enseñado que sólo podremos mandar aprendiendo a obedecer.

Hago votos porque sepamos sacar todo el núcleo de nuestra experiencia y lo plasmemos en el ejemplo y en la letra; y porque sepamos trasmitirlo a quienes están luchando ya, y son la continuidad de lo que hace treinta o cuarenta años nosotros tomamos de la generación que nos había antecedido.

El álgebra entre el Internacionalismo y la Revolución

Intervención de Mario Rechy en el Coloquio conmemorativo del Centenario de la Revolución de Octubre celebrado en La Casa de la Alta Escuela para la Justicia, Cd. de México, nov de 2017.

"Agradezco al Sr. Rector, Paolo Pagliai, la invitación para formar parte de este pequeño grupo que hoy rememora y comenta los significados y alcances de una Revolución que cambió al mundo.

"En razón del tiempo que cada orador ha recibido como asignación, y en apego a esa regla, me permitiré exponer mi tema con ayuda de razonamientos algebraicos y lógicos que harán más breve la exposición, y acaso más clara."

En Rusia se podrá lograr la victoria del proletariado en un futuro muy próximo, sólo si los obreros cuentan, desde el principio, con el apoyo de la inmensa mayoría de los campesinos que luchan por que sean confiscadas las grandes haciendas de los terratenientes (y por la nacionalización de toda la tierra, si presumimos que el programa agrario de los "104" continúa siendo esencialmente el programa agrario del campesinado). Con respecto a tal revolución campesina y apoyándose en ella, el proletariado puede y debe, en alianza con los sectores más pobres del campesinado, dar nuevos pasos hacia el control de la producción y de la distribución de los productos básicos, hacia la introducción del "trabajo general obligatorio", etc. Estos pasos los imponen con absoluta inevitabilidad, las consecuencias de la guerra, que en muchos aspectos se agravarán aún más en el período de posguerra. "Con respecto a esto, la tarea de organizar inmediatamente soviets especiales de diputados obreros en los distritos rurales, es decir, soviets de trabajadores asalariados rurales, independientes de los soviets de los demás diputados campesinos, surge en primer plano con extrema urgencia. Tal es, brevemente, el programa esbozado por nosotros, basado en una apreciación de las fuerzas de clase de la revolución rusa y mundial, y también en la experiencia de 1871 y de 1905.

Lenin. *Cartas desde lejos*. Zurich.

24 de marzo de 1917.

I

Justo al haber triunfado la revolución y ya que se había instaurado la dictadura bolchevique, las primeras medidas que los nuevos gobernantes juzgaron indispensables, después de lanzar los decretos por la paz y el reparto agrario, se encaminaron a vencer toda oposición y resistencia. Y en un país devastado por la guerra y en el que aún antes del golpe de Estado bolchevique ya existía la escasez, los obreros siguieron demandando participación y libre mercado, y los campesinos defendieron su producto y su mermado nivel de vida.

Los bolcheviques otorgaron entonces prioridad al abasto urbano y a la reconstrucción industrial, centralizaron el poder y las decisiones y fueron reduciendo los derechos de participación a todos los inconformes. Para ello decretaron un impuesto en especie a la producción rural y aplastaron a los obreros de Kronstadt, mostrando la inflexibilidad con que ejercerían la dictadura. Además, a las clases medias, que venían cuestionando la centralización de las decisiones y la exclusión de otras fuerzas revolucionarias en el gobierno, se les aplicó la Checa, esto es, una policía política inmisericorde, que se dedicó a matar a lo que quedaba de la aristocracia, junto con los intelectuales más altisonantes.

Hablo de los años 1918 a 1921.

Ninguna de estas fuerzas cuestionó la revolución. Pero sí pusieron en duda tanto los métodos leninistas como la centralización del poder.

En ese entonces, Evgueni Preobrashenski, a la sazón uno de los dos dirigentes de la economía (el otro era Nikolai Bujarin), escribió: "durante la segunda etapa de la edificación del Estado proletario se coloca en primera línea no la amplicación del aparato gubernamental, sino la reducción y mejoramiento de su trabajo. Pero **el momento de concluir esta etapa depende enteramente del éxito y la rapidez con que los obreros de Europa lleguen a la victoria y a su propia dictadura proletaria. La revolución obrera en Europa constituirá el prólogo para el tercer periodo de la vida de nuestro Estado**, periodo de destrucción del Estado en general..."[4]

Pero esa Revolución, en la que Preobrashenski y sus compañeros cifraban correctamente su esperanza, sería derrotada en 1918 y 1919. Y esa sería otra historia.

¿Qué pasó entonces en Rusia que se vio inesperadamente solitaria al frente de una revolución que se pretendía socialista? Responder a esa cuestión tiene muchas y trascendentes implicaciones.

Pero también tiene una espantosa actualidad. Piensen ustedes en los ejemplos que tenemos a la vista.¿ Qué podría pasar en Barcelona si Vasconia, Andalucía o Galicia no se suman a la lucha por la República y la Democracia? ¿Qué perspectivas ha tenido la lucha en Grecia si ningún otro país entró al proceso de cuestionar la deuda externa, ni cuestionó las políticas neoliberales que han forzado a reducir las condiciones de vida de la población general en tantos países?

De hecho el sistema capitalista, hoy neoliberal, no es un enemigo que pueda vencerse de manera definitiva en combates nacionales. Por desgracia seguimos sujetos y obligados a perfilar una estrategia de lucha y una organización internacionales.

El grueso —y casi sin excepción— punto de vista de los socialistas o comunistas, sin embargo, desde aquél momento de la Revolución de Octubre, ha sido el de defender que se procedió a construir el socialismo en las condiciones en

---

4. *Anarquismo y comunismo*, Edición del Centro de Estudios Socialistas Carlos Marx. México 2011. Págs. 173 y 174.

que era posible. Y hasta se llegó a acuñar el término de socialismo realmente existente. Es decir, un socialismo que no era lo que originalmente se quería, pero que es lo que se había podido obtener.

Este tema es más que fundamental, pues incluso hoy existen personas que siguen pensando que el socialismo es posible aunque se lo construya en el aislamiento y el acoso. Como sería el caso de Cuba.[5]

Desde luego que otra historia sería, y no me voy a ocupar hoy de ese aspecto, si además el curso o desenlace dependa también del grado de compromiso que la dirección de una lucha tenga con el pueblo trabajador y con la causa mundial de los pueblos. Eso cuenta y puede conseguir tiempo, pero no sustituye los procesos que de por sí tienen un carácter internacional.

En esta exposición, sin embargo, nos atreveremos a decir otra cosa. Pues precísamente partimos no del hecho de que la revolución rusa se haya visto solitaria y circunscrita a sus propias fuerzas, sino que partimos de la idea original de que el socialismo debía llevarnos a la democracia, a la abundancia y a la fraternidad.

Una revolución, nos dice la teoría —y esta sería **la primera premisa**—es un proceso rápido, generalmente violento, de orden político o social que destruye un Estado, sustituye una clase social gobernante por otra, y establece nuevas relaciones de producción y propiedad. Dicho en los términos clásicos. **R = VP+VS+DT (NRPP)**.

Una revolución es democrática —podemos agregar— cuando es el resultado o culminación de una amplia participación popular mayoritaria, y recoge las demandas y expectativas de ese pueblo insurrecto. Y esta sería **la segunda premisa**. Revolución implica democracia. **R implica D**.

Una revolución es exitosa —redondeamos nuestras premisas—cuando esas demandas y expectativas se

---

5. Nos hemos ocupado del caso de la Revolución *cubana en nuestro texto* La muerte de Fidel y el futuro del socialismo. En Google, Mario Rechy Montiel Academia.edu

cumplen y se consolida así un nuevo régimen, en el que el pueblo ve cumplidas sus esperanzas. **Tercera premisa**. Revolución exitosa significa cumplimiento del programa. **RE=CPrograma**.

Por otra parte, debemos subrayar que la Revolución de Octubre fue una de las primeras que respondía a una teoría político económica, es decir, que combinaba el proceso espontáneo de hartazgo y rebeldía, con un planteamiento general sobre la nueva sociedad que debía construirse. En este caso, la Revolución ocurrió de manera natural ante la incapacidad de la clase gobernante rusa para sostener la gobernabilidad, mantener en marcha la economía y, en la coyuntura específica, conducir a la nación hacia la paz, después de muchos cientos de miles de muertos en una guerra desatada por la codicia y la rapiña. **Este sería el primer silogismo**. Con un contenido de verdad. Revolución económica + Revolución orientada teóricamente = Nueva Sociedad. **RE +ROT = Nva Soc**.

Hablamos de una Revolución que se desató, que tuvo lugar, de manera natural y espontánea, por el hartazgo del pueblo ruso ante la guerra, el despotismo, la injusticia y la pobreza. Y que en el curso de esa revolución, en pocos meses ese proceso que comenzó espontáneamente, se transformó al adoptar una nueva forma de Estado, que sustituía no solamente la estructura del poder aristocrático y la Duma, sino que inauguraba el poder de los Consejos de obreros, campesinos y soldados, y se erigía en una dictadura inspirada en el marxismo y la interpretación de Vladimir Lenin. **Nuestro primer juicio. Proceso espontaneo de insurrección destruye el poder formal y crea uno nuevo inspirado en ROT**.

Hasta ahí nuestras premisas, primer silogismo y primer juicio.

II

Ahora resumamos las condiciones, porque las premisas siempre tienen que ser confrontadas con los hechos, para no quedar en juicios de valor sin contenido real, pues nos interesa la lógica de la historia, no la lógica simbólica que utilizan las computadoras, la matrix o las ideologías.

Y haciendo un primer paréntesis, diríamos que la lógica de las ideologías supondría que el contenido de verdad está en los postulados teóricos. Por ejemplo, en que la dictadura proletaria es lo que define la existencia de la revolución, y en que esa dictadura representa, o dicho en términos lógicos, implica, la realización de las expectativas y demandas de la población. En esto la ideología emparenta o tiene el equivalente de la lógica simbólica, en la que es posible hacer inferencias válidas aunque su contenido de verdad no exista.

Entonces convengamos: R = revolución, y R = $\sum$ de paz, justicia y democracia, para iniciar un nuevo orden social (NOS).

La lógica que se desprende de los intereses tiene en cambio, un derrotero o resultado no coincidente, pues esos intereses son distintos en cada sector, clase o grupo de las fuerzas participantes.

Al final del siglo XIX la población total del Imperio Ruso se situaba alrededor de los 129 millones de personas, según los datos del censo de población de 1897. Aunque los historiadores del comienzo de siglo calculaban que al estallar la revolución, después de tres años de guerra, quedaban solamente 97 millones. Sin que ello signifique que la diferencia entre cifras se explique por un total de muertos, pues también ocurrió una emigración masiva. Este dato podría parecer irrelevante a los que se ocupan solamente de la caída del zarismo y la instauración de poder soviético. Pero para motivos de esta álgebra que considera vectores a las fuerzas sociales, resulta fundamental.

Considérense los siguientes datos: Rusia pagó un precio muy alto en vidas humanas en la Primera Guerra Mundial.

Según la mayoría de los expertos, unas 700.000 u 800.000 personas cayeron en combates, un millón trescientos mil personas más murieron de heridas y casi ochocientas mil desaparecieron. Además, más de tres millones cayeron como prisioneros de guerra; y de éstos, 285.000 murieron en campos de prisioneros y 238.000 no regresaron del cautiverio. Estas cifras nos hablan de un total de 5,900,000 personas que se restan a la demografía de esa nación en el curso de un lustro. Y luego, aparte, más de 400.000 civiles murieron de hambre y epidemias. Todo lo cual representa la pérdida de **seis millones quinientos mil personas en las edades entre 15 y 50 años**. Eso es una verdadera catástrofe y todavía faltaba la guerra civil.

El desarrollo industrial del imperio ruso, que era más basto que Rusia misma, era sin duda considerable y acelerado, según una fuente autorizada, la red ferroviaria en 1914 alcanzaba los 70.000 km (la 3ª red del mundo tras los EE. UU. y el Imperio británico). En 1892, las minas de carbón rusas produjeron 6,9 millones de toneladas de carbón; en la producción 1905 alcanzada 18,7 millones de toneladas. Mientras que las cifras relativas al crecimiento industrial eran impresionantes —la industria de Rusia creció más rápidamente que la de Gran Bretaña y Alemania— Rusia todavía se retrasó detrás de las naciones industrializadas en términos per cápita de consumo. La población de Rusia también creció más rápidamente que el de naciones de Europa occidental; la población del Imperio ruso alcanzó 125.000.000 en 1894, 146.000.000 en 1904, 175.000.000 en 1914.[6]

En 1910, el 36,4% del total de las exportaciones de trigo del mundo eran rusas. Al mismo tiempo, la eficiencia era menor en comparación a los países desarrollados (por ej., la recolección de grano era un 10% menor a la de México). **En todo el imperio la población urbana rondaba el 20% (25% en la parte europea) con 25 ciudades de más de 100 mil habitantes en 1914.** En 1914 en la parte europea del

---

6. El Imperio Ruso, wikiwand, que es parte de Wikipedia. 5 de nov. de 2017.

imperio vivían 142,5 millones de personas, y los restantes 32,5 millones se repartían entre el Cáucaso, Siberia y Asia Central. (Ibid).

En total, incluyendo a aquellos ocupados entre la agricultura y la industria, no había más de tres millones de trabajadores industriales, apenas un 2% de la población, aunque estaban concentrados en unas pocas regiones y eso les iba a conceder, en el momento de la crisis final del régimen, una influencia política que iba más allá de su peso cuantitativo.[7]

Hay en verdad discrepancia en las fuentes sobre todas estas cifras. Pero lo que no debe dudarse es que se había reducido la población en casi seis millones de personas a causa de todo el conflicto, aunque según los datos estadísticos actualizados en 1917, la población del imperio ruso sumaba solo 100 millones. De ese total, y en primer lugar de esa vasta mayoría, estaban los campesinos, que constituían el mayor número, pues sumaban alrededor de 85 millones.

Ahora bien, ¿cuál era la situación que vivía esa población? A principios del siglo XX, los campesinos tenían que pagar como impuesto directo al Estado 1,56 rublos por cada deciatina (medida rusa que equivale a 1,09 hectáreas) mientras que los grandes propietarios sólo pagaban 0,23 rublos. Lo que podía haber permitido un cierto desarrollo capitalista del campo, con la creación de una burguesía y una pequeña burguesía ligada a la producción agrícola, así como por la mejora de las condiciones de producción y la elevación del nivel de vida de ese sector privilegiado, que se convirtió en una nueva losa sobre las familias campesinas.[8]

En la primera década del siglo XX había en la Rusia europea unos 305 millones de hectáreas de tierra cultivable, seis veces la extensión de España. En donde el zar era el mayor latifundista, pues poseía más de 5 millones de Ha., una

---

7. Casanova, Julián, *La venganza de los siervos*. Editorial Planeta. Crítica Barcelona, España 2017, pág. 25.
8. Resumen Latinoamericano, agencia de noticias. / **Nota** de Miguel Salas sobre la Revolución de Octubre / 21 de mayo de 2017. Miguel Salas es miembro del Consejo Editorial de Sin Permiso.
Fuente: www.sinpermiso.info al 19 de mayo 2017.

extensión como la suma de Catalunya y la Comunidad Valenciana, o para hablar de México una superficie tan grande como el Estado de Campeche o como el Estado de Quintana Roo. Casi 3 millones de Ha. eran propiedad de la Iglesia, del tamaño de toda Galicia. Más de 76 millones de Ha. estaban en manos de 30.000 grandes hacendados, o sea que 30 mil hacendados poseían una superficie tres veces más grande que el Estado de Chihuahua en México. Los grandes propietarios podían disponer como media de unas 2.500 Ha, cuando para las familias campesinas esa media era de 7,6 hectáreas. (ibidem)

Ya estallada la revolución, en plena efervescencia, el 4 de mayo de 1917 se reunió en Petrogrado el Primer Congreso Campesino de toda Rusia. La formación de soviets en el campo estaba en sus inicios. Pero, como ha expresado Nicolas Werth en su ensayo sobre las paradojas de esa revolución, en ese contexto, en el se presentaba ya una profunda descomposición del ejército, integrado por unos diez millones de soldados campesinos movilizados durante tres años en una guerra cuyo sentido no comprendían, las delegaciones a ese primer congreso eran una mezcla variada de los diferentes sectores que poblaban en la sociedad agrícola, desde el mediano y pequeño propietario hasta el obrero agrícola, pero, de una u otra forma, al Congreso llegaron las exigencias campesinas. El Congreso tomó una posición unánime y radical frente a la gran propiedad agrícola: "Todas las tierras han de pasar a ser de dominio público, sin indemnización, para ser explotadas y trabajadas de un modo igualitario". Nadie habló pues ni de socialización ni de la forma de reparto. Simplemente los campesinos querían la tierra y la terminación del latifundio.

Aunque no todo el mundo la interpretó de la misma manera, fue el reconocimiento de lo que la mayoría campesina demandaba. Las decisiones de las asambleas campesinas eran tomadas como leyes. Y a partir de ese momento las ocupaciones de tierras y el reparto comenzaron a tener lugar, anticipándose al decreto legal respectivo, y a todo acuerdo que tomara le gobierno provisional o el que le sucediera.

A fines de 1916, los precios habían ya empezado a subir vertiginosamente y a saltos. A la inflación y a la desorganización de los transportes se había sumado la gran escasez de mercancías. El consumo de la población se había reducido durante este período a menos de la mitad. La curva del movimiento obrero seguía ascendiendo. En el mes de octubre, la lucha había entrado en su fase decisiva. Todas las manifestaciones de descontento se habían mancomunado: Petrogrado tomaba la delantera en agitación para lanzarse al asalto del poder en febrero. En todas las fábricas se celebraban mítines. Los temas eran: La cuestión de las subsistencias, la carestía de la vida, la guerra, el nuevo gobierno. Circulaban hojas bolcheviques. Se planteaban huelgas políticas. Se improvisaban manifestaciones a la salida de las fábricas y talleres. Aquí y allá obsérvabanse casos de fraternización de los obreros de las fábricas con los soldados. Y estalla entonces una tumultuosa huelga de protesta contra el Consejo de guerra instituido contra los marinos revolucionarios de la escuadra del Báltico. (Trotsky. *Historia de la Rev. Rusa*. Cap. III)

La guerra había sorprendido a los campesinos, pues dijimos ya, el gobierno zarista se había movilizado hacía ya tres años a reclutar en las aldeas cerca de 10 millones de hombres y unos dos millones de caballos. Con esto, las haciendas débiles de por sí, se habían debilitado más. Había aumentado el número de los labriegos que no sembraban y, como relata el mismo Trotsky, a los dos años de guerra empezó la crisis del labriego modesto. La hostilidad de los campesinos contra la guerra había ido naturalmente en aumento de mes en mes. Para que, en octubre de 1916, las autoridades de la gendarmería de Petrogrado comunicaran que la población del campo no creía ya en el triunfo contra los alemanes, y según los informes de los agentes de seguros, maestros, comerciantes, etc., «todo el mundo espera con gran impaciencia que esta maldita guerra se acabe de una vez». (Trotsky, ibidem). Alguien tenía que decretar ese fin de la guerra.

El Partido Socialista Revolucionario, que representaba a una población de 35 millones de campesinos (probablemente ochenta millones de personas incluyendo sus familias), se decía que contaba con aproximadamente un millón de afiliados al comienzo de 1917. El Partido Bolchevique, en cambio, tenía en febrero del mismo año aproximadamente 3,500 miembros.[9] Aunque la política seguida por Lenin y Trotsky les permitió a los bolcheviques, sobretodo después de las jornadas de junio y julio —en que plantearon que todo el poder debía pasar a los soviets y generalizaron las consignas de ¡Pan, Paz y Tierra!—, crecer al partido hasta sumar aproximadamente 350,000 militantes poco antes del día de la toma del poder. Pero aun así, se trataba de un partido minoritario, representante de una minoría de la población.

Esos vectores en movimiento nos dan los siguientes datos. Entre 1910 y 1914 ocurren, tan solo en la región europea de Rusia, más de 17 mil amotinamientos y actos de violencia por parte del campesinado contra la autoridad. Y durante esos mismos años el número de huelguistas urbanos oscila entre 1,500,000 y 600 mil. Adicionalmente, desde 1914 se suceden diversos momentos de escasez e inflación, y en el año que estalla la revolución no había ya suficiente combustible para calentar ni los lugares de trabajo ni las viviendas, cuando el invierno todavía no terminaba. La gente padecía el frío.

La edificación del capitalismo de Estado

La toma del poder el 7 de noviembre de 1917, fue producto de todo eso, fue una decisión audaz, bien calculada y extraordinariamente oportuna, que sólo el genio de Lenin y Trotsky pudieron anticipar y preparar. Ellos interpretaron correctamente el descontento, y al medir la lentitud con que el gobierno provisional se comportaba, concluyeron que era necesario tomar las riendas del proceso.

---

9. Oliver H. Radkey, *The Agrarian Foes of Bolshevism*. Columbia University Press. 1962. Page 236. Isaac Deutscher *La Revolución Inconclusa*. Edit. ERA Méx. 1967.

Sin embargo, como minoría que eran, comprendieron que no podían gobernar solos. Al menos en ese momento. Así que aceptaron convocar a la Asamblea Constituyente.

Ilustraré, para redondear este punto central sobre lo que fue la Revolución de Octubre, cómo en la Rusia soviética se impidió la constitución de un gobierno plural, donde pudieran incorporarse todas las fuerzas anticapitalistas, y se impuso un modelo excluyente que terminó por consolidar a la burocracia. Ese proceso no se inició bajo el gobierno de Stalin, tras la muerte de Lenin, sino al segundo y tercer año de la dictadura bolchevique. En ese entonces participaba toda una pléyade de revolucionarios ilustrados y experimentados. Y no solamente en el Partido Bolchevique, sino en varios destacamentos. Entre otros en el anarcosindicalismo (semejante al de Ricardo Flores Magón de México), en el Partido anarquista de Néstor Makhno, y en el Partido Socialista Revolucionario, que era el más numeroso de Rusia y que conducía Víctor Chernov.

Por desgracia los acontecimientos confrontaron a estas fuerzas que habían coincidido en el derrocamiento del zarismo y en la defensa contra los invasores. Tras un comienzo que parecía necesitarlos a todos, aparecieron las diferencias sobre qué socialismo construir, y en los bolcheviques no hubo jamás la disposición para mantener una alianza duradera, o plantear una metodología de la convergencia. Pero dejaré que se ilustre este punto en las palabras de uno de los principales voceros bolcheviques de aquél entonces. Su nombre era Evgueni Preobrashenski.

Yo admiro muchísimo a Evgueni, pues su contribución al estudio de la ley del valor y a los principios de planeación fueron el fundamento de una economía nueva, y seguirán siendo fuente de inspiración para muchos años de construcción de sociedades más justas. Pero vean lo que escribió para justificar la represión del pueblo cosaco y el exilio que terminó por representar la expulsión de más de un millón de personas de esa región a Siberia:

"Veamos detalladamente, cómo se explica el refuerzo de la agitación anarquista y **socialrevolucionaria pequeño-**

burguesa en la primavera de 1921, qué consignas lanzaban los anarquistas y quiénes eran sus aliados temporales en este periodo y, por último, **a dónde podía llevar al país y a la revolución**, la victoria de **la contrarrevolución socialrevolucionaria-anarquista... La agitación anarquista encontraba apoyo no solamente entre los bandidos, sino también entre los campesinos y entre la parte atrasada del proletariado...**Entre el campesinado el descontento existía, principalmente, a causa del impuesto en especie, el cual durante el año 1920 era especialmente pesado para la aldea. **El campesinado** no era contrario al Estado que le había dado la tierra y que la había defendido con la ayuda del Ejército Rojo contra los terratenientes y capitalistas. Pero el campesinado **estaba contra el Estado que llevaba a la práctica el sistema de impuestos en especie**, no dejándole aun al campesinado los productos necesarios. Esto explica la simpatía de determinadas capas de campesinos respecto al movimiento anarcosocialrevolucionario en el Volga y en el Sureste, es decir, en las regiones del trigo..."

"En lo que respecta a los obreros, el descontento hacia el gobierno soviético de la parte atrasada del proletariado en la primavera del año 1921, parece completamente incomprensible a primera vista.....La causa del descontento de los obreros no puede ser la misma que la del descontento de los campesinos, por cuanto el aumento del impuesto en especie sobre el campesino supone un aumento del abastecimiento para los obreros... **este descontento era por el mismo impuesto en especie y por la falta de libertad de comercio.**"

"Pero el descontento general de la clase obrera debido a la lentitud de los éxitos de la edificación económica sobre nuevas bases, podía prolongarse durante un periodo bastante prolongado, y los anarquistas podrían conseguir, después del año 1921, buen terreno para el desarrollo experimental de su demagogia."

"...No es extraño que se encuentren elementos que aplauden a los anarquistas, aunque estos aplausos sean, desde el punto de vista de la situación de la lucha de clases, solo un grito de desesperación y un lamento de cansancio. Por último, **las masas obreras sufren indiscutiblemente la acción del burocratismo del aparato soviético, de su inmovilidad para la satisfacción de las necesidades cotidianas del obrero**, así como los débiles resultados en la lucha contra estas deficiencias. Y en estos momentos es cuando el anarquista se acerca a todos los descontentos con las consignas "**Abajo el Estado**", "**Abajo el Gobierno soviético**". "**Vivan los soviets libres e independientes.**". La simpatía hacia los anarquistas en este punto también existe."

"**...En el terreno económico, los anarquistas exigían la destrucción de la administración centralizada de la industria y, o bien la transferencia de esa administración a los sindicatos, o bien la entrega de cada fábrica a los obreros que en ella trabajen** (fábricas comunas). En el terreno de la distribución estaban contra el monopolio del pan y de las materias primas, contra el impuesto en especie y **por el libre cambio entre los obreros y campesinos de los productos de su trabajo.**"

"**...No es la igualdad en la distribución lo que nos conviene económicamente** ahora —subrayaba Evgueni Preobrashenski—. Somos demasiado pobres para permitirnos el lujo de la igualdad... el enorme trabajo iniciado en la obra de la reconstrucción económica y las enormes conquistas para los trabajadores y, por último, el hecho mismo de la existencia durante tres años y medio del poder obrero en un enorme país, representan un factor de tal importancia en la historia de la humanidad, que **todos los defectos indicados, aun multiplicados por dos y por tres, deben semejar en comparación con lo alcanzado, una boñiga insignificante** ante el pie de una alta montaña."

Repasemos.

1. Evgueni reconoce que el descontento contra el bolchevismo es de obreros y campesinos, si bien los califica de atrasados.

2. Descalifica a los socialistas revolucionarios y anarquistas porque proponen la descentralización de la economía y el establecimiento de comunas libres o de propiedad social de

las fábricas para que queden en manos de los grupos de productores que quieren comerciar libremente sus productos.

3. Explica indirectamente que eso no es posible, como tampoco es posible la igualdad, pues se trata de una sociedad pobre, donde la escasez obliga a una distribución central.

4. Reconoce que esa forma de gobierno bolchevique puede calificarse de defectuosa, pero afirma que aun cuando esos defectos de centralización del poder fueran tres veces mayores solo representarían una boñiga (minucia) ante el enorme logro de la revolución y el poder soviético.

5. Caracteriza a los oposicionistas, que pueden tener base social en medio de la situación, como demagogos, pequeñoburgueses y objetivamente contrarrevolucionarios.

Y 6. Anuncia que las medidas adoptadas por el partido bolchevique cubrirán un periodo largo.

Preobrashenski admitía que los anarquistas, anarcosindicalista y socialrevolucionarios eran parte de las fuerzas que habían tirado al zarismo y buscaban una sociedad más justa y libre. Sin embargo, repito, los acusa de atrasados, demagogos, y objetivamente contrarrevolucionarios por oponerse al centralismo bolchevique. **Aquí tenemos un cambio fundamental en el álgebra de la Revolución. Ahora la revolución ya no está representada por el pueblo insurrecto en el que participan varias fuerzas. La revolución son los bolcheviques, y todo aquél que se oponga a los bolcheviques es contrario a la revolución.** De hecho, si él, Preobrashenski y Bujarin se habían tomado el tiempo de redactar dos libros contra el anarquismo, era, sin duda, porque sentían indispensable dejar claras sus razones o justificaciones para sostener la dictadura bolchevique. Eso revela ciertamente algún escrúpulo, o si se lo mira moralmente, una necesidad de justificar su proceder. No tenían duda de que su política general era la que se tenía que mantener para iniciar la reconstrucción de la economía tras la devastación de la guerra. Pero lo que no alcanzaron a ver fue su impacto social en el largo plazo, y el peligro de su institucionalización. Es decir, el que tales medidas adquirieran un carácter permanente.[10] De hecho Rosa Luxemburgo vio venir esa situación y les advirtió a los bolcheviques: "no exalten como virtud lo que sólo debe ser algo transitorio por necesidad."

En nuestra opinión, dice Fontenis[11], un historiador anarquista que polemiza con Bujarin y Preobrashenski, no podemos hablar de los orígenes históricos del capitalismo de Estado, que es lo que realmente consolidó la Revolución Bolchevique, sin darle toda la importancia que amerita a cada uno de los factores o condiciones tales y como se presentaron en 1917 y en el curso de los primeros años que siguieron:

- La necesidad del capitalismo ruso de superar el régimen zarista y sus estructuras arcaicas.

- La incapacidad de la burguesía tradicional de conducir una revolución burguesa.

- La debilidad de las clases medias.

- La revuelta popular, campesina y proletaria, contra la continuación de la guerra.

- La necesidad de restablecer y desarrollar una economía moderna aunque precaria.

- El aislamiento rápido de la Revolución rusa así como las concepciones y prácticas dirigentistas del partido bolchevique.

Tal vez esta caracterización de las condiciones que hace Fontenis nos obligue a esclarecer un poco más su significado.

Fontenis no habla del capitalismo ruso como de un

---

10. Rechy Mario, *La muerte de Fidel y el futuro del socialismo*. Enero de 2017. Rescatable en Google, Mario Rechy Academia.edu
11. *La URSS es Capitalismo de Estado*. Georges Fontenis. Coloquio celebrado en Francia denominado "De Kronstadt a Gdansk, 60 años de resistencia al capitalismo de Estado 1981. Tomado de Rechy, Mario. Tomo II de *Historia Universal de un solo hombre*.

régimen ya establecido, sino como una forma de producción en proceso de ascenso, en donde la clase que debería conducirlo muestra incapacidad. Y esa característica que él observa en realidad es la ausencia de una tradición cultural, que en Europa occidental había gestado todo un espíritu, como dijo Weber después.

Si para la mayoría de los analistas no hay duda en lo que concierne a las condiciones objetivas y al ambiente de Rusia después del aborto de la Revolución en otros países europeos, continúa Fontenis, por el contrario, la importancia de las concepciones leninistas en lo que concierne al paso a la sociedad socialista se deja frecuentemente en la sombra. Así creemos que es indispensable reafirmar algunas nociones sin las cuales no comprenderíamos **porque se tomó, desde el principio, la decisión de sustituir el poder de las masas por una oligarquía política**, decisión que implicó la represión -entre otros- del movimiento makhnovista en Ucrania y la destrucción de la comuna de Krondstadt.

Y agregamos nosotros: Para Lenin y Trotski, lo que no admitía disputa alguna era la hegemonía que ellos detentaban del Estado. **El Estado tenía que ser un Estado Bolchevique**. Y Kronstadt planteaba derechos obreros que disminuían la hegemonía bolchevique. Néstor Makhno, por su parte, demandaba autonomía política. Él había conducido a los ejércitos cosacos que derrotaran la intervención alemana, y estaba seguro de tener el derecho al reconocimiento de una serie de condiciones que le darían a los ucranianos una mínima facultad o un mismo derecho para decidir parte de su ruta, y conservar además una porción de sus excedentes económicos. La respuesta de Lenin y Trotski había sido brutal, pues ordenaron acabar con los levantados de Kronstadt, y eso representó, ojo, varios miles de muertos. **Pero lo de la represión al pueblo tártaro liderado por Makhno fue mucho peor, pues se trata del primer genocidio del Siglo XX, y el surgimiento de lo que después conoceríamos bajo el stalinismo como los campos del Gulag**. Trotski ordenó no solo la represión militar de Makhno, asesinando miles de hombres, sino luego la deportación de toda una nación a Siberia, a donde fueron deportados más de un millón de tártaros. O sea que no sería Stalin el que inventaba los juicios y el Gulag. Habían sido Lenin y Trotski.

Con estos hechos, la mitad del socialismo que veía Lenin venir, como resultado de la conducción bolchevique, desapareció, para convertirse en la mitad del camino hacia un régimen burocrático, al que se le empataría después la parte económica.

Fontenis todavía matiza la responsabilidad de Lenin. Y dice: "Sin duda podemos encontrar en Lenin acentos libertarios en el **Estado y la Revolución**, por ejemplo. Pero lo que importa, es lo que hay de fundamental en su pensamiento y que se tradujo efectivamente en la acción. Sus escritos son particularmente claros en lo que concierne a los hechos, a la actualidad, y en los textos de 1917, se afirma claramente su irresistible inclinación por las más extremas y estrechas soluciones centralistas. Así, escribe el 17 de septiembre, en La Catástrofe Inminente y los Medios para Conjurarla, después de haber manifestado su inclinación por las formas de reglamentación del capitalismo moderno, particularmente de Alemania, modelo de la economía de guerra, que el "servicio de trabajo universal" es un paso hacia el socialismo, y que el "socialismo no es otra cosa que el monopolio capitalista del Estado al servicio del pueblo entero". Existe en esta fórmula, al menos, el mérito del cinismo. Y pasa rápidamente a un estilo más provisto de ambigüedades que de franqueza."

Pero lo importante es que Fontenis no piensa que existe un más acá socialista y revolucionario. Y un más allá stalinista y burocrático. Pues comenta: "Y si bien no se trata de reducir el periodo estalinista a una pura continuación de la política de Lenin, es evidente que hay una filiación. Pero tenemos que remontarnos más alto: cualquiera que sea la complejidad del pensamiento de Lenin, éste está profundamente marcado por un aspecto del marxismo, aquel que Marx desarrolla en el seno de la 1era internacional oponiéndose a la tesis de Bakunin, y que preconiza el dominio de la economía por el Estado."

Pero dónde está el origen teórico ultimo de esta actitud y esta concepción, pregunta Fontenis. Y responde: "En su carta al periódico de Bruselas, **La Libertad**, el 5 de octubre de 1872, Bakunin saluda de entrada al revolucionario en Marx, el que "realmente quiere el levantamiento de las masas", pero escribe: "Me pregunto cómo hace **para no ver que el establecimiento de una dictadura universal que él propone, colectiva o individual, de una dictadura que sería la labor maestra de la revolución mundial, regulando y dirigiendo el movimiento insurreccional de las masas en todos los países como se dirige una máquina, que el establecimiento de tal dictadura bastaría para matar la revolución**, para paralizar y enterrar todos los movimientos populares." Y esta es una gran paradoja de la historia. Los anarquistas planteaban o aceptaban gobiernos democráticos, como intentaron después construirlo en España en la tercera década del Siglo XX. Pero los bolcheviques sólo aceptaban la dictadura, que ante la resistencia social se convirtió en la dictadura de una sola facción.

Y, más adelante, Bakunin describe la Revolución vista por Marx en aquel momento: "**esta revolución consistirá en la expropiación sea progresiva o sea violenta, y en la apropiación de toda la tierra y de todo el capital por el Estado que, para poder cumplir su gran misión —tanto económica como política—, deberá ser necesariamente muy poderoso y fuertemente centralista**". A esto Bakunin opone la libre federación de las colectividades de trabajo y vida, o como diríamos hoy por hoy, "la autogestión revolucionaria generalizada".[12]

Y concluye el autor que citamos: "Para nosotros, es el conjunto lo verdadero, a saber: que el leninismo, complejo de conceptos y de prácticas, marcado por el burocratismo

____

12. Georges Fontenis. **La URSS es Capitalismo de Estado**. Este texto fue originalmente una charla dada por Georges Fontenis en un coloquio en Francia denominado "De Kronstadt a Gdansk, 60 años de resistencia al capitalismo de Estado", a nombre de la Unión de Trabajadores Comunistas Libertarios (UTCL) en abril de 1981.

(con el dirigentismo, el substitucionismo, el centralismo "democrático", la teoría del Estado obrero), el leninismo ha encontrado entonces condiciones favorables (necesidades objetivas del capitalismo en un país poco desarrollado y en situación de aislamiento, etc.) para el establecimiento de un capitalismo de Estado." Y otra historia hubiera sido si la Revolución en Europa no hubiera sido derrotada.

III

Volvamos ahora a nuestro ejercicio lógico: una revolución es democrática o conserva ese carácter, en la medida —y solo en la medida— en que el interés de la mayoría se mantiene representado, y para que ello ocurra, esa mayoría se ha de mantener en el papel protagónico. Reiteración de una premisa y condicionante de la misma. Si y solo si. En ese caso R es vigente si, y solo si, los campesinos siguen al frente de ella junto con las otras clases de trabajadores. Pero no es lo que ocurrió en Rusia.

Como Rusia era una nación campesina, esto debe leerse, algebraica y lógicamente, como la ineluctabilidad para que los campesinos continuaran transformando las relaciones sociales de Rusia acorde con sus intereses, y para que al mismo tiempo, su poder se mantuviera vigente. Pero no fue el caso.

En principio, el carácter democrático, como lo han descrito diversos autores, fue absoluto, es decir, todas las clases sociales, y todos los grupos oprimidos, decidieron sacudirse el autoritarismo.

Mark Ferro lo describe así:

"En Moscú, los trabajadores obligan a su patrón a aprender las bases del futuro derecho obrero; en Odesa, los estudiantes dictaban a su profesor el nuevo programa de historia de las civilizaciones; en Petrogrado, los actores sustituyeron a su director de teatro y escogieron el próximo espectáculo; en el ejército, los soldados invitaban al capellán a sus reuniones para que este diera sentido a sus vidas.

Incluso los niños menores de catorce años reivindicaban el derecho de aprender boxeo para hacerse escuchar ante los mayores. Era el mundo al revés."[13]

Pero esa democracia tenía cifras también. Y en las elecciones de Moscú, en las que se votó antes del golpe bolchevique, durante el mismo año de 1917, para elegir el primer gobierno de coalición, las cifras eran las siguientes:

Partido socialista revolucionario (Partido campesino)	374,885 votos, sumando el 58% del total
Partido demócrata constitucionalista (Miliukov)	108,781 votos, sumando el 16.85 del total
Mencheviques	76,407 votos, sumando el 11.82 % del total
Bolcheviques	75,409 votos, sumando el 11.66 % del total
Socialistas populares	8,132 votos
Grupo unidad de Plejanov	1,506 votos sumando estos últimos tres el 1.67 %
Demócratas liberales	1,448 votos
Total de votantes	646,568[14]

Quedando claro que si bien los bolcheviques eran un grupo muy popular, y contaban con el equipo más calificado, **sólo representaban algo más que el diez por ciento** de las preferencias de la mayoría urbana en Moscú. Y evidentemente su peso político era mucho menor en el campo.

Pero la destreza de los bolcheviques para difundir su posición les había permitido modificar su condición minoritaria en una popularidad de impacto. Pues mientras otras fuerzas no se pronunciaban claramente por la firma de la paz sin anexiones, los bolcheviques levantaban su consigna con toda resolución, y así, en las elecciones del mes de agosto en la ciudad capital que era Petersburgo, ya habían conseguido que su popularidad se reflejara en las votaciones en las que se eligió al gobierno local.

La votación había sido la siguiente:

13. *La Révolution d'Octobre, L'Humanité en marche,* Éd. du Burrin, 1972, p. 49.
14. Radkey, opus cit. Pág 240.

50

Partido socialista revolucionario	75 asientos con 205,666 votos
Mencheviques	8 asientos con 21,552 votos.
Bolcheviques	67 asientos, con 181,694 votos
Demócratas constitucionalistas (Miliukov, Kerensky)	42 asientos, con 114,485 votos.
Grupo unidad de Plejanov	6,508 votos
Socialistas populares	6,236 votos
Demócratas republicanos	2,855 votos
Demócratas radicales	1,508 votos
Votos residuales	4,875
Total de votos	549,379[15]

Los bolcheviques avanzaban a grandes pasos hacia la mayoría, que para las elecciones de septiembre en Moscú, ya mostraban cómo se iban a definir los acontecimientos:

Partido socialista revolucionario (campesinos)	54,174 votos	14 %
Bolcheviques	198,320 votos	51 %
Partido Demócrata Constitucionalista (Kadetes)	101,106 votos	26 %
Mencheviques	15,887 votos	4 %
Otros	16,160 votos	5 %[16]

El ocho de noviembre, o sea un día después de la toma del poder por parte de los bolcheviques, deciden terminar con el doble poder y proceden al nombramiento de diez secretarios de Estado, todos ellos bolcheviques, y a decretar el fin del gobierno provisional. Se convoca al 2° Congreso Panruso de los soviets de obreros, campesinos y soldados. Trotski anunció ahí, oficialmente, la disolución del Gobierno Provisional al hacer uso de la palabra en la apertura de ese 2° Congreso, con 562 delegados presentes, de los

---

15. Radkey, opus cit. pág. 363.
16. Ibidem, pág 433.

cuales, 382 eran bolcheviques y 70 del Partido Social Revolucionario de Izquierda.

Sin embargo los socialistas revolucionarios consideran que los bolcheviques han procedido de manera unilateral y deciden abandonar la Asamblea. Y los bolcheviques se quedan solos. Y aquí no vamos a centrarnos en la defensa de un proceso electoral. Pero citamos cifras electorales y demográficas para ilustrar cómo los bolcheviques, que siempre fueron una minoría, se impusieron siguiendo caminos que no fueron nunca democráticos.

Parece un simple cambio de números. Pero se trata en realidad de una fractura histórica. Los representantes de la población mayoritaria de Rusia quedan fuera del gobierno. El gobierno es llevado adelante con los representantes de una clase social que no llega al tres por ciento del total. Pero luego ese gobierno también golpea a los que se supone son su propia clase. En ese punto la lógica del poder ya no obedece al interés de la clase que dice representar, sino al interés del estado. Es el poder el motor último de la lógica de gobierno.

Lenin parecía haber entendido la necesidad de mantener un gobierno de coalición democrática. Y cuando los eseristas abandonaron el Soviet el ocho de noviembre de 1917, él se adelantó a expresar ante el representante de la guarnición de Petrogrado de la siguiente manera: «No es nuestra responsabilidad si los socialrevolucionarios y los mencheviques han abandonado el congreso. Nosotros les habíamos propuesto compartir el poder [...] Hemos invitado a todo el mundo a participar en el gobierno».[17] Ciertamente habían invitado a los eseristas a seguir juntos. Pero al parecer esa idea no había calado suficientemente en los bolcheviques, empezando por Lenin y Trotsky, como algo indispensable. Pues de otra manera no hubiera dicho NO ES NUESTRA RESPONSABILIDAD.

Pero a partir de entonces se sucedieron errores por ambas partes. Los Social Revolucionarios confirmaron su lealtad

---

17. **Obras completas**, tomo 35, pág. 36.

inflexible a los campesinos. Y los bolcheviques su lealtad a la doctrina de la dictadura del proletariado. Y eso tuvo consecuencias inmediatas que llevaron a ambas fuerzas a una confrontación.

Uno de los primeros decretos del nuevo gobierno fue el de la tierra. Con él se facultaba a los soviets campesinos a socializar la propiedad a través de las cooperativas o las óbshinas, o a proceder al reparto de parcelas entre los campesinos pobres. Y ese decreto permitió mantener el apoyo de las clases campesinas durante algún tiempo. Y decimos clases porque lo mismo había campesinos medios, que pequeños propietarios, o que infinidad de pequeñas comunidades.

En noviembre, cinco días después de la toma del poder por parte de los bolcheviques, se había elegido a un gobierno de coalición que se denominó la Asamblea Constituyente. Ahí, una vez más, los Socialistas Revolucionarios, representantes de los campesinos, habían obtenido la mayoría. Pero en enero Lenin decretaría su disolución. Wikipedia nos lo relata con las siguientes palabras:

Reclamada por todos los programas de los partidos revolucionarios desde el siglo XIX, la Asamblea Constituyente Rusa fue elegida en noviembre de 1917. Aunque obtuvieron un 25 % de los votos y un gran éxito en las grandes urbes, los bolcheviques resultaron una fuerza minoritaria, con 175 de los 707 diputados de la asamblea. Los campesinos prefirieron votar por los socialistas-revolucionarios. Según palabras de Jacques Baynac, los resultados de las elecciones indicaron que el país no quería de forma mayoritaria un Gobierno afín a la Revolución de Febrero ni uno de la Revolución de Octubre. Víktor Chernov, socialrevolucionario, resultó elegido presidente de la asamblea, con un total de 246 votos frente a los 151 de Mariya Spiridónova, socialrevolucionaria de izquierda apoyada por los bolcheviques. La disolución de la Asamblea Constituyente por la Guardia Roja se produjo inmediatamente después de su primera reunión, el 19 de enero de 1918. Aunque la mayoría de la población permaneció indiferente ante este nuevo golpe de fuerza, veinte manifestantes que protestaron contra la disolución de la asamblea resultaron muertos por órdenes del gobierno bolchevique. Máximo Gorki, que acudió a su funeral, los calificó como mártires de una experiencia democrática de apenas unas horas que se llevaba esperando durante varios siglos.

El marxista Charles Rappoport comentó: «Lenin actuó como un zar. Al disolver la Asamblea Constituyente, Lenin creó un horrible vacío a su alrededor, que provoca una terrible guerra civil sin fin y prepara un futuro terrible.» También escribió: «La Guardia Roja de Lenin y Trotski han fusilado a Karl Marx».[18]

El tema demográfico siguió siendo fundamental en la conformación de la sociedad y las instituciones. Según los demógrafos la evolución de este asunto fundamental fue la siguiente:

Según Nicolas Werth, 13 millones de rusos perecieron de forma violenta entre 1914 y 1921: 2,5 millones por la Gran Guerra, la guerra civil y las matanzas de los terrores blancos, rojos o verdes, 5 millones por el hambre y más de 2,5 millones por la epidemia de tifus. Según el demógrafo ruso A. G. Volkov, la población de Rusia disminuyó en 7 millones entre 1918 y 1922, cifra de la que habría que retirar a los emigrados (estimados en 2 millones por el demógrafo) y la diferencia de 400,000 entre las entradas y salidas de presos y de fugitivos, para acabar en una cifra de 4,500,000 muertos durante la guerra civil, es decir, un poco más del 3 % de la población. La mayoría de las víctimas pereció fuera de los campos de batalla, por falta de cuidados adecuados o de alimento. «La sociedad rusa salió de la guerra más arcaica, más militarizada, más campesina».

La gran mayoría de las antiguas élites (clero, nobleza y burguesía —esta ya más frágil que en Occidente— y una parte de los intelectuales) desaparecieron bajo la represión de la Ochrana, o se exiliaron. Con la nueva era, esta «gente del pasado» y sus hijos comenzaron a ser vigilados

---

18. Wikipedia. **La Revolución Rusa**, recuperado el 6 de nov. de 2017.

y discriminados en el acceso a la vivienda, al trabajo o a la universidad, o incluso privados del sufragio, si bien este era simbólico. Muchos posteriormente fueron liquidados durante la Gran Purga estalinista. Cerca de dos millones de rusos blancos (no todos monárquicos ni rusos en realidad) se exiliaron o fueron desterrados. En 1922, un decreto les desposeyó en bloque la nacionalidad rusa. Esta masiva situación de nuevos apátridas motivó la creación del pasaporte Nansen por parte de la Sociedad de Naciones.

IV

Resulta finalmente inevitable mirar el destino de la Revolución como el producto de eventos que trascendían los hechos que ocurrían dentro de Rusia, pues la dinámica interna requería la atención del vasto mar rural, y hacía muy difícil el desarrollo industrial en el que la Nación se encontraba a la zaga de Europa y el mundo.

Como Trotsky mismo lo había visto, Rusia dependía en su futuro de que occidente acudiera en su auxilio. Pero Occidente tenía que ser otro para plantearse la unidad con Rusia, tenía que hermanar su destino.

El mundo vivió en ese punto una disyuntiva entre la fraternidad que podían establecer los trabajadores por encima de las fronteras, y la globalización, que solo impulsaban las empresas y el capital para mantener sus ganancias.

Y por ello, los revolucionarios consecuentes le apostaban a la Revolución mundial, mientras los que no entendían el mundo, o no sentían que podían hacer nada para contribuir a la lucha de los trabajadores en el resto del planeta, sólo alcanzaban a plantearse la defensa de lo que tenían, por limitado que esto fuera.

La creación en Moscú de la III Internacional (Komintern), en 1919, nos dice Wikipedia, fue una consecuencia directa de la Revolución de Octubre, y buscaba precisamente el impulso de esa revolución mundial y ese vínculo con los trabajadores allende las fronteras. Pero la Revolución alemana fracasó, y en el resto de Europa debió esperar hasta que otras generaciones de revolucionarios pudieran impulsarla. Eso condicionó de manera tajante el proceso interno de Rusia, pues ésta tuvo que crear una industria de defensa para poder subsistir ante la amenaza exterior, y luego desarrollar una base industrial sin apoyo externo, creando los mecanismos de concentración económica que lo hicieran posible. Y eso fue acumulación capitalista.

Aun así, la Revolución podría haber también contribuido a impulsar las luchas en el mundo. Pero la nueva dirección que se consolidó tras la muerte de Lenin no tuvo ni la visión ni la voluntad para hacerlo. Y la internacional se convirtió en una organización ideológica y voluntarista hasta que fuera disuelta por Stalin en 1943, sin haber conseguido nunca conducir una revolución victoriosa. Y más bien habiéndose opuesto a la Revolución española como si Stalin hubiera jugado de aliado de Franco. De forma inmediata, entre 1919 y 1921, se sucedieron rupturas y escisiones entre partidos socialdemócratas y partidos comunistas que dejaron al movimiento obrero y sindical duraderamente dividido y debilitado frente a las fuerzas conservadoras y fascistas.

La misma Rusia quedó aminorada y aislada, cercada por un «cordón sanitario» de pequeños Estados (los países bálticos, Polonia, etc.). Donde el nuevo régimen debió conquistar apenas lentamente su reconocimiento internacional. Debió esperar hasta 1922 para ser reconocido por Alemania (convertida en su aliada de hecho por los acuerdos de Rapallo)[19], luego en 1923 por la China de Sun Yat-sen, en 1924 por Gran Bretaña, Francia y la Italia fascista, y en 1933 por los Estados Unidos, antes de entrar tardíamente en la Sociedad de Naciones en 1934. Diecisiete años después del triunfo de los bolcheviques. Si algo distinguía entonces al proceso ruso era la ausencia de capacidades para moverse en los escenarios internacionales. O dicho en términos

---

19. El Tratado de Rapallo fue un tratado de amistad y cooperación entre la RSFS de Rusia y Alemania, firmado en la localidad italiana de Rapallo respectivamente por Georgi Chicherin, ministro de Relaciones Exteriores de la Unión Soviética y Walter Rathenau, ministro alemán de Relaciones Exteriores, el 16 de abril de 1922. Wikipedia.

más claros, su ausencia de internacionalismo. (Wikipedia).

Los siguientes años, que hemos conocido como años de construcción del socialismo, no fueron tales. Ciertamente se educó al pueblo ruso, y se alcanzaron estándares notables de cultura. Probablemente creando la sociedad más instruida y más conocedora de la herencia universal de la literatura y la ciencia. Y eso constituye un gran logro, no solamente del sistema social que ahí se creo, sino de la humanidad toda.

También se consiguió una sociedad en la que prevaleció el pleno empleo y en que se desterró la miseria y la cesantía. Y todavía el pueblo ruso fue el principal enemigo del fascismo y la fuerza principal que habría de derrotar a Hitler. Incluso puede decirse que aunque ese sistema estuvo lejos de satisfacer las necesidades básicas de alimentación, supo mantener el ideal de una sociedad justa en la mayoría de sus habitantes. Pero sólo hasta los años sesenta.

Pero en lo que fue la Unión Soviética nunca pudo construirse el socialismo. Porque el Estado evolucionó generando y multiplicando grandes intereses de quienes lo administraron y terminaron por apropiarse de él. Y no fue posible el avance al socialismo, no solamente porque hubiera una dictadura stalinista, ni porque se haya suprimido la diversidad política entre corrientes de la misma orientación revolucionaria. No fue posible porque desde su nacimiento sus conductores optaron por una dictadura y decidieron vencer toda resistencia social. Y para que a pesar de la escasez y el cerco capitalista se hubiera podido avanzar en una dirección correcta se requería democracia. Y con democracia esa capa parasitaria no hubiera podido mantener su hegemonía.

Y el saldo está a la vista, pues la Unión Soviética no fue vencida por el imperialismo, ni cayó como resultado de la guerra fría. La Unión soviética se desmembró producto de sus propias contradicciones. Empezando por la contradicción entre campo y ciudad, que todavía no han resuelto, y prosiguiendo con el hecho ineluctable de que no es posible construir una sociedad democrática, sin la distribución del excedente, a menos que la solidaridad internacional permita avanzar aceleradamente a la abundancia, y ello solo hubiera sido posible con la defensa comprometida de los trabajadores del mundo.

En esto el socialismo, como utopía, parecía muy cerca y se ve ahora, imprevista y de golpe, como algo que no sabemos cuándo podría alcanzarse. Porque no depende solamente de la organización de una élite como la que formaron los bolcheviques. Ni tampoco de un armamento que defienda el interés de los trabajadores en contra del capital. Depende también, y probablemente en mayor medida, de que sean los campesinos y los obreros tanto del campo y la ciudad, así como los nuevos obreros del conocimiento, quienes se planteen construir una sociedad autogestiva, donde todos ellos estén en condiciones de tomar decisiones, y en donde el Estado y las instituciones que lo compongan, pueda ser administrado, reformado y reorientado de manera ágil y participativa, por un conjunto colegiado, o de coalición, donde prevalezca el interés mayoritario, y al mismo tiempo se conserve el mercado y se salvaguarden los intereses de las minorías.

Deutscher había dicho con motivo del cincuentenario de la Revolución Rusa, que tenía pendiente socializar al Estado. Yo agregaría, cincuenta años después, que la Revolución tiene también pendiente superar su visión ideológica, ajustar cuentas con la justificación de lo que se hizo, y restaurar en su horizonte la pluralidad y la conjunción de fuerzas más amplia que sea posible. Lejos de cualquier dictadura.

Ensayo sobre la desigualdad y la justicia

Noviembre de 2013

Aquí comienza la ley

Cuando el dios supremo, aquel que señala los destinos, confió a Marduk la soberanía en el país entero, cuando afirmó su poder por toda la eternidad, me llamó a mí, Hammurabi, para establecer **el derecho que aniquila a los malvados y defiende al pobre contra la exacción. Entonces, para garantizar la salud de mis pueblos, ordené que se inscribieran sobre esta piedra las reglas de la justicia. Y desde ese día resplandezco ante los ojos humanos con destello semejante al de la luz del sol. Pude conducir así a mis pueblos en paz,** protegiendo a todos con mi sabiduría. **De ahora en adelante, el fuerte no afligirá a los débiles, y el huérfano y la viuda hallarán abrigo contra la desdicha.** Que el oprimido venga ante mí y que escuche las palabras aquí escritas. Que comprenda y declare: Hammurabi es verdaderamente un padre para nosotros.

Hammurabi de Sumeria.

I Orígenes de la desigualdad

Nos ofende y nos molesta la desigualdad actual. Pero ello no debe impedirnos la clara noción de un mundo en el que la igualdad es solo un ideal. Hemos creado en la consciencia occidental el concepto de igualdad como un horizonte hacia el cual aproximarnos. Pero nunca pensando exactamente en un rasero común y una tabla rasa. Pues ni existen cosas iguales, ni pretendemos que todos los seres humanos se uniformen o se corten parejo. Lo que nos motiva a pensar en la desigualdad es lo extremoso de las diferencias sociales, **la injusta distribución del ingreso,** la carencia de oportunidades universales de estudio o de trabajo. Y pensamos que garantizando la igualdad de oportunidades, los hombres y mujeres sabrán hacer y tener tanto como sus capacidades y esfuerzos les permitan. Pero nos negamos a aceptar que se instituya o prolongue indefinidamente la desigualdad tal cual existe, pues no es producto ni de la realidad natural, ni de la forma como se originó la sociedad humana, ni de los fundamentos de la nación en que vivimos.

Las diferencias que existen en la sociedad tienen orígenes o fundamentos diversos. Y para nadie es difícil comprender y aceptar aquellas que resultan de los conocimientos o de las capacidades. Pero nadie podría sancionar o sobrellevar que la cercanía con el poder, o la venalidad de la justicia se conviertan en ventaja para unos y desgracia para otros. La legalidad y las normas, suponemos en la vida cotidiana, se redactaron e instituyeron para que fuéramos iguales ante la ley. Y cuando esa igualdad desaparece por la existencia de la corrupción, o por la forma como se aplica discrecionalmente la norma, desaparece esa condición de iguales.

El Estado que hace valer la ley es lo que gesta su derecho y legitimidad. Y cuando no existe la igualdad ante la ley estamos ante la ausencia de un Estado de Derecho.

Pero además de las leyes y el Estado hay otros aspectos sociales que anulan nuestra condición de ciudadanos que deberían existir como iguales. No porque seamos idénticos o porque tengamos que hacer o recibir lo mismo, sino simplemente porque nuestras diferencias no deben impedir nuestra igualdad ante las instituciones. Para las instituciones de un Estado de Derecho todos los ciudadanos son iguales, es decir, todos los ciudadanos reciben el mismo trato y tienen las mismas responsabilidades. Ante la economía, los derechos se convierten en ficción. Primero porque la libertad de trabajo resulta una utopía ante la diferencia de recursos. Y segundo porque el acceso a la educación y a la información, se han monopolizado y convertido en fuente de poder. Un poder que no respeta la condición de los iguales, sino que se emplea o ejerce para aumentar el patrimonio, y para transformar la libertad de la persona en una conducta asocial que se impone a los demás.

El ideal de igualdad se aleja con la institucionalización de la injusticia. Y las instituciones que la contienen o la imponen son fuente de desigualdad. Desde el derecho mercantil y hasta las leyes particulares que sancionan la exacción, la acumulación, el privilegio o el monopolio. Tales son las leyes agrarias, la ley federal del trabajo, pero sobre todo las leyes financieras, que solo favorecen a la especulación, la acumulación y el monopolio.

II La desigualdad entre los sexos.

La más molesta y ofensiva de las desigualdades es la que se origina en el machismo, en esa actitud y postura que concibe a la mujer como inferior, o al hombre con derechos y facultades que lo ponen por encima de la mitad del género humano. No existe en ninguna ley, pero tiene la fuerza y generalidad que le ha conferido la cultura.

Se educa para que el hombre domine, y no para que los sexos convivan y compartan.

Desde el establecimiento de la vida sedentaria, y con la aparición de la lucha o la defensa por la tierra, la fuerza pasó a jugar un papel importante en las relaciones sociales. Y la fuerza del hombre se instituyó en objeto de culto. Como si ella fuera a ser un elemento protector. Pero cuando en el tiempo se redujo o desvaneció la solidaridad, el peso de de la fuerza devino en privilegio. Y toda sociedad donde se concedió mayor importancia al patrimonio que a la heredad común, o mayor énfasis a la conquista que a la convivencia y la ayuda mutua, hizo del machismo una valor aceptado y necesario.

Dice el antropólogo Marvin Harris, en su famoso texto Cerdos, vacas, guerras... que desde que los grupos humanos iniciaron su vida sedentaria, y tuvieron necesidad de defender el territorio, la relativa igualdad de género, que acompañó a nuestros ancestros nómadas, y seminómadas y recolectores, los condujo al impulso de los guerreros que podían realizar las labores de defensa del suelo y la heredad familiar o comunitaria. Y que ese fue el nacimiento del culto a los machos fuertes.

Si consideramos que ese periodo se inició en el Valle del

Éufrates en el tercer o cuarto milenio antes de nuestra era, y en el antiguo Egipto, podemos decir que por cada año que ha transcurrido desde que la mujer ha podido elegir a sus representantes y ser propuesta para cargos de elección popular en nuestro país, transcurrió un siglo de opresión terrible.

Pero quisiera ilustrar un poco este dicho. Permítase para ello citar unas cuantas frases de hombres muy conocidos que definieron el papel o la condición de la mujer en estos pasados sesenta siglos:

Uno de los textos más viejos de la humanidad, el Código de Manú, decía a este respecto: "Durante la infancia una mujer debe depender de su padre, al casarse, de su marido; y si este muere, de sus hijos, y si no los tuviere, de su soberano."

El Código de Hammurabi, que comienza con un espléndido anuncio, diciendo "Para remediar las injusticias y proteger al desvalido de los excesos del poder, aquí comienza la Ley", establecía, al mismo tiempo, que cuando una mujer tuviera una conducta desordenada y dejara de cumplir sus obligaciones del hogar, "el marido podía someterla y esclavizarla". Y esto era en el Siglo decimoséptimo antes de nuestra era.

Mil años después, en la época de Zaratustra, el autor tan exaltado por el filósofo alemán Federico Nietzsche, decía que "la mujer debe adorar al hombre como a un dios, y cada mañana debe arrodillarse nueve veces ante él."

Y trescientos años después de esa sentencia, el gran Aristóteles sostenía que "la naturaleza solo hace mujeres cuando no puede hacer hombres".

Imaginen ustedes cuál podía ser la condición de la mujer si los sabios opinaban de esta manera. Imaginen ustedes qué derechos podían tener, y qué libertades alcanzaban.

¿Cómo concebir ahí la justicia?

Y cuando las mujeres se rebelaron y buscaron su liberación y la conquista de sus derechos, se inventó la persecución de las brujas, que la Iglesia católica mantuvo durante varios siglos.

Todavía en el Siglo XVIII, la Constitución Inglesa, contenía un artículo que a la letra decía: "las mujeres que seduzcan y lleven al matrimonio a los súbditos de su majestad mediante el uso de perfumes, pinturas, dientes postizos, pelucas y rellenos de caderas y pechos, incurrirán en el delito de brujería."

¡Qué profunda habrá sido la transformación de las condiciones sociales, de la educación, de la familia, de la cultura y de las instituciones surgidas de una revolución liberal en este país, y en tantos otros, para que a la mitad del Siglo XX se promulgara el derecho de la mujer para votar y ser votada!

Es indudable que una Revolución que sacó del fogón a las mujeres y las convirtió en soldaderas, y que un conjunto de instituciones que hizo universal el derecho de la educación, fueron palancas más poderosas que la religión y el código de Hammurabi. Y que a partir de la sociedad moderna se sentaron las bases para construir condiciones de equidad de género.

Hace una década, en el primer Encuentro Nacional de Mujeres Empresarias, se hacía un recuento diciendo sobre la situación de la mujer en México: "Hoy en día, alrededor de 11.4 millones de mujeres participan en las actividades económicas del país, cifra que representa una tasa de actividad de 35% del total. La mayor parte de las trabajadoras, el 72%, participa en los servicios y el comercio, el 18% trabaja en la industria y el 10%, en la agricultura y la minería." Ese ha sido un gran avance. En solo un siglo la mujer conquistó para todos el que la tercera parte del género femenino se hubiera incorporado a la vida económica.

Pero quisiera destacar todavía una cifra más. Según datos del INEGI en el Censo Gral de Población del año 2000, corroborado por la Encuesta Nacional de Empleo, y según citan las mujeres en su documento central del 1er Encuentro Nacional de Mujeres Empresarias, de hace una década, en el 26.6% de los hogares mexicanos, la mujer aportaba ya entre el 50 y el 70 % del ingreso familiar.

Una sociedad así, donde la mujer ha pasado de ser la oprimida a ser jefa de familia, e incluso a constituir una mayoría en los niveles del postgrado, nos anuncian una sociedad completamente diferente a la que se vivió en los últimos seis milenios.

Hasta antes de esta época moderna, las únicas mujeres que tuvieron la facultad o prerrogativa de sobresalir en sus sociedades y conducir a su comunidad, fueron las nobles, las miembras de la realeza. Pero hoy, la sociedad que descansa en instituciones, que ha generalizado los accesos a la información, a la cultura y a la educación, sin taxativas de género, es el fundamento de una sociedad más libre, en donde la igualdad de género restablecerá los necesarios equilibrios entre las partes complementarias de nuestra especie. Ahora creemos en la posibilidad de la justicia.

El cambio ha sido vertiginoso, y el resultado notable. Es menester que las mujeres, además de celebrar tan grande transformación y conquistas, le confieran el papel formativo, ético y educativo que tendrá para la generación actual y para los descendientes que tendremos.

III La desigualdad por las diferencias en la fortuna

Vivimos en un país en que es legítimo que se acumule la riqueza. Y cuando esta riqueza es bien habida, los más también la aceptamos, pues muestra, además de tesón y disciplina, continuidad entre generaciones para responsabilizarse por la heredad familiar, o por aumentar lo que los ancestros legaron.

Esa acumulación gesta desigualdad, y hasta cierto punto la ahonda también. Pero aun así no deja de ser legítimo el proceso de acumulación, pues existe entre nosotros la propiedad. Sin embargo por ello es que hace mucho tiempo concebimos como complemento a ese derecho de propiedad el sentido de la responsabilidad social.

Y el Estado mismo, desde tiempos inmemoriales de lo que hoy es México, ha sido un emparejador parcial de las fortunas, un redistribuidor del ingreso.

Esa ha sido parte de nuestra identidad cultural, y de nuestra ideología o doctrina política. Nadie tiene derecho a lo superfluo, decía el vate Díaz Mirón, mientras alguien carezca de lo estricto porque la ley está concebida, precisamente, para prevenir los excesos por parte de los que tienen más poder, concentran la riqueza o proceden sin principios.

El legislador está obligado, en este caso, a regular las relaciones comerciales, a poner coto o límite al interés del capital o a la tasa de utilidad, no porque considere injusta la actividad del empresario, sino porque toda utilidad y todo interés han de poderse ejercer sin que representen el empobrecimiento del que tiene que pagarlo, porque los costos de toda transacción y del uso del capital han de distribuirse entre los ciudadanos, de tal manera que la prosperidad no se cancele para unos mientras los menos la disfrutan de manera ilimitada. En eso estriba el espíritu de la leyes, y a eso debe responder la política.

Vivimos en un continente que tiene recursos, pero la pobreza persiste.

América Latina es un continente donde abundan los recursos naturales, donde se ha creado un conjunto de culturas de gran contenido artístico, humano y material y, sin embargo, es una región del mundo donde la pobreza parece permanente, la desigualdad se acentúa —con excepciones contadas y localizadas—, y donde ambos fenómenos alientan las migraciones de los más necesitados en busca de mejores condiciones de vida.

Resulta en este caso indispensable esclarecer y precisar cuáles son los obstáculos para que esa riqueza y abundancia pueda ser disfrutada por todos los que habitan en nuestros países. Resulta indispensable esclarecer de qué manera el trabajo es retribuido acorde con su esfuerzo, pero sobre todo, en apego a la justicia que todos nuestros gobiernos formalmente salvaguardan.

No se trata en este caso solamente de montos de inversión que aumenten los puestos de trabajo del sector exportador. Eso resulta, a estas alturas de la estadística, francamente mitológico. Pues la inversión se ha aplicado, en términos generales, a tecnologías ahorradoras de mano de obra. Y si el empleo no crece en las exportaciones es tiempo de volver sobre los mercados internos. Ahí se contraponen los afanes de acumulación y el maquinismo a la justicia. ¿A qué debemos conceder la prioridad?

De la misma manera convendría tener claro por qué o cómo es que países que han mantenido su tasa de crecimiento del producto nacional, han visto, al mismo tiempo, que la desigualdad se acentúe, que el número de pobres de mantenga inalterado e incluso crezca. Todo lo cual nos hace pensar que la pobreza, la desigualdad, la marginación, no son producto ni de la escasez de capital ni de los índices de crecimiento de las exportaciones. Debería ser obvio. Pero no lo es, pues se nos ha vendido la idea de que exportando podíamos alcanzar etapas más altas de desarrollo, y cuando menos la experiencia mexicana lo desmiente. Aquí crecemos, a veces poco, pero crecemos, y al mismo tiempo los pobres nos laceran aumentando su número, y la desigualdad que mide la encuesta de ingreso gasto también.

IV El crecimiento económico no es el camino para superar la desigualdad y la pobreza.

Si el crecimiento no es el camino para el bienestar de la mayoría. Y si con todo y crecimiento no conseguimos claros índices de desarrollo humano, es tiempo de replantearse las políticas del crecimiento. A ningún hombre de estado debería interesar el crecimiento sin desarrollo. Es más, hay quienes plantean que es posible plantear el desarrollo aun sin crecimiento económico. Que se trataría simplemente de una mejor distribución de la riqueza que se produzca. Y entonces la cuestión se transforma. Pues tendríamos que decir de qué manera se repartiría mejor la riqueza producida sin afectar las libertades, y sin impedir los derechos de ningún sector. Y es entonces cuando nos atrevemos a plantear que la economía no puede concebirse ya más como una ciencia neutral, fría, puramente técnica. Y que la economía necesita de principios, de ética, de valores, sobre lo que debe garantizarse a cada ciudadano. Porque el gobernar no puede ser una actividad administrativa, sino el ejercicio del bien común. Y la legislación, por su parte, ha de ser entonces la legislación para el desarrollo.

V Sobre la movilidad social.

Se concibió la rectoría del Estado, con el carácter de un árbitro, no imparcial, sino justiciero. Como una instancia que además de redistribuir parcialmente el ingreso, también estaba obligado y a cargo de la educación, que abriera oportunidades a quienes no tenían fortuna, pues la educación y el trabajo se han concebido en México como fuente de dignidad, pero también como vía para el acceso al servicio público y a todos los cargos de representación popular.

Hemos tenido en el derecho mexicano una larga y rica tradición. Debo citar este aspecto y describirlo, porque es algo relativamente único, que a muchos extranjeros les cuesta trabajo entender en su profundo significado. Aquí la Constitución sostiene que al mercado han de concurrir el sector público, el sector privado y el sector social. Y lo dice así, porque reconoce una naturaleza claramente diferenciada entre cada uno. Pero también porque cada uno tiene motivos que le distinguen y funciones en las que tiende a especializarse. Para todos está claro el derecho privado. Y no es difícil tampoco comprender que el estado representa el bien público, el interés de la nación, y el patrimonio común de todos los mexicanos. Pero lo social parecía formar parte de un discurso, cuando constituye en realidad una forma colectiva de propiedad y muchas veces también un conjunto de formas colectivas de trabajo. Este tercer sector, mal comprendido, es el que ahora pretende diferenciar bien la ley de la Economía del Sector Social.

Sentar las bases del derecho social mexicano no es asunto secundario. Y no lo es porque bajo el modelo de la economía mercantil el empleo productivo se ha estancado. Porque bajo la inversión estatal los empleos generados son relativamente pocos o transitorios. Y porque el sector social, precisamente en razón de su naturaleza, que pone a la persona y sus necesidades básicas por encima de la acumulación y la utilidad, es el sector que en esta etapa histórica puede impulsar la creación de empleo, con equidad y en la producción de bienes y servicios necesarios. En este país tenemos ejidos, sociedades de solidaridad social, cooperativas, empresas de trabajadores, pero hasta la fecha se las ha tratado o englobado en el derecho mercantil. Y es momento de reconocer que su participación en el mercado no tiene por qué obligarlas a asumir ni la lógica privada ni la lógica del estado. Son organismos ciudadanos. Son organismos de la sociedad. Una sociedad en la que el derecho mercantil se ha confundido con el derecho privado.

En otros países o latitudes la desigualdad tiene como mecanismo de solución la movilidad social, además de la educación y el trabajo. Pero en el nuestro el factor más importante para reducir la desigualdad social está en la rectoría del Estado. Un Estado responsable de mantener el proceso de desarrollo y que garantizaría al sector social el cumplimiento de sus cometidos.

VI El papel de las instituciones en la perpetuación de la desigualdad.

Las instituciones tienen un carácter diverso cuando se crean y cuando se perpetúan. Cuando se crean generalmente aparecen como una garantía para el cumplimiento de grandes objetivos del Estado o del pacto social. Y con el tiempo, y cuando se ha estabilizado la sociedad, o como lo llamamos también, el statu quo, las instituciones conservan las relaciones originales, pero en un contexto donde muchas cosas han cambiado, se han anquilosado o deteriorado, y entonces cumplen un papel distinto al que tuvieran en el principio de un régimen y en el proceso de su consolidación, durante el cual garantizaron el cumplimiento de grandes objetivos.

Si formulamos políticas de desarrollo, la legislación será el valladar que ataje a sus enemigos.

Se acaba de aprobar un presupuesto en nuestro país. Y no faltaron quienes opinan que es un presupuesto "inercial". A mí me preocuparía que fuera un presupuesto comprometido con el crecimiento y ajeno al desarrollo. No me preocuparía de su monto. El monto solamente indica lo que tenemos disponible para abordar nuestras necesidades. Pero lo importante es que sepamos en qué y cómo debemos invertirlo. Si estuviéramos empeñados en crecer, o en exportar como estrategia central de la economía y la administración, me parecería inercial. Pero si supiéramos canalizar nuestros recursos hacia la producción de alimentos, hacia mejores condiciones de trabajo, hacia las prioridades de los sectores que tienen mayores necesidades y carencias, y si, sobre todo, contáramos con la creatividad para brindarles oportunidades en las que incrementaran la riqueza que se produce en bienes y servicios necesarios, el gasto y la inversión gubernamentales, tendrían impacto en la reducción de la pobreza, de la marginalidad y de las desigualdades. Sería un presupuesto justiciero. Porque hoy, quienes exportan, no han sabido compartir, no han generado mecanismos de redistribución de sus grandes ingresos, Y la inversión del crecimiento no ha impactado en el empleo, ni en la satisfacción de los pobres y los marginados.

Desde la perspectiva del monopolio, toda intervención en el mercado es competencia desleal y solo él debe ser la fuente de trabajo. Pues el interés privado, cuando ha perdido toda responsabilidad social, quisiera absoluta impunidad y manos libres. El Estado, empero, siempre ha estado presente. Y su papel tutelar no es ni reciente ni condenable. Precisamente el estado, como agente económico, tiene que velar por el equilibrio entre los intereses privados y el interés general.

También es responsabilidad del Estado, en la medida que el pacto social y la Constitución lo dictan, el velar por una justa distribución del ingreso. Claro está, a este respecto, que no existe la justa distribución por virtud divina ni por dádiva del mercado, y que solo empresas responsables podrían asegurar una retribución proporcional de los factores. Pero como no vivimos todavía en una sociedad en la que cada empresa sea dechado de virtudes y enarbole los valores colectivos, la intervención del Estado resulta indispensable. Indispensable para imponer una redistribución del ingreso, y para buscar que todos los trabajadores tengan empleo en condiciones decentes, y con un ingreso suficiente para satisfacer sus necesidades.

Para hacerlo el Estado cuenta con varios instrumentos. Por una parte su recurso más obvio es la captación fiscal. El otro es la observancia de la ley y la vigilancia de sus dictados. La captación es el cobro que impone a toda la actividad económica y que es la fuente de la obra y la inversión pública en la producción de bienes y servicios necesarios. Pero cabe aquí una distinción de entrada. Por una parte está el pago de impuestos como derechos. Es decir, el pago que todos hacemos porque generamos gastos y requerimos inversión pública. Lo hacemos al tener un domicilio y esperar banquetas, caminos, alumbrado, seguridad, etc. Pero no menos importante es lo que constituye la reasignación de recursos, que es otro componente de lo fiscal, distinto al pago por derechos. Pues la reasignación, que en nuestro país tuvo momentos muy importantes, se refiere a la recaudación de regiones y grupos de personas con mejores ingresos, para llevar esos ingresos como inversión hacia regiones y grupos de personas que requieren apoyos o transferencias para poder emprender de manera consistente el camino al desarrollo.

En ambos casos se aplica una política fiscal. Pero son cosas distintas. Pues el segundo caso configura una política re-distributiva.

VII La justicia no postula ni persigue la igualdad impuesta.

Si todos tuviéramos el mismo metabolismo y las mismas dimensiones, podríamos comer lo mismo, o cantidades y cualidades equivalentes. Pero los seres humanos somos únicos. Y cada uno se desempeña acorde con características irrepetibles, y acorde con su experiencia y perspectiva. Y por lo tanto ni somos ni aspiramos a ese tipo o género de igualdad. Aspiramos a que los demás sean lo que sus imperativos les pidan, pero que no lo sean restringiendo o conculcando nuestros derechos, y a que lo que tienen los otros de patrimonio o poder, no lo adquieran despojándonos o impidiéndonos acceder a ello. Por ello el fin último de la democracia no es la igualdad total, sino la justicia.

El solidarismo es característico de los organismos cooperativos y la economía social, pero también es característico de la economía campesina tradicional y de la sociedad indígena. Y en nuestro caso, aspiramos en México a que el cooperativismo conjunte ambas herencias, la que pueda aprender de la experiencia cooperativa de otras partes, y la que hereda de la economía originaria de los pueblos americanos.

Entendemos por solidario algo que se origina en las reciprocidades tradicionales. La sociedad humana se forma y sobrevive porque sus miembros se unieron ante la adversidad, y porque solo prestándose ayuda —unos a otros— fueron más fuertes que los grandes animales predadores, y porque su cooperación les permitió producir al mismo tiempo que cuidaban sus críos y edificaban sus viviendas. Sin la solidaridad y la cooperación los seres humanos, menos dotados de garras y de fuerza individual, hubieran sucumbido.

Ha sido la necesidad de enfrentar condiciones adversas la

que ha desarrollado en nosotros algo más poderoso que la fuerza o la capacidad individual. Y ello no ha sido sino la ayuda mutua, la defensa recíproca, el compartir el trabajo para hacerlo más productivo, y el desarrollar las formas bajo las cuales el esfuerzo personal se potencia al sumarse al de otras personas.

Hoy vivimos nuevamente bajo condiciones adversas, en las que nuevas grandes bestias amenazan la vida diaria, la sobrevivencia y la satisfacción de las necesidades básicas. Estos nuevos predadores son los monopolios, las empresas que solamente buscan la utilidad sin reparar en las necesidades ni de sus trabajadores ni de los consumidores. Y lamentablemente también, entre esas nuevas bestias están las políticas de impulso irrestricto a la acumulación de capital y a la especulación de capitales sin creación de riqueza.

En este contexto la lucha contra la desigualdad es la lucha contra el derecho privado irrestricto, contra los monopolios y por una política tutelar y redistributiva del Estado.

VIII Los derechos civiles para ciudadanos iguales.

En las sociedades democráticas no se consiguen los objetivos generales limitando los derechos o prerrogativas de algún sector o de algunas clases, sino creando las condiciones para que todos los ciudadanos tengan los mismos derechos y obligaciones, y para que el estado vele por su cumplimiento sin hacer excepciones y sin sesgar el cumplimiento de la ley. Sin embargo cuando el Estado protege el derecho de propiedad y no garantiza el derecho a la educación, ni instrumenta políticas reales y eficaces para redistribuir el ingreso con noción de justicia, termina por otorgar al derecho de propiedad un carácter predador, una facultad para acumular lo que muchos producen. Todos los derechos deben por ello tener al mismo tiempo su contraparte en responsabilidades. Y la desigualdad de hoy es, en el fondo, el producto o resultado de la desaparición de las responsabilidades, o del estado, o de los que ejercen el derecho de la propiedad de manera irresponsable.

El fundamento de la economía social es el acuerdo entre personas libres sobre objetivos comunes y esfuerzos compartidos. Pero ese fundamento ha de tener algo más que ya mencionamos y que ahora debemos destacar: principios y valores. Principios como axiomas o normas de conducta que han demostrado a lo largo de la experiencia de las sociedades humanas que son necesarios para garantizar buenos resultados en la gestión, en la organización y en la producción. Y valores como virtudes o características de las personas que los hacen capaces de ser solidarios y cooperantes. Y esto es lo más importante y lo más difícil, porque es relativamente sencillo ponerse de acuerdo en objetivos comunes, y es también posible ponerse de acuerdo sobre lo que cada uno aporte para integrar una sociedad, pero constituye un reto formidable el contar con personas virtuosas que mantengan una conducta intachable y que se conduzcan según principios colectivos. Por esta razón el cooperativismo postula que antes de formar una cooperativa hay que formar cooperativistas. Y por la misma razón el cooperativismo postula también que la educación cooperativa es la única y fundamental garantía de la permanencia de la cooperativa. Educar en la cooperación y la solidaridad es la garantía última de una sociedad igualitaria. Educar es darle sustento a la justicia.

IX Democracia política, educación universal y participación ciudadana.

La democracia nace como la mano levantada en el ágora o asamblea, y evoluciona hacia el voto universal y la división de poderes.

Pero hoy en día, la democracia no alcanza a cumplirse con el voto universal, porque han aparecido fenómenos de manipulación de la voluntad popular o de la consciencia de amplios sectores, sobre la base de la propaganda, la ideología, las campañas de desinformación, o la manipulación de los medios masivos que difunden actitudes, obsesiones, prejuicios, animadversiones o desinformación. Ha desaparecido la democracia como voto, porque la necesidad y la falta de información han convertido el sufragio en una mercancía ante el poder de compra de los institutos políticos. Y porque los ciudadanos han perdido la noción sobre el impacto que tienen sus definiciones electorales en las políticas que les afectan y condicionan. Por ello la democracia política clásica ya no tiene vigencia, y hoy solo puede garantizarse que se alcance el respeto a la voluntad de la mayoría, si antes se ha respetado su derecho a la información, su derecho a la organización autónoma e independiente de los órganos de poder económico, político e ideológico, y si se ha garantizado la participación de los ciudadanos en la toma de decisiones sobre todos los asuntos que les afecten. La democracia circunscrita a su función electoral es la institucionalización de la injusticia.

El mundo ha arribado o creado una capacidad productiva, es decir un conjunto de talleres, fábricas, unidades de producción, con tan eficientes tecnologías y con el dominio de conocimientos tan poderosos, que podría avituallar o proveer a todos sus habitantes de los satisfactores básicos si ese fuera su objetivo, es decir, si quienes administran la economía contemplaran que los seres humanos deberíamos tener como prioridad y tarea el que todos disfrutáramos de los logros y alcances que la cultura, la civilización, la tecnología y la organización social nos permitieran. Aunque ello se diera, desde luego, acorde con la aportación que cada uno pusiera. Ese sería el cumplimiento de un ideal de igualdad, pero no de igualitarismo.

Es desde luego algo paradójico, y en cierta manera trágico, que habiendo generado el mundo una capacidad tal se encuentre dividido o polarizado entre quienes consumen y acumulan de más y los que no consumen lo mínimo indispensable, y que sigamos padeciendo escasez en algunas regiones mientras en otras se dispendien o destruyan recursos. Y es también un hecho muy lamentable que muchos de los hechos económicos de hoy estén centrados en la expoliación o despojo de bienes o recursos a los que menos tienen, para que se incremente la riqueza de los que ya deberían estar ahítos, satisfechos.

Cuando el mundo vivía en las etapas de escasez, o de relativa escasez, un gran economista propuso que definiéramos a la economía como el estudio de la forma correcta de distribuir los recursos escasos para satisfacer las necesidades de los seres humanos. Por lo que hoy, que hemos transitado a un conjunto de economías donde lo más distintivo es la abundancia, esa definición podría reformularse como el estudio de las formas correctas de distribuir la abundancia para satisfacer las necesidades básicas de todos los seres humanos, y para mantener como prioridad esa satisfacción sobre los otros objetivos económicos que han surgido. Y le agregamos a la definición que el objetivo de satisfacer las necesidades básicas es lo más importante o prioritario, porque dependiendo del lugar que ocupe cada sujeto en la economía le encontrará un sentido que se relaciona con él.

Por ejemplo, quien sea dueño, propietario o administrador de capital, generalmente buscará que su patrimonio se incremente, y ese será su objetivo más caro, independientemente o al margen de que esté satisfaciendo necesidades humanas. Para quien gracias a la administración económica de recursos haya escalado en las esferas del poder público, o del poder corporativo, la economía le parecerá un arte para administrar personas y cosas de tal manera que incrementen su poder. Porque el hombre pierde la perspectiva cuando las condiciones alimentan su ego y obnubilan su conciencia social. En contraparte, para quien padece hambre probablemente piense que la economía debería ser una disciplina o camino para que se le asegure un empleo decentemente retribuido, de tal manera que pueda satisfacer sus necesidades y no padezca hambre.

Cuando decimos que el mundo ha generado una gran capacidad para producir riqueza —y esto no sólo está ampliamente documentado, sino que puede expresarse como una capacidad sobrada— sabemos que si nos organizáramos de tal forma de que todos participáramos en la esfera de generación de bienes y servicios necesarios, la jornada laboral de cada uno ocuparía probablemente cuatro o cinco horas de trabajo al día. Y con ello estaríamos poniendo en el mercado suficientes bienes para todos. Y disfrutaríamos de muchas horas para realizar otras actividades, como la creación técnica o estética, el ejercicio de las artes o de la investigación científica, o el simple disfrute de los bienes que nos brinda la naturaleza y la cultura universal. Y sin embargo hoy, una porción importante de trabajadores despliegan su esfuerzo en jornadas tres veces más largas y extenuantes, y después de ello escasamente tienen acceso a otra cosa que no sea un mendrugo y un descanso para reponer fuerzas.

Y el problema no está o se origina solamente en el hecho de que no todos estamos vinculados u ocupados en la generación de riqueza real, de satisfactores necesarios, sino que también hemos creado y multiplicado muchas actividades no necesarias en donde se emplean muchos millones de personas, percibiendo un ingreso, pero no siempre realizando una función indispensable. Cobran por derechos adquiridos, pero sin justicia.

En este sentido, una causa fundamental de que la desigualdad se acentúe es el dominio de la economía financiera y especulativa.

Cierto es que además de producir se requiere distribuir lo que se ha producido; y que la tarea o función de distribuir es, en este caso, parte de una tarea económica sin la cual no llegarían los bienes a sus consumidores finales. Y complemento de esa distribución está desde luego la administración de ese proceso, de tal manera que tanto los productores directos, como los administradores de esas tareas y los distribuidores de esos bienes, cumplen una función necesaria.

Por eso la vieja definición de la economía viene al caso. Se decía que la economía analiza las decisiones relacionadas a la administración de recursos de que se dispone para satisfacer las necesidades, cuando las necesidades tienden a ser infinitas, aunque al mismo tiempo pueden ordenarse por prioridades, y los recursos sólo pueden desplegarse de manera limitada en cada momento. O dicho de otra manera, definían la economía como la ciencia o arte de organizar la producción de lo que hace falta para satisfacer las necesidades básicas, sin desconocer que existen muchas otras necesidades que no se pueden desdeñar, pero centrando la atención y el esfuerzo en lo prioritario, y con la consciencia de que los recursos disponibles, en cada caso, no tienen la misma condición de abundancia. Eso sería construir una economía que nos conduzca a la igualdad.

Pero también viene a colación la idea que tenía Adam Smith sobre lo necesario y superfluo, pues él postulaba que si bien pueden y deben existir y ser considerados como necesarios los distintos trabajos, es conveniente, desde el punto de vista de la eficiencia social y la búsqueda del mejor escenario para la gran mayoría, el que se reduzca el trabajo improductivo, o sea, el trabajo que no vuelve a ser insumo del próximo eslabón económico, o que no está vinculado a la cadena de producción que culmina en el consumo final.

Después de toda esta reflexión, **vemos el papel de la Economía como una disciplina fundada en valores éticos y en principios científicos que debe servir a la administración de la actividad económica orientada a la producción de riqueza, con una justa distribución de los bienes y servicios que permitan y acrecienten el bienestar general, manteniendo el respeto a los derechos sociales o privados, pero subordinando los intereses egoístas al bienestar colectivo, y limitada por las fronteras ecológicas de uso y aprovechamiento sustentable del ecosistema.**

X ¿Es posible una economía moral que termine con la desigualdad?

Existe un extendido escepticismo sobre la posibilidad de reformar al Estado y de arribar a una gestión pública en la que los funcionarios no se sirvan del cargo. Encontramos tantas quejas y sátiras sobre los diputados, los senadores y los políticos en general, que podemos describir la situación como de una profunda crisis moral, como de una profunda ausencia de valores en los hombres públicos y el Estado.

La idea de que no existe remedio próximo ni intención alguna de buscarlo se refuerza de manera reiterada cuando las noticias nos cuentan de senadores que estuvieron involucrados en el pasado inmediato en la concesión de licencias a casinos, o en negocios de dudosa legalidad. Cuando identificamos a familiares de potentados de los medios de comunicación al frente de Comisiones de trabajo o encomiendas de legislación que requerirían un perfil de conocimientos y probidad que estos delfines no tienen.

Debería estar claro, sin embargo, que no todos los políticos tienen la misma condición o han sucumbido a la podredumbre moral. Lo que probablemente sí sea difícil de corregir es la torcedura del gobierno y de buena parte de las instituciones. No es tema de estas reflexiones cuál sería el camino para sustituirlos. Pero nos queda claro que el cambio difícilmente vendrá de dentro, del Estado y el gobierno. Y lo que sí sabe la ciudadanía es que la ley en nuestro país tiene precio. Que la justicia está profundamente deteriorada como ejercicio público, y que la nueva administración ha iniciado su gestión sujeta a la más generalizada desconfianza y al más estricto escrutinio.

Su base social de apoyo, si es que pudiera hablarse de algo así, y si pudiera referirse al electorado que le permitió llegar al gobierno, no suma más de dieciocho millones de mexicanos, un treinta y ocho por ciento de los que votaron; teniendo como críticos expectantes a otros treinta millones de electores, sensiblemente una mayoría que más que escéptica estará lista para emprender caminos inéditos si el desempeño del nuevo gobierno no detiene la descomposición y abre curso a un nuevo desarrollo.

Vemos en la sociedad un proceso de inconformidad creciente. Una inconformidad que no acierta a definir un curso o derrotero. Los procesos electorales están tan descompuestos que pareciera que a la sociedad se le han cerrado los caminos para conseguir un cambio escogiendo como candidatos a sus representantes. Y los candidatos de los partidos tampoco parecen representar las propuestas o ejemplos que la mayoría espera.

Estos escenarios nos hacen pensar que los objetivos de terminar con la desigualdad y alcanzar la justicia son hoy responsabilidad primera de los ciudadanos. Ellos son los que tienen que restablecer o construir el Estado de derecho, ellos son los que tienen que hacer valer la ley, ellos son los que tienen que poner límite a la especulación y la usura, a la exacción y el desempleo. El cómo sería otra historia.

Agradezco la colaboración de Jorge Ocejo para la redacción de este texto.

Ética y política
En la primera década del nuevo siglo

Reflexión alternativa.

I El mundo vive una encrucijada, o volvemos a los principios o la descomposición de la sociedad será general

La democracia, que originalmente fue el gobierno de la mayoría, se ha convertido en la competencia entre unos cuantos partidos. Y la democracia como participación en el ingreso y la riqueza generada fue dejada de lado, para dejarnos un cascarón que nos vende la ilusión de ejercer nuestros derechos ciudadanos en un acto momentáneo que se realiza cada tres años y que no tiene ninguna realidad entre una fecha y otra de elecciones.

A los ciudadanos se les presentan opciones de voto. Sin embargo los candidatos que pueden votar los ciudadanos han sido antes escogidos por los partidos. Los verdaderos electores no son entonces los ciudadanos, sino los partidos. Y los partidos escogen a sus candidatos en función de sus objetivos de poder. De poder estar en el gobierno y al frente y hasta arriba de las instituciones. Como si estar en el poder y dirigiendo al estado fuera el objetivo último de la participación política. Y como si no debiéramos ver el poder como un medio de resolver problemas.

Perder de vista que el objetivo de la política es resolver problemas y servir a la ciudadanía es perder de vista el origen de la política como acción consciente que busca el perfeccionamiento de la sociedad y sus instituciones.

Cuando los partidos ven el poder como un objetivo final entonces se hacen a un lado los instrumentos con los que pueden corregirse las imperfecciones de la ley, o superarse los problemas de la economía. El poder adquiere entonces una condición extrapolada, y asume una dimensión propia, situada en el más allá del servicio público o del compromiso con la sociedad. Y los partidos empiezan a buscar el poder para cumplir con el apetito egoísta de colocar a sus hombres por encima y más allá de los ciudadanos.

El poder parece ser el fin, y la política queda reducida al registro legal y al derecho que se confiere a una elite para colocar en el poder a quienes tienen más apetito y más interés.

Los partidos están sucumbiendo a la ambición y al egoísmo de sus militantes como consecuencia de una escasa formación ética, y como resultado de un bombardeo de la ideología mercantilista.

Se ha educado a las últimas generaciones en un apetito de posesión y en una búsqueda de propiedad. Como si el mucho disfrutar de las posesiones fuera el imperativo de los seres humanos, y como si la propiedad de bienes y dinero fueran la forma de alcanzar la plenitud y la realización personal. Ser exitoso es hoy ser competitivo. Competitivo para derrotar a todos los que puedan ocupar un lugar al que se aspira.

Es la conversión del servicio por la venta de las oportunidades. Y el abandono del bien común o el interés colectivo en aras de una gloria repartida entre las élites y unos cuantos potentados.

La sociedad no buscó ni diseñó esta situación. Han sido los grandes intereses los que introdujeron sus valores en todas las esferas de la vida social. Antes el político tenía que demostrar su condición de tribuno, de representante popular, de aportaciones o realizaciones a favor de sus conciudadanos. Hoy los mercadólogos fabrican candidatos con atributos tomados de la publicidad y con virtudes atribuidas, pero inexistentes, que sugieren éxito, fuerza, decisión, arrastre, temeridad, osadía, atrevimiento; pero que en ningún momento recuerdan compromiso, abnegación, entrega, desinterés, altruismo o vocación alguna. Nos llenamos así con imágenes de "triunfadores" fabricados por la mercadotecnia que carecen de diagnóstico ante las necesidades, pero que manejan discursos grandilocuentes que sugieren el avance, la modernidad, el acceso al glamour, la seducción, o el encanto. Pero que no muestran consistencia, ideas, propuestas o conocimiento.

Pan y circo decían los romanos en el periodo de su decadencia.

Si permitimos que la sociedad sea arrastrada por esa vía, el poder terminará de vaciar sus contenidos originales y perderá lo poco que aun conserva de representación de los ciudadanos. Habremos permitido que las instituciones sean dirigidas por quienes se valen de ellas para fortalecer a sus verdaderos electores, ajenos por completo a la sociedad y los intereses de la mayoría.

Pero si estamos decididos a impedirlo no podemos permanecer impasibles ante el abandono de los principios y el saqueo de los patrimonios políticos. En cada sitio y en todo lugar existe una herencia y una doctrina que salvar y levantar de nuevo. Se requiere espíritu para hacerlo, y sólo desde el compromiso con la gente habrá la inspiración y las ideas que actualicen un legado.

Quienes creen todavía en la posibilidad de la democracia, deben luchar contra el poder de los individuos que se enseñorean en los partidos como si fueran su instrumento y su camino hacia el poder personal. No debe haber más poder que el que permitan los principios. Y no debe haber más principios que aquellos que representen lo mejor de la gente. Ayuda mutua, esfuerzo como camino para alcanzar nuestros objetivos, compromiso para recorrer todo el trecho de trabajo necesario, deberes para tener derechos, ingresos sólo bien habidos, tanta riqueza como el esfuerzo y el mérito permitan, y tanta mesura como la escasez y la necesidad obliguen. Nada para uno si va contra el bien común. Sin esta batalla la política será botín y rapiña. Y quedará reducida a un ejercicio de quienes gobiernen para despojarnos de bienes, de dignidad y de destino.

II El poder ya sólo tiene sentido para servir y educar al hombre, el poder como instrumento de interés no hace sino envilecer a los ciudadanos.

El final del Siglo XX y el comienzo del nuevo milenio están marcados por guerras, intervenciones, globalización y terrorismo que arman los gobiernos y los estados, y que presentan como responsabilidad e iniciativa de los ciudadanos. Como si el enfrentamiento real y verdadero fuera entre los grandes mentirosos y manipuladores y sus víctimas.

Las guerras con causa de justicia, o con motivo de liberación, han sido sustituidas por las guerras del interés oculto o inconfeso. La globalización nos fue vendida o presentada como el camino universal al progreso y la prosperidad, aunque sólo ha representado y se ha traducido en el proceso más grande de concentración de la riqueza, empobrecimiento de los que algo tenían, y dominio del capital especulativo y parasitario sobre todo el planeta.

China ocupa el Tibet y la Mongolia interior. Estados Unidos ocupa Irak, Afganistán, Granada, Dominicana, Guatemala, Vietnam. La Unión Soviética, y mejor dicho Rusia, ocupa Abjasia, Osetia, Georgia, Afganistán. Todos por razones geopolíticas, control de los energéticos, o necesidad de cohesión nacionalista, pero ocultando sus intereses y presentando cada caso como una defensa de la libertad, un combate al terrorismo, un combate de los fanáticos o una defensa del mundo "libre".

Las trasnacionales imponen sus intereses, tendiendo una cortina de humo sobre los atropellos, los asesinatos, los genocidios, y poniendo por delante sus ganancias. Desde el Tibet o China, y hasta Tlatelolco o Munich, lo que se ha vendido es otra vez el glamour y la celebración, sobre un montón de cadáveres y atropellos.

Porque el mundo necesita mantener su esparcimiento, el pan y circo de hoy que oculten la miseria y la angustia de la ciudadanía y que condenen la resistencia, disfrazan de rencor y envidia la rebeldía. El delito del terrorismo ha conseguido elevar a falacia legal el derecho de los fuertes para aplastar a los inconformes.

El poder fue reduciendo su ejercicio, limitando el papel de la educación y el ejemplo de probidad, y dejando en su lugar el de la administración de los centavos y la protección de los negocios. Del estado tutelar hemos pasado primero al estado clientelista, para llegar finalmente al estado oligárquico donde gobiernan los cleptómanos de la riqueza pública.

De la división de poderes transitamos a la unificación de los grandes intereses bajo una sola cobertura institucional. Y del postulado de la diversidad y la competencia entre propuestas llegamos a la homogeneidad de los delincuentes, al cuello blanco de los jefes de los cárteles y las mafias, y a la complicidad generalizada.

La sociedad veía a la autoridad como el ogro que le protegía y le castigaba cualquier infracción al orden y la ley, pero hoy lo confirma todos los días como el cinismo del que oprime, el engaño del que se sirve de la ley para su interés, y como el régimen de las componendas, de las complicidades o las alcahueterías.

Decíamos partido y pensábamos en camino o instrumento. Vemos hoy los signos de los partidos sólo como privilegio, exclusión y favoritismo. Teníamos país porque creíamos en la continua mejoría y en el favor o la concesión de los de arriba. Pero conforme pasa el tiempo, la patria se nos ha vuelto chiquita, y han crecido más que ella los capitales, las empresas y las filiales de matrices que viven en otra parte. Antes sentimos que podíamos ser una parte de la nación, y hoy apenas podemos aspirar a la franquicia que otorgan las marcas o las nomenclaturas.

Los hombres, los ciudadanos, se enaltecían al ingresar al servicio público o al afiliarse a la causa de los partidos. Pero hoy se vuelve sospechoso el recluta reciente o el funcionario nuevo. Y lo que sorprende es la medianía o la probidad después de unos cuantos meses de nómina. El carnet o la credencial han sustituido el sello ideológico de los actos. Como si se tratara de una marca o licencia para acumular en nombre del patrocinador.

Si el estado prosigue o se pliega ante esta inercia y pérdida de identidad, la sociedad está perdida. Si nadie expresa su inconformidad y protesta, la sociedad sólo podrá incendiarse en Consejos Populares y en Atencos que reclamen la dignidad devaluada. Si el ciudadano solo respinga y no procura otros caminos de nueva dignidad y sobrio consenso, nadie habrá de responderle o reconocer sus derechos. Pobre país, donde el camino a la dignidad se vuelve rebeldía y cárcel.

Los hombres libres, los que no aspiran a la propiedad del poder, sino al servicio de sus conciudadanos, son la esperanza de que esto no termine por sepultar el signo de la democracia y erigir como fin último al becerro de oro de las ambiciones egoístas y las ilusiones.

III Limitar la apetencia y la voracidad, detener el crecimiento, sustituir el modelo de predación y consumismo por una política de la sustentabilidad. Eso sólo es posible si en lugar del poder por el poder buscamos el empoderamiento de los ciudadanos.

Los grandes momentos de la historia universal se han visto antecedidos por largos procesos de educación y formación de conciencia. La reforma de Lutero tuvo éxito, como cuestionamiento de la decadencia papal, no sólo porque los papas habían llegado al extremo en las bulas y el mercantilismo, sino también porque los ciudadanos querían una iglesia recta, donde el ejercicio de la vocación no estuviera movido por la ambición de la jerarquía y el manejo de fortunas. Porque la ciudadanía quería conocer el contenido de aquello que venía repitiendo sin entender palabra. Porque la ciudadanía quería tener cerca su fe.

Los cátaros fueron acabados, suprimidos, porque la fuerza del papado se negó a llevar a la institución hasta la mansedumbre y la sencillez, y porque el poder se había ya enseñoreado en el corazón de la iglesia como riqueza, alianza con la aristocracia y como ejercicio de fuerza. Lo más fiel a la sencilla vocación del cristo no pudo sobrevivir a la ambición y el egoísmo de los hombres.

Pero los cátaros educaron a sus fieles en una doctrina de tolerancia y pluralidad, en un ejercicio de humilde convivencia; y la educación que dieron a sus fieles les ha sobrevivido como identidad de los catalanes, de los languedocianos y los marselleses. En ninguna otra región de Europa se respira tanto respeto por la mujer y tan clara vocación de justicia, sin grandilocuencias y sin doctrinarismos.

Confucio educó a sus discípulos en la observación y la reflexión sobre la naturaleza y la sociedad para atemperar la acción de los hombres y los cambios que perseguían. Y el lento desarrollo de la cultura china nos ha mostrado que un cimiento construido sin prisa, y a lo largo de siglos, es más sólido que la capacitación acelerada y los cursillos en los que se gradúan los yupies y los nerds que mueven hoy las finanzas del mundo.

Los griegos concibieron la educación, la Paideia, como la forma culminante de la política, como el fin último del estado, que tenía como su cometido y realización plena la educación espiritual de los hombres libres. Ni la política ni la filosofía estaban por encima de ese compromiso. Sin educación el sentido del poder y del estado perdían su naturaleza. Gobernar era formar ciudadanos. Por ello bajo Pericles vivieron todos, o fueron su herencia: Desde Praxíteles y hasta Aristóteles, el esplendor griego fue producto de la educación como forma más alta y plena de la política.

Más allá de la bizarra versión que llega a nuestros días sobre la República en España, esa gesta tuvo pueblo y tuvo fuerza porque fue el resultado y la culminación de décadas en que los anarquistas y los demócratas se dedicaron a educar a los niños, a los jóvenes y a los hombres y mujeres de España en los derechos civiles, en las muchas formas y ejercicios de la democracia, en la creatividad artística y en la participación colectiva. El triunfo electoral de la República estaba cimentado en muchos años de educación y formación de conciencias. Y sus enemigos —los totalitarismos— que no estaban dispuestos a ver florecer una democracia que opacara o contradijera sus propuestas, fueron quienes lo suprimieron a sangre y fuego. Stalin y Franco eran aliados contra la democracia. Stalin y Franco demolieron la catedral de la democracia occidental que fue la República Española.

Pero, ¿qué enseñaron todos estos hombres? ¿Qué clase de ciudadanos eran los que construyeron la Atenas de Pericles, la China de Confucio y la República de España? Eran hombres educados en el servicio a los demás, en la responsabilidad colectiva, en la solidaridad y la coordinación de esfuerzos. Eran ciudadanos preocupados por la justicia y el cimiento de las leyes en la protección de los necesitados, la subsidiariedad hacia los débiles y la limitación de los fuertes y poderosos.

Los ciudadanos libres que han vivido el esplendor de la civilización no han sido los dueños de la tecnología de punta, ni los más competitivos, sino los dueños de la mesura, los artífices de la proporción y los amigos de la temperanza. No los más dispuestos a la fuerza sino los más hábiles en la convivencia plural y la suma de la diversidad.

Porque la civilización no ha construido sus ejemplos más perdurables en los periodos de la concentración, sino en los momentos de convergencia en los que todos ponen y todos ceden. Y porque levantar una cultura y el progreso de las naciones no es el privilegio de la fuerza que somete a los pueblos débiles, sino el logro de las doctrinas que concitan la unidad y conjugan la visión de muchos para diseñar caminos.

Lo que prevalece no es la fuerza de Esparta, ni la estrategia de Darío. No son las legiones romanas, ni los ejércitos de cruzados, no son las invasiones de hunos ni las tropas de asalto nazis y las SS; es el templo de Karnak en Luxor que mantuvo un pacto durante dos mil años, la Alambra que sintetizó el ecumenismo de Mahoma y la herencia Celta y de los Iberos, el espíritu de Córdoba donde convivieron las grandes religiones, la construcción de París como monumento de la ilustración, Chichén Itzá y la herencia maya como suma de culturas y de épocas, los derechos humanos heredados por la Ilustración, el modelo republicano gestado en Atenas y perfeccionado en Europa y, sobre todo, el ideal de la libertad individual, el respeto a la persona y el derecho social, cuyo más alto ejemplo tiene su meca en América Latina.

Los latinoamericanos, o acaso habría de decirse los latinolusitanos de America, tenemos una vocación colectiva, con hondas raíces de respeto y devoción por la naturaleza. No nos sentimos reyes de la creación, sino modesta parte de la armonía de la naturaleza. No traemos en el corazón el derecho romano que nos lleve a lanzar a los leones a nuestros esclavos, sino el derecho indígena que nos tiene presente el compromiso con los otros.

Los latinoamericanos no estamos acostumbrados a tirar el bosque para convertirlo en dólares, porque preferimos escuchar el canto del baobab en la copa de la Ceiba y creemos en la purificación del aire antes que en el respiro de la bolsa. Los latinolusitanos no ponemos por delante de nuestro buen vivir el consumo del día. No cambiamos una cerveza en la tertulia por una hora más de ocho dólares.

Nosotros, aquí, en los pueblos de América Latina, apreciamos mucho más el ser que nos distingue, que el tener que nos obnubila. Y como tales, queremos un mundo donde todos convivamos, más que un mundo donde unos cuantos sigan acumulando.

Por todas estas razones, nos resultan ajenos los políticos que quieren consolidar el poder como una forma de la propiedad y la acumulación. Y por todas estas razones queremos devolverle a la política el signo de una actividad a favor de una mejor convivencia y un bienestar compartido.

No queremos un crecimiento que lo único en lo que se traduce es en índices que nos comparan con el mundo decadente, y que solo disfrutan los dueños y señores del tener. Preferimos un camino donde muchos —y acaso todos— podamos ser más ciudadanos, más solidarios, más fraternales y felices.

No queremos candidatos del mundo de la fuerza, de la visión del consumismo o del dinero. Queremos candidatos grandes en principios, profundos en su compromiso de servicio y probados en su fortaleza moral.

Resumamos

El estado ha dejado de representar al pacto social, y la ley ha dejado de buscar el estado de derecho, hoy los órganos del estado están al servicio de los grandes intereses y la ley no es más que una máscara para la imposición de los mismos.

Los partidos no representan a la ciudadanía, ni sus acciones reflejan el interés de la sociedad. Los partidos no son más que un instrumento al servicio de los grandes intereses que se disputan la conducción y el usufructo del excedente y la riqueza de todos.

Si la sociedad se salva será porque los ciudadanos decidan ejercer una participación consciente, y porque generen formas de participación colectiva que acoten a los partidos y sustituyan el poder del dinero y los grandes capitales con nuevas estructuras de gobierno y con una puesta al día del derecho social.

Qué es ser de izquierda en la coyuntura electoral.
Una toma de posición en el año 2000

Reflexiones que presenta Mario Rechy Montiel al IV Encuentro de Excombatientes del Movimiento Armado en México.

24 y 25 de abril de 2004

A semejanza de los perseguidos de la fe, los ex izquierdistas que llegaron al poder pontifican. Ser de izquierda es estar con ellos. No estar con ellos es traición. Y al decirlo los he visto fruncir la trompa con el mismo rictus religioso con que los fanáticos lanzan anatemas. Sólo que estos nuevos fanáticos no lo son de una doctrina sino del interés.

Han beatificado a su nuevo santo. Le han levantado altares y le atribuyen todo género de milagros: honestidad, rectitud, consecuencia, fidelidad. Con lo que vuelven sagradas sus expresiones y nimban con coros sus homilías. El nuevo santo es San Cuauhtémoc.

Y sin embargo la religión del nacionalismo revolucionario, que el perredismo ha convertido en su doctrina oficial, no recoge el amplio pensamiento de la izquierda. De hecho el neocardenismo, que se erige hoy como el papado de una fe renovada, es sólo fiel expresión de la Revolución Mexicana. Una revolución que compartimos y cuya herencia reivindicamos hoy la mayoría, pero que no es el horizonte último al que queremos llegar, ni contiene el programa de nuestras luchas actuales.

Quedarse en el purismo de los principios del Constitucionalismo del año 17, o levantar las banderas que le dieron gloria al régimen de Cárdenas —el grande—, no bastan para guiar la política de quienes aspiran a construir el nuevo siglo.

Los militantes de la izquierda histórica cometimos un gran error al emprender un proyecto conjunto con ese nacionalismo, sin haber conservado nuestra identidad. Ellos querían democracia, pero nosotros sabíamos que la democracia sólo es posible con la autogestión llevada hasta las fábricas, las escuelas, el campo y la administración. Ellos plantean soberanía, pero son tímidos y en lugar de formar un frente con los pueblos oprimidos, negocian con el imperialismo. Así lo hizo Lázaro cuando aceptó modular la

90

sucesión y no dejar al representante de los radicales sino al amigo de los norteamericanos.

Los neocardenistas han creado el cuarto partido de la Revolución Mexicana, como lo bautizó oficialmente Adolfo Gilly. Pero no han creado un partido democrático sino uno faccioso. Una federación de tribus que resuelven sus cuotas de poder en función de las dimensiones de su corporativismo. Nosotros estamos convencidos de que un partido en el que no se valora el respeto a la diversidad y la proporcionalidad, no es augurio de gobiernos plurales. Felix Salgado debió ser el Secretario General de la última elección. Y Amalia, que representa el viejo estalinismo aliado a los nacionalistas, alteró ese derecho adquirido en la lucha y el voto de los luchadores más consecuentes del partido.

Ser de izquierda es partir de la lucha, marchar con la gente, reconocer sus liderazgos, respetarlos, e instrumentar soluciones a las demandas y problemas que levantan los luchadores y sus líderes. Y en el PRD lo que se ha hecho es envolver en una fraseología de izquierda las acciones y procedimientos del corporativismo, y las decisiones verticales y autoritarias de una minoría.

No decimos con esto que todo el hacer o todo el discurso de nuestro partido sea deleznable. Suscribimos muchas cosas. Nos sentimos representados cuando los voceros del partido defienden los Acuerdos de San Andrés y exigen que se reforme la Constitución para hacerlos efectivos. Nos sentimos orgullosos cuando se rechaza el TLC y se anuncia su renegociación. Es parte de nuestras convicciones lo que el partido sostiene sobre la liberación de la mujer, sobre la educación laica, sobre la defensa del petróleo y la economía pública. Pero no basta.

Los izquierdistas de palabra se encuentran presos en los paradigmas de la ideología. Hay muchos otros temas frente a los cuales el PRD no ha construido discurso, o no ha considerado el que algunos de nosotros hemos puesto a discusión. Es un partido anticampesino. Es un partido contrario a la pluralidad. Es un partido ambiguo ante el desarrollo. Es un partido de superficialidades ante la inseguridad, la ecología, la democracia. Y como izquierda es un partido ciego y desarmado ante la caída del socialismo real, hecho histórico ante el cual debió haber hecho balance y sacado lecciones.

Hoy queremos reemprender esas tareas pendientes y reasumir nuestro papel como cabezas, como seres pensantes que pueden extraer lecciones de estos años de historia. Porque ¿cómo vamos a tener derecho a dirigir y gobernar si ni siquiera podemos presentar a nuestros compañeros una posición sobre el fracaso del socialismo en los países del Este?

Debe estar claro: Hoy ser de izquierda no es cerrarse a las alianzas con la oposición para quitar al PRI. Hoy ser de izquierda no es defender principios abstractos e inmovilismo práctico. Hoy ser de izquierda no es defender el voto de Cuauhtémoc como gesto testimonial. Hoy ser de izquierda no es condenar a los que en un golpe de audacia nos atrevemos a probar, a disentir y acaso a triunfar.

Los antiguos clásicos del bolchevismo decían que a los políticos se les debía analizar a la luz de sus acciones y de las consecuencias o efectos que tenían. Lenin, por ejemplo, más que abordar las posiciones escritas de sus rivales les caracterizaba por su papel en la lucha. Según este criterio, quienes no aceptan ir por el camino que permite derrotar al enemigo principal, son ineptos o ALIADOS OBJETIVOS de ese enemigo. Consecuente con esa manera de pensar, Lenin aceptó la alianza con el gobierno alemán en contra del gobierno zarista, con tal de cruzar en un tren que lo llevaría a Rusia a incorporarse a la Revolución. Si él hubiera juzgado que su posición era criticar a los revolucionarios que llamaban a participar en el gobierno provisional de Kerenski, hubiera dejado un buen testimonio, y nadamás, la revolución la hubiera dirigido un triunvirato donde estuvieran Trotski, Kolontay y Stalin; o Bujarin, Sverdlov y Chernov. Lenin prefirió triunfar.

De la misma manera, mientras los izquierdistas doctrinarios vomitaban condenas y deslindes contra Chiang Kai

Sheck, Mao comprendió que el enemigo principal era el imperialismo japonés, y que para derrotar al invasor él tenía que avanzar en una alianza con su adversario de clase. Una vez derrotada la intervención japonesa entonces procedió al deslinde y a la lucha por la nueva hegemonía. No antes.

Hoy, aquí, en este parteaguas del nuevo siglo, México se enfrenta a una disyuntiva: permitir que el PRI continúe siendo la fuerza hegemónica del poder, o desplazarlo con un abanico plural de fuerzas. Ni qué decir sobre cuál es la posición de izquierda. No es desde luego defender el voto de una minoría, por más correcta que esta pueda sentirse. Y menos aún alinearse con un caudillo neocardenista que sólo busca consolidar su territorio, que prefiere el pequeño triunfo de la capital ante el gran triunfo de la nación y de la democracia.

El rasgo distintivo del caudillo es justamente que su patria y su programa sólo alcanzan hasta donde su dominio llega. Más allá sólo se encuentra el vacio. Esa es la visión de Cuauhtémoc. Para la izquierda real, no la que se conforma con cambiar la gran alianza por un candidato y una victoria en la capital, sino la que quiere atreverse a la conquista del cielo, es la hora de los hornos, y no se ha de ver más que la luz.

Sabemos que para algunos perredistas no importan nuestros ejemplos ni análisis. Porque es imposible convencer a un ignorante con argumentos. No es a ellos a quienes nos dirigimos. Nos dirigimos a aquellos otros que a lo largo de estos once años han ido colocando en el lugar de lo que fueron nuestras organizaciones, nuestro bagaje teórico, y nuestro ideal socialista, a la personalidad de un caudillo y a la ideología del neocardenismo.

Esta no es la oportunidad más clara para un vuelco en la reorientación política. Pero es la situación en la que venido a propósito traerlo a discusión.

De hecho lo que debíamos haber planteado hace tiempo —y en eso nuestros críticos más a la izquierda han tenido razón— es que nunca debimos haber perdido nuestra autonomía, ni nuestra capacidad de propuesta y convocatoria.

Nunca debimos de haber silenciado al discurso socialista.

Estamos en deuda con nuestra historia y nuestro movimiento. Hoy, en una coyuntura paradójica, reclamamos la autonomía para reivindicar la política de alianzas en aras de un objetivo nacional. Están pendientes las definiciones sobre lo que es hoy para todos nosotros el futuro de la lucha de clases, la lucha por una nueva democracia, y el fin último de una sociedad justa y plena de libertades.

Cuauhtémoc cometió dos errores históricos en estos últimos doce años. El primero fue haber disuelto la dirección del Frente Democrático Nacional. Cosa que decidió junto con Porfirio, porque ellos eran los líderes, pero eran minoría y la autoridad que teníamos como colectivo era muy probablemente mayor y capaz de rebasarlos. Ellos optaron por la disolución y exclusión, ante el temor de la violencia, y ante la incapacidad de sus argumentos para garantizarles el control sobre las etapas posteriores a la elección de 88.

Su opción fue en ese entonces aliarse con las cúpulas de los partidos, y llegar a un reparto de poder o cohabitación, sobre la base de lealtades no principistas sino de acuerdo político. El resultado fue la fundación de un partido con grupos de interés, todos ligados a las viejas burocracias que venían de los partidos. Y los saldos están a la vista: un partido desgarrado por intereses mezquinos, reparto de curules y de cargos públicos.

Su segundo error fue constituir un gobierno con los incondicionales y pocas veces con los hombres capaces del movimiento. En cierta forma fue una confirmación del error anterior, pues Cuauhtémoc no sabe dirigir un equipo sino comandar una cofradía. Cuando Enrique Semo dice que un asesor le recomendó nadar de muertito en su administración, minimiza la tragedia del tema. Lo que pasó es que su equipo de incondicionales es un equipo incapaz de diseñar el proyecto nacional. Vamos, ni siquiera un Plan de gobierno. Y Cuauhtémoc no ha tenido capacidad para diseñarlo él mismo, como lo hicieron otros líderes en algún momento. Se ha quedado con un discurso de obviedades sobre los valores inmemoriales, y una incapacidad de propuesta, y peor aún, de ejecución de soluciones, que todos esperábamos.

Esto que ha pasado es responsabilidad de todos, y especialmente de los que hemos tenido algo que ofrecer, proponer y organizar, y no hemos sido capaces de hacerlo. Es probable que el tiempo no había llegado, y que así como en los sesentas fuimos protagonistas del voluntarismo, hubiéramos sido protagonistas de la anticipación en condiciones no propicias.

Confío en que ahora las cosas estén madurando.

El remate de los errores históricos de Cuauhtémoc es el de su campaña contra Fox. El nuevo "error" resulta del hecho de que prefiere negociar la candidatura de Andrés Manuel en el DF, con el cual conservar su aparato, que jugársela por un proyecto nacional en el que su grupo no llevaría la voz cantante. Prefiere por ello transar con el sistema y Zedillo que arriesgar lo que ha construido si le apuesta a la transición y a un gobierno de coalición. Porque lo que Fox nos ha propuesto y le estamos aceptando es un Gobierno de Coalición.[20]

El PRD ganaría de todas maneras el D.F. aunque no fuera con Andrés Manuel. Ahí está Rosario, por ejemplo, o Pascoe, o Martí.

Cárdenas es muy valiente para acusar de antipatrias a los

---

20. Los aliados de izquierda de Fox firmamos con él un programa de trabajo, donde se incluía, para empezar, el que el PRD recibiría dos Secretarías de Estado. Fox cumplió, le ofreció una a Amalia García y otra a Alejandro Encinas. Otros estábamos programados para ocupar diversas subsecretarías y Direcciones Generales. Cuauhtémoc declaró entonces que participar en un gobierno de coalición con Fox era traicionar la causa. Ni Alejandro ni Amalia han explicado nada hasta la fecha. Y todos quedamos colgados de la brocha después de la ruptura que provocó Cuauhtémoc. A mi se me pidió permanecer en el gobierno, y se respetaron mis posiciones hasta el final del sexenio, durante el cual me empeñé en detener acciones inadmisibles y promover la Economía Social.

partidarios del cambio, pero fue en contrastantemente cobarde cuando negoció con Salinas a espaldas de todos nosotros, después de habernos lanzado a la insurgencia.[21] Hace condenas ideológicas, pero no es un hombre de principios sino de cálculos.

Por lo pronto. No cederemos ni un milímetro. ¡Condenamos a todos aquellos que diciéndose progresistas se levantan como un muro que impide el avance democrático de México! ¡Condenamos a todos aquellos que han erigido a Cárdenas en un jefe indiscutible! ¡Condenamos a todos aquellos que le hacen el juego al estalinismo chichimeca de Amalia y su camarilla, que ha suprimido la democracia interna en el partido y ha esterilizado la capacidad de lucha del perredismo! ¡Condenamos a los que no respetan las elecciones internas! ¡Condenamos a los que acarrean votantes y condicionan el apoyo gubernamental al corporativismo! ¡Condenamos a los que manipulan colonos con promesas! ¡Condenamos a quienes han reconstituido al sistema y al partido de la revolución en lo que debía ser el partido de la lucha y la esperanza!

Perredistas de izquierda:

¡Es nuestra oportunidad histórica! Un voto por Cuauhtémoc es un voto por el inmovilismo, es una abstención ante la posibilidad del cambio. Un voto por Cuauhtémoc es, en el mejor de los casos, un golpe de pecho o una confesión de fe, pero no ayuda ni acerca el objetivo.

El triunfo de la izquierda no está bajo su mando. Sino en la independencia. Y es un acto de autonomía e indepen-

---

21. A mí se me instruyó para establecer Casas de Seguridad, y así lo promoví. Pero la gente lo interpretó como una determinación de enfrentar el fraude, y en varias localidades bajo mi coordinación la gente se armó. Pero cuando le recordé a Cuauhtémoc su instrucción y el momento que se vivía después del fraude electoral, el me engañó, me dijo que me fuera a mi región y que la dirección ya estaba "en eso". Lo que él mencionó como "eso" resultó la reunión con Salinas. Yo recibí dos atentados en las siguientes semanas, y salvé mi vida gracias a la protección de Sócrates Rizzo y Luis Donaldo Colosio, que me sacaron del país con todo y familia.

dencia hacia el neocardenismo la alianza con Vicente Fox.

Marchamos a ella sin ninguna garantía, más que la fuerza de nuestra convicción y la capacidad que confiamos tener para construir un gobierno plural y de transición. Quienes estén por ello que no titubeen. Es el comienzo de una política plural, democrática y audaz como la requiere México en sus militantes de izquierda. De la izquierda real. La que se ha jugado el pellejo en la pelea, y que hoy arriesga su destino en un acto de convicción y audacia.

¡Hasta la victoria siempre!

¡Venceremos!

Qué es, de dónde salió, y a dónde va el cooperativismo en México

Conferencia magistral dictada el 18 de julio de 2015 en el Foro del Poder Popular. México D.F.

I El cooperativismo tiene raíces en todo el mundo, y en cada nación tiene un fundamento cultural como parte la identidad.

Muchos de ustedes habrán escuchado que el cooperativismo se fundó en Inglaterra. Pero eso es solo un decir. Tan semejante como aquél otro que afirmara que el cristianismo se fundó en Roma, o que la industria se inventó en Inglaterra. De hecho los fenómenos sociales no suelen aparecer en un solo lugar para difundirse después por todas partes. Los fenómenos sociales pueden tener referentes, y casos específicos, pero generalmente se trata de hechos universales, que los seres humanos replican en razón de sus necesidades, su naturaleza y su identidad. La Revolución es algo que ha ocurrido en muchas partes, aunque la Revolución Mexicana solo tuvo lugar dentro de nuestra nación.

De igual forma, el cooperativismo se ha desarrollado en muchos lugares, si bien ciertas formas de cooperativismo corresponden a las condiciones locales, a las tradiciones de un lugar, a la cultura y a la forma de pensamiento dominante en ese sitio. Pero como tal, esto es, como doctrina en la que los trabajadores se ayudan y se coordinan para emprender juntos algunas tareas, es algo que ha ocurrido de manera universal y que todos los días se vuelve a presentar.

De hecho son tres cosas lo que caracteriza la experiencia cooperativa. En primer lugar que cualquiera que sea lo que se emprenda es propiedad de todos sus integrantes. En segundo lugar, que todos aportan para alcanzarlo. Y en tercer lugar, que su objeto siempre tiene que ver o persigue la satisfacción de una o varias necesidades, y en consecuencia su costo es secundario o irrelevante.

Así ha sido durante muchos siglos. Aunque ahora, desde mediados del Siglo XX el cooperativismo ha tenido que aprender y a asimilar los requisitos de la rentabilidad, es decir, ha tenido que emprender actividades que se pueden sostener por sí mismas desde un punto de vista mercantil.

El cooperativismo, en este sentido, no nos interesa como

figura jurídica que aparece en la ley respectiva, ni como definición doctrinaria. Nos interesa como fenómeno histórico y como propuesta de vida. Donde son muchos los matices o las diferencias.

Pero, al mismo tiempo, el cooperativismo es algo donde nunca deben ocurrir ninguna de las siguientes tres cosas, la explotación de unos socios por otros, la preeminencia de la acumulación de capital por encima de la satisfacción de necesidades, ni la estructuración jerárquica que perpetúe las desigualdades o instituya una burocracia dominante.

En la larga marcha de los pueblos, muchas instituciones han sido recogidas en la ley. Otras simplemente se las ha conservado en la tradición. Y no pocas han sido prohibidas, sin que la prohibición haya podido impedirlas o haya conseguido erradicarlas.

En nuestro país el cooperativismo ha transitado por regímenes que por conveniencia lo adoptan y lo impulsan, pero también por gobiernos que lo combaten y hasta lo tratan de erradicar. Por periodos el Estado impulsó el cooperativismo pesquero. Y por periodos el Estado lo ha combatido de manera frontal o inconfesa, por oponerse a la política capitalista dominante.

Me parece fundamental arrancar esta exposición de esa manera. No vengo a defender una ley sino a refrendar una vocación de vida y de trabajo.

La ocasión anterior que traté el tema hace dos meses, comenté que casi la mitad del género humano depende de alguien que trabaja en formas cooperativas de organización. Ese es un dato del Organismo de las Naciones Unidas, y también de la Asociación Internacional de las Cooperativas. Y para que quede claro, diré que más de ochocientos millones de jefes de familia en el mundo son cooperativistas. Ese solo hecho debería bastar para tener claro que no estamos ante una corriente social o fenómeno que necesite del favor o el reconocimiento de algún funcionario, o secretario de gobierno, que haya amanecido con la inspiración del economista neoliberal Milton Friedman o con la fiebre privatizadora de Margaret Tatcher, la primera ministra inglesa que empezó la aplicación de ese modelo.

Esos funcionarios nos pueden hacer un daño enorme. Lo tenemos claro. Pero muy transitorio. Y los dos políticos que menciono fueron muy influyentes, y sus propuestas y decisiones pesaron mucho, tanto en la defensa de dictaduras como la de Pinochet en la República de Chile, como en el desmantelamiento de sectores importantes de industria, junto con sus respectivos sindicatos, como fue el caso de la minería en Gran Bretaña. Pero ambas cosas quedaron en el pasado. Porque la historia no se rige por caprichos sexenales o por ocurrencias de gente que desconoce la historia de su país o del mundo, o que no puede ver, detrás de los groseros hechos del día, lo que es la tendencia de largo plazo de los acontecimientos.

Quisiera a este propósito contar a ustedes dos anécdotas que me han impresionado profundamente en mi vida. Dos anécdotas que aunque ocurrieron hace mucho, pero mucho tiempo, ilustran el sentido del contexto histórico en el que quiero situar mis reflexiones.

La primera anécdota que les contaré ocurrió hace más de tres mil quinientos años en el antiguo Egipto, pero proyectó su signo y su importancia durante más de dos mil años. El otro caso ocurrió en México durante los primeros años de la Colonia, y constituye, todavía hoy, un ejemplo y una demostración de la importancia del cooperativismo.

Empezaré por contarles el caso más antiguo. Este empezó cuando una mujer de nombre Maatkara Hatshepsut llegó a ser la faraona o monarca de una cultura asentada a la orilla del río Nilo, en las localidades que se han conocido como Tebas y Luxor. Esta mujer, que vivió muchos años, a pesar de que en aquella época el promedio de vida era muy breve, gobernó lo que hoy es Egipto durante veintidós años.

Pero su ejemplo, su impronta, la forma como concibió la organización social y del Estado egipcio, se extendieron alrededor de dos mil años.

Hoy, Hatshepsut es leyenda, pues las circunstancias del descubrimiento de su momia, hace menos de una década, y la historia que se ha podido reconstruir por las estelas labrados en petroglifos, nos la presentan como una mujer emblemática, que rompió muchos cánones. Wikipedia dice, por ejemplo, que "El interés que ha despertado Hatshepsut en la sociedad moderna es innegable, y las posiciones respecto a ella que tienen arqueólogos, historiadores o simples lectores no pueden ser más variadas. Hatshepsut se halla en la actualidad convertida en una maquiavélica usurpadora; en un animal político que no retrocede ante nada con tal de satisfacer su ambición; en una mujer que tuvo que elegir entre el amor y su reino; en una amante de la paz o en un modelo feminista; o todo esto a un mismo tiempo, dependiendo de la persona que opine acerca de ella." Yo no voy a referirme a ninguna de estas cuestiones, que me parecen banales. Lo que me interesa es el momento que ella vivió y la manera como ella fue convirtiendo ese momento en una cultura y en una propuesta que trascendiera su época.

Egipto había llegado a un estadio de paz, después de que el padre de Hatshepsut venciera a los vecinos que incursionaran amenazantes en su país. Ella misma había tenido que dirigir al ejército poco después de tomar el poder para pacificar la frontera con Nubia, pues cuando los vecinos supieron que gobernaba una mujer quisieron ver si tenía la energía y la disposición para tomar las armas. Pero en Egipto se venía acumulando un importante conocimiento astronómico, matemático, de ingeniería, de agricultura y de ética y moral. Y esa acumulación del saber fue recogida por esa mujer para instituir una síntesis que no parecía posible antes. Escogió a un sacerdote para emprender una reforma religiosa, y a un planificador económico para sentar bases de una nueva economía.

La síntesis del conocimiento científico, tecnológico aunado a los severos principios de conducta, le hicieron posible, a ella y su equipo, formular una manera de vida y de trabajo, perfectamente reglamentada por normas morales y religiosas. Y fue esa una síntesis tan bien lograda, que los sucesores de Hatshepsut no se plantearon sino proseguir su obra. Y así ocurrió durante más de treinta generaciones.

Como su papel o función no era bélico, las siguientes cinco invasiones que ocurrieron durante su reinado fueron atendidas durante por su sobrino, el co faraón Tutmosis III. Mientras lo que a ella le ocupó fue reformar el culto, perfeccionar la institución religiosa, generar una línea de construcción urbana, y perfeccionar las artes y oficios en que se cimentaba todo esto.

Al parecer, digo al parecer, porque no existe testimonio explícito en el que conste, sino muestras arqueológicas de las que se deducen, al parecer, digo, ella conocía perfectamente las funciones y el sentido de la religión de Amón. Es más, se sabe hoy que su pareja sentimental, que ella misma había colocado al frente de la institución religiosa, era un hombre culto, totalmente leal a ella y que había dado gran proyección al papel de los sacerdotes. Tal vez hasta un grado extremo, necesario para la estabilidad, pero ciertamente excesivo en cuanto a la autoridad de la casta religiosa, pues los siguientes doscientos años muestran un fortalecimiento del poder sacerdotal que el faraón Akhenatón trató de limitar y destronar doscientos años más tarde, para fundar una nueva religión monoteísta y sacudirse el peso de la iglesia. Sin que su intento prevaleciese más allá de los años que el mismo Akhenatón gobernó.

Pero la institución religiosa, que se consolidó durante Hatshepsut, creó una estabilidad espiritual, con un culto regular, una serie de ceremonias como las que hoy conocemos del cristianismo, aunque naturalmente distintas, que se prolongaron dos mil años sin cambios significativos. Lo interesante, sin embargo de este proceso es que esa institución no era todo, pues sobre ella Hatshepsut instituyó una forma de trabajo, y una cultura, es decir, un conjunto de oficios, escuelas, formas de cooperación entre artesanos y trabajadores, que hicieron posible que se construyera el tempo de Karnak.

Este templo requirió que durante toda su construcción se persiguiera el mismo proyecto, la misma técnica, y se mantuviera la misma idea original, hasta terminar de levantar las 134 columnas de su salón principal en un conjunto de treinta hectáreas, que tardaron casi dos mil años en terminar. Pues como dice la enciclopedia, "Unos treinta faraones contribuyeron con sus edificaciones convirtiendo al complejo en un conjunto, que por su tamaño de más de trescientos mil metros de construcción, no se había conocido jamás. Con 23 metros de altura cada columna, constituye un espacio arquitectónico cuya cubierta está sustentada por 122 gigantescas columnas que son más altas en las dos filas centrales, conformando un gran pasillo, cuya disposición posibilita iluminar desde el eje de la sala. Como material se utilizó la piedra, tallada en bloques que conforman los tambores de las columnas."

Otras fuentes nos recuerdan que "El Templo de Karnak es el templo más grande de Egipto y aún hoy en día se siguen encontrando restos y sigue siendo reconstruido. El recinto donde se encuentra mide 2.400 metros de perímetro y está rodeado por una muralla de adobe de 8 metros de grosor. Construido por múltiples faraones entre los años 3500, cuando gobernó Hatshepsut y el año 360 a.C., el Templo de Karnak contiene en su interior el gran templo de Amón, otros templos menores, capillas y el gran lago sagrado. Probablemente lo más espectacular del templo sea su sala hipóstila; con más de 5.000 metros cuadrados donde 134 columnas sostenían un techo de piedra, de las que las 12 centrales son más anchas y elevaban el techo, ahora destruido, a 23 metros de altura....El templo de Karnak es el templo de columnas más grande del mundo: un monumento que podría contener, según han dicho eminentes historiadores, varias catedrales en su interior."

Yo diría que el conjunto mide alrededor de setecientos metros de largo y cuatrocientos de ancho. Algo así como la distancia que va desde donde comienza la Alameda hasta el Palacio Nacional de largo, teniendo cuatro cuadras de ancho. Dudo mucho que en cualquier otra época de la humanidad se haya construido algo tan grandioso. Pero vuelvo sobre el punto que nos interesa. Imaginen ustedes que no se trata de una ciudad, ni de un conjunto de iglesias o templos, sino de la misma construcción, con un mismo estilo, bajo un mismo culto.

Y lo que debemos notar es la estabilidad, la continuidad, la extraordinaria fuerza de una cultura que fue capaz de levantar las instituciones sociales, de trabajo y de cooperación para edificar esa maravilla. Y para que quede claro lo que intento decir, piénsese que en los últimos dos milenios hemos tenido tres guerras mundiales, han prosperado y desaparecido naciones, e incluso han ascendido y entrado a la decadencia varias culturas incluyendo sus expresiones espirituales, mientras que en aquella época, se mantuvo la misma civilización y se construyó el mismo edificio.

No fue por la guerra, no fue por saqueo, no fue por colonialismo, no fue por imposición, sino por estabilidad, a través de un esfuerzo colectivo, donde la cooperación probablemente tuvo más peso que ninguna otra cosa. Ahí hubo trabajo, pero sobre todo educación.

Y debo citar ahora el segundo ejemplo, que es el de Francisco de Tembleque.

Cuando llegaron los españoles el territorio de lo que llamaron Nueva España, el territorio fue dividido en regiones de administración militar y de administración espiritual. Y a Francisco de Tembleque le tocó hacerse cargo de las almas que habitaban en lo que hoy es el Estado de Hidalgo y una porción de lo que hoy es el Estado de México en la región situada al oriente y norte de la ciudad capital.

Por otra parte, tres años después de concluida la conquista, Hernán Cortés había mandado construir una iglesia en lo que fuera el lugar del templo mayor de Tenochtitlan, aprovechando inclusive material de los templos aztecas. Esta iglesia fue convertida en catedral por el rey Carlos V y por el papa Clemente VII, según la bula del nueve de septiembre de 1534. Sin embargo menos de veinte años después se vio que era pequeña para la importancia que se pretendía darle, por lo que se ordenó su demolición. Y justo en ese periodo tuvieron lugar varias reuniones de los titulares de las diócesis y regiones religiosas para que se informara de los avances de la cristianización y de los problemas que existían en esa tarea. Ahí Francisco de Tembleque planteó que había que evangelizar por medio del agua.

Resulta que los españoles habían llegado a la zona donde trabajaba Tembleque contaminando los jagüeyes construidos por los indígenas para utilizarlos como lugar para que sus bestias bebieran y se bañaran, lo que venía provocando epidemias y mortandad. Tembleque no fue escuchado. Y menos cuando pidió presupuesto para construir un acueducto que llevara agua hasta la región de Utumba. El grueso de los curas estaba preocupado, prioritariamente, por los trabajos de la construcción de la catedral. Llevar agua a los indígenas les pareció completamente secundario.

Así que Tembleque regresó a su región sin apoyo y sin recursos. Para él eso constituyó un reto. Pues no estaba dispuesto a renunciar a la evangelización por el agua, ni a la tarea de llevar el preciado líquido potable desde las inmediaciones del volcán Tecajete hasta Otumba, que estaba a cuarenta y ocho kilómetros de distancia.

En el año de 1545 inicia entonces la construcción de la obra hidráulica más ambiciosa e importante de América durante el siglo XVI. Pero previamente había tenido que recorrer los pueblos para plantear su proyecto, y había organizado un ejército de más de cuatrocientos indígenas que se ofrecieron a trabajar sin paga, al mismo tiempo que sus familias hilaban mantas de algodón para vender en los tianguis a fin de tener con qué comprar cal para la construcción. Muchos pobladores aportaron también alimentos para sostener la obra. Esto no suena hoy tan descabellado, pero piénsese que la construcción duró casi dos décadas, y se terminó antes que los religiosos reunieran el capital para iniciar la reconstrucción de la catedral de México, que vio la primera piedra hasta 1571. Tembleque inauguró los arcos en 1562, diez años antes de que iniciaran la reconstrucción de la Catedral de México.

El triunfo de Tembleque tuvo varios significados. En primer lugar demostró que el trabajo puede sustituir al dinero. Que es posible sostener mucho tiempo la edificación de una obra aunque no haya presupuesto. Que es posible dar prioridad a lo que resuelve necesidades básicas sobre lo que es superfluo. Que es posible movilizar a la población para trabajar de manera cooperativa si existe un motivación clara y una conducción correcta.

La obra es desde luego no solo la mayor obra de ingeniería hidráulica de su siglo. Es también más alta que la catedral, tanto en el sentido físico como en el sentido espiritual.

Dice el historiador Carlos González Lobo:

Este año de 2015 el Organismo cultural de las Naciones Unidas promulgó que los arcos del Padre Tembleque son Patrimonio de la Humanidad. Yo he dicho, por mi parte, que constituyen una lección de cooperativismo para todos los mexicanos.

Los dos casos nos llevan a concluir que toda propuesta de Reforma social, todo proyecto de carácter histórico, requiere que se conjugue una cultura con una clara postura ética, un plan económico de trabajo, y un conjunto de normas de conducta, para definir sobre esa base claros objetivos a perseguir. Y el cooperativismo reúne todos estos elementos.

Pero a diferencia del periodo de Maatkara Hatshepsut, no nos ha llevado un lustro formular el proyecto. En su caso eso fue posible porque ya habían transcurrido cientos de años en los que se había establecido la cultura, y habían madurado las condiciones para un momento de síntesis, que le tocó a ella conducir. En nuestro caso apenas se está rescatando la historia social del mundo. Pues hasta ahora se ha hablado de sucesión de modos de producción o de formas de organización económica donde no aparece por ningún lado la noción de economía social. Ni siquiera los socialistas o comunistas fueron capaces de descubrir que todos los pueblos del mundo han sido culturas solidarias, y que en todas las culturas de la tierra ha prevalecido la solidaridad hasta antes de que fuéramos engullidos dentro del mundo occidental. Nos hemos ocupado en otra ocasión de este tema y no voy a abordarlo otra vez ahora.

Pero resumo: el cooperativismo es hoy una doctrina que si bien se remite a uno de sus momentos en la historia occidental que tuvo lugar en Rochdale, Inglaterra en 1844, es en realidad un rescate de todas las economías originarias de los pueblos que no descienden ni de Roma ni de la Grecia clásica. Y si bien ha sido a partir de los pioneros de Rochdale que se formaliza la conceptuación de su doctrina, como propuesta universal, se ha venido enriqueciendo con la experiencia de cada pueblo y de cada cultura.

Ciertamente el momento de Rochdale tuvo también muchos contribuyentes que hoy la mayoría de los cooperativistas ignoran. Porque Saint Simón, Luis Blanc, muchos teólogos cristianos disidentes de Roma, y muchos utopistas más, contribuyeron a la síntesis con la que arranca la cooperativa de los pioneros. Y deberían ser estudiados hoy como parte de una herencia intelectual.

Luego ha habido otras contribuciones, que desgraciadamente los cooperativistas formales no han sabido descubrir o considerar. Por ejemplo el pensamiento de Ricardo Flores Magón, o lo que propusieron los anarquistas españoles desde comienzos del Siglo XX. Esa es una tarea pendiente, pues hasta hoy nuestro proyecto ha conseguido perfeccionar y generalizar un pequeño pero poderoso conjunto de principios con los cuales debemos guiarnos, pero no ha profundizado en la definición de la economía nacional o mundial que pretendemos construir. He realizado un esfuerzo por avanzar en esa dirección. Y remito a ustedes a mi blog para descargar mi libro La economía social en el Siglo XXI. Ensayo que como parte de nuestra doctrina, no es una respuesta final, sino una contribución para seguir escribiendo. Proseguiremos entonces, aclaradas estas cuestiones a exponer a ustedes los Principios cooperativos, que son el fundamento de toda organización de esta naturaleza.

II El cooperativismo no es entonces una figura jurídica, es una forma de vida y de trabajo, y está convirtiéndose en la manera fundamental de todos los que

construyen hoy un mundo solidario

Lo que he querido decir con la exposición de los ejemplos, y cuando afirmo que el cooperativismo no es una figura jurídica, sino una forma de vida y de trabajo, es lo que ilustran Maatkara Hatshepsut y Tembleque. Pero ese mismo enfoque o forma de abordar el tema es la que debemos replicar. Y entonces comprenderemos que no basta para ser cooperativista con afiliarse a una organización que formalmente se llama de esa manera o que está registrada. Porque el cooperativismo no adquiere o alcanza su realidad cuando se registra ante la Oficina que el Estado instituye, esa es una formalidad secundaria. El cooperativismo se construye en las personas y existe en su organización y forma de trabajo.

Lo que el cooperativismo ostenta o difunde como su divisa o enseñanza no es una ley sino un conjunto de principios. A la manera de las analectas de Confucio, o de los mandamientos de la Iglesia cristiana, los principios cooperativos recogen la experiencia de siglos y tratan de sintetizar su significado con indicaciones básicas para que tengan vigencia su mensaje y propuesta.

El primer principio es la libre asociación. Lo que quiere decir que las cooperativas no se forman por decisión del gobierno. O porque un Secretario de Estado lo incluya en su programa anual de trabajo. Una cooperativa se crea cuando un grupo de personas llegan a la conclusión, por su experiencia y conocimiento, de que les conviene agruparse para emprender una actividad de manera solidaria. Y los hombres y mujeres que ahí se reúnen lo hacen sin coacción alguna, de tal forma que así como llegan se pueden retirar si en algún momento concluyen que ya no forman parte del proyecto, o ya no tienen esos objetivos.

Desde luego que se pueden ir siempre y cuando no dejen deuda alguna con la organización ni con alguno de los socios.

Y el segundo principio es un socio un voto. Premisa básica que podría juzgarse elemental, pero que encierra una profunda filosofía, pues quiere decir que todos los socios de una cooperativa tienen la misma dignidad, y sus propuestas o su aquiescencia tienen el mismo valor. Mucha gente cree que es un formalismo. Pero cuando se vive se da uno cuenta que es fundamental.

Todos podemos opinar y proponer en una cooperativa. Todos debemos ser escuchados. Pero cuando se vota y se decide por mayoría, el acuerdo es obligatorio para todos y cada uno. Eso es una forma de democracia que no existe en otras organizaciones. Pues en otros ámbitos existe el veto de una minoría, o el peso del líder moral, y en el verdadero cooperativismo, donde puede debatirse para convencer, si uno no tiene la capacidad de persuasión, o los argumentos de peso, pues termina cumpliendo lo que la mayoría acuerde.

Por ello las dimensiones de la cooperativa son importantes. Ese voto individual tiene sentido cuando nos conocemos todos, cuando nos podemos ver, y cuando sabemos cómo trabaja cada uno, pero pierde su significado concreto cuando el organismo crece más allá de la posibilidad de una asamblea general. Cuando la asamblea no puede contener a todos o la mayoría de los socios, y los asistentes son representantes de los que deben votar, el sentido de la democracia directa se pierde. Y precísamente por ello es que algunas cooperativas que sí funcionan han optado por mantener las dimensiones del Ágora, es decir, las dimensiones de los que se conocen y pueden reunirse para tomar decisiones.

Cuando una cooperativa crece, generalmente su consejo propone su división, de tal forma que se multiplique la figura, pero también que se conserve la participación directa. Así lo hacen las cooperativas como UNIÓN, DESARROLLO Y COMPROMISO, que funciona en los Estados de Morelos y México.

El tercer principio es todos trabajan y aportan. Y eso también es un principio que nos diferencia o distingue de todas las otras empresas u organizaciones, pues las organizaciones políticas eximen a sus líderes de participar en las tareas productivas o económicas; los comisionan para que se dediquen a la grilla o la supuesta representación, sin aportar materialmente nada. Y crean así una burocracia parasitaria que no sabe trabajar, pero peor aún, que no puede tener la perspectiva concreta de la economía, y que sin embargo va generando intereses ajenos a la creación de riqueza lo que genera privilegios y los multiplica. Toda la burocracia sindical y toda la clase política de los partidos pertenecen a esta excrecencia del movimiento social que nada aporta pero todo termina por controlar, afianzando su poder y sus privilegios. El cooperativismo es ajeno y contrario a todo ello.

El cuarto principio es el que se refiere a la autonomía e independencia. Y quiere decir que una cooperativa no es ni puede ser parte de un partido político ni una orden religiosa. En primer lugar porque respeta la libertad personal de cada socio y no admite que se imponga a ninguno una filiación de algo que puede o no coincidir con los principios cooperativos, pero además porque el cooperativismo es en sí una propuesta política y una filosofía de vida.

Si bien el cooperativismo no se ha planteado durante mucho tiempo contender por el poder de una nación, en su larga historia existen ejemplos notables. En los años cincuenta, por ejemplo, un partido cooperativista gobernó una de las provincias de Canadá. Veintitantos años antes, el cooperativismo fue el núcleo central de la República Española. Y en los años veinte el cooperativismo tuvo 156 diputados en el Congreso de México, cuando el total eran solamente 250, habiendo ganado además la gubernatura de la ciudad con su líder, el insigne Jorge Prieto Laurens.

Y hoy no nos planteamos participar en elecciones porque entendemos que hay tiempos para construir y tiempos para consolidar. Hay tiempos para fortalecerse y tiempos para poner esa fuerza en acción. Y hoy no parece que tenga caso ser parte de la comparsa y el ridículo de los legisladores que aprueban todo sin conocerlo, en medio de la más lamentable corrupción del poder. Creemos, en este sentido que en la etapa actual la tarea es la construcción económica, la creación de la nueva economía. Somos ajenos a la injerencia y la participación política.

El quinto principio es que todos se educan. Y la educación debe mantenerse siempre, pues uno no aprende a cooperar en un curso de cuarenta horas, ni aprende a conducirse democráticamente en un seminario de varias semanas. La educación cooperativa es un ejercicio que se inicia en algún momento de la vida, pero que se tiene que mantener siempre, pues de otra manera se pierde la perspectiva de lo social, de lo solidario, de lo que es la ayuda mutua y el interés colectivo.

Las supuestas cooperativas que plantean como requisito un cursillo a los aspirantes para que puedan ingresar, pasado el cual ya se les considera capacitados, no hacen sino engañarse a sí mismas. El cooperativismo es cultura y la cultura es algo de lo que uno forma parte, pero no a ratos, y no por un tiempo, sino de manera permanente y continua.

Cooperativas con educación son reales, cooperativas sin educación son o terminan siendo simulaciones.

El sexto principio es la cooperación entre cooperativas, pues no se trata de resolver la necesidad inmediata de los socios y desentenderse de los problemas de los que teniendo la misma perspectiva requieren de un esfuerzo común. Se trata, sin duda, de empezar por el núcleo del que uno forma parte, pero teniendo en mente a todas las cooperativas que marchan junto con uno en un proyecto de vida. Esto parecería fácil, pero es una de las cuestiones decisivas y terminantes que nos dicen quién es verdaderamente cooperativo y quien solo lo es de nombre.

Las cooperativas se ayudan unas a otras. Y ojo, digo las cooperativas, porque si una cooperativa ayuda o cotiza a un partido político es que ha perdido su identidad y constituye una ficción. Y tampoco estoy hablando de una acción política que realicen las cooperativas para fortalecer sus intereses particulares brindando una solidaridad coorporativa, es decir, dando dinero o apoyando con recursos a organismos en lucha, para cobrarlo luego como favor político. Eso es parte del sistema político corrupto, pero no del cooperativismo.

Y tampoco es parte del cooperativismo el que algunos de sus líderes viajen hasta donde están sus pares o contlapaches ideológicos, para "ayudarlos", aunque se encuentren a cientos de kilómetros de distancia, simplemente porque se identifican en los objetivos de partido. Porque el cooperativismo no es —y quiero dejarlo muy claro— una organización de clase. No es una organización proletaria, no es una organización que se desprende el marxismo o de la doctrina comunista. Tiene sus propios fundamentos y una propuesta social distinta al marxismo.

Hablamos del cooperativismo como una doctrina y una forma de vida ciertamente solidaria, ciertamente colectiva, pero ajena por completo y contraria a toda dictadura, a toda centralización jerárquica, a toda subordinación hacia fines, programas, personas, caudillos, que formen parte de la política. Para los cooperativistas no hay más política que la suya.

Y volviendo a la conceptuación del principio de cooperación entre cooperativas les diré que entendí que Cruz Azul estaba mal cuando creamos una cooperativa del acero en ciudad Sahagún con todos los obreros de la planta de la fundidora, y cuando le pedimos un crédito a Cruz Azul y le ofrecimos fabricar varillas para que se constituyera el paquete de cemento y acero Cruz Azul nos dejó solos, y el gobierno nos quitó la planta porque no la pudimos arrancar por no contar con seis millones de pesos. Seis millones de pesos. Fue algo más que mezquindad, fue ausencia de solidaridad cooperativa.

Y el séptimo principio cooperativo viene ahora al caso, pues guarda estrecha relación con la cooperación entre cooperativas, y se refiere al compromiso con la comunidad. Pero no como algo impersonal para hacer caridad. Ni como algo altruista para dejar tranquila la conciencia. Se refiere a un compromiso con los problemas del entorno que vive la cooperativa. Pues el cooperativismo es un proyecto que se levanta a partir de lo local, no de lo nacional o mundial. No es un marco abierto a todos los espacios o sin límite en sus dimensiones.

Nuestra experiencia nos ha enseñado que se consolida una unidad productiva cuando se integra a su comunidad, a su entorno, volviéndose necesaria más allá del interés inmediato de sus afiliados, y representando para la comunidad que la rodea un bien y sobre todo un ejemplo. Creemos en la educación por el precepto, pero también a través del ejemplo. Y el compromiso con la comunidad ha de entenderse como la responsabilidad por ir asumiendo los problemas de los vecinos, e ir construyendo con ellos las soluciones acorde con la perspectiva que plantea el cooperativismo, y solo en la misma perspectiva.

III El cooperativismo tiene necesariamente una base productiva, sin producción de riqueza no puede haber economía solidaria

Pero ojo, hay quienes piensan que con reunirse para emprender juntos alguna labor altruista ya se está siendo solidario y cooperativo. Y esto tampoco es verdadero. Porque el cooperativismo no es una acción de buena voluntad, sino una acción colectiva de consenso para el bien común, pero que no solamente se instituye sino que tiene que estarse refrendando. Y no tiene como objeto hacer el bien como simple acto de generosidad, sino el de construir el bienestar como compromiso acordado.

Por eso no se trata de repartir leche o de regalar galletitas. No es un ejercicio personas caritativas, sino una manera de producir satisfactores. Sin producción de riqueza no hay cooperativismo.

Para algunos de ustedes esto puede parecerles fuera de lugar o que no venga al caso. Pero en nuestro país es fundamental, pues existen millones de cooperativistas que no producen en sus cooperativas absolutamente nada. Y no exagero ni tantito cuando les digo que hablo de millones, muchos millones que están afiliados formalmente a una supuesta cooperativa en donde lo único que hacen es ahorrar y prestar dinero, o peor aún, pasársela consiguiendo recursos de programas públicos. Y estos cooperativistas trabajan no en su cooperativa, sino por otra parte, de una manera que generalmente es como empleados de una empresa capitalista o de una institución de gobierno.

Eso no es cooperativismo. Sería cooperativismo si ese ahorro se invirtiera en proyectos productivos, si se prestara a los socios para generar riqueza y /o servicios, si se acrecentara sobre la base de la inversión en actividades que elevaran el bienestar, generaran empleo y acrecentaran el dinero. Pero no son cooperativas en la medida que solamente esperan a que lleguen los socios a pedir un préstamo, pues las necesidades de los socios no rebasan ni la cuarta parte del capital que se ha reunido en esos organismos, y entonces ese dinero termina depositado en los bancos, y son los bancos quienes los prestan en tarjetas de crédito, o en la compra de autos, o en la realización de proyectos. Y son los bancos los que se apropian del excedente que genera ese dinero convertido en capital financiero.

Tampoco son cooperativas las que se ostentan en este país como los ejemplos emblemáticos, llámense Pascual o Cruz Azul. Y voy a explicarles por qué.

El caso de Pascual, que conozco muy bien, pues acompañé a esa organización a lo largo de muchos años, constituye una simulación monstruosa. Primero porque mantuvieron en números rojos la operación con el pretexto de mantener a salvo el patrimonio por un litigio sobre el terreno donde tuvieron la planta de la Avenida Insurgentes norte. Y trasladaron todas las operaciones rentables a empresas externas que se constituyeron como sociedades anónimas. Incluyendo la compra de la fruta y la distribución del refresco.

De que son empresarios son empresarios. Y muy eficientes, pues han levantado un emporio que compite en términos mercantiles con PepsiCo y con Coca cola, conservando para sí un 16% del mercado sin ningún problema, e incluso exportando a los Estados Unidos.

Pero su modelo, inspirado en el de Cruz Azul, y con los agregados de la Tecnología Financiera Pato, ha creado varias sociedades anónimas que son las que se apropian del excedente general y lo transfieren a la burocracia del corporativo, mientras en la planta de producción, que es lo único que está registrado como cooperativa, han contratado miles de personas que no tienen derechos laborales, que no son socios de la cooperativa, que no pueden ingresar a la cooperativa aunque tengan una o dos décadas de antigüedad, y que tienen que soportar un sindicato blanco. Y eso es empresa, muy capitalista, pero que no tiene nada que ver con el cooperativismo. Por más que se ostenten y simulen.

Y toda la mesa directiva, que se alterna en la dirección de las plantas, y que tiene sin lugar a dudas a gente muy capaz, porque los he visto dirigir la producción, las finanzas y la publicidad, poseen tres, cuatro, cinco o más certificados de aportación, además de cobrar dividendos por sus inversiones adicionales en la empresa. Y eso se llama burocracia. Una burocracia que ha despedido a los cooperativistas que protestan cuando descubren la dimensión del atraco y las simulaciones.

Cruz Azul, por su parte, es también una gran empresa, que reúne todos los elementos del sistema político mexicano. Su líder ha sido tres veces diputado por el Partido Revolucionario Institucional. Y esa empresa ha mantenido esa relación con el Estado desde los tiempos en que el Presidente Cárdenas les apoyó para que pudieran quedarse con la fábrica, en los años en que se consolidaba el modelo corporativo —ojo, dije corporativo y no cooperativo—del sistema fascista de control que se instituyó entonces.

El sistema se caracteriza por un "yo te apoyo y hasta te consiento, pero tú me guardas lealtad política. Yo te concedo un espacio en el sistema de poder, y tú te alineas con las políticas que yo decida. Y nada de democracia, que eso es puro discurso". Y así ha sido.

Cruz Azul ha generado muchos empleos, tiene la propiedad de varias plantas importantes, que desde luego no están constituidas como cooperativas, sino como sociedades anónimas, y representa la segunda o tercera planta industrial del cemento en nuestro país.

Pero su cooperativismo se reduce a sostener una federación de membretes, y a apoyar a los que se alinean con el modelo de simulación vigente. En ningún momento han apoyado a las cooperativas que les piden solidaridad, ni han realizado o mantenido educación cooperativa alguna.

IV El llamado cooperativismo en México está en una crisis terminal en la que desaparecerá todo vestigio de los organismos que hoy conocemos

Lamento decirles que en nuestro país, no obstante tratarse de un país de una gran tradición social, en el que la tercera parte de la población vive en este sector de la economía, la economía social se encuentra desdibujada, malformada, tergiversada, desvirtuada, conformando una masa de organismos en los que existen viejos y gloriosos recuerdos, negras realidades y pavorosos escenarios.

Porque el cooperativismo es parte del Sector Social, donde constituye solamente algo menos de una tercera parte del total. De los treinta o treinta y tres millones aproximadamente de miembros del sector social, siguen siendo los campesinos, y más precisamente el sector ejidal, el que constituye el sector mayoritario predominante, seguidos de los indígenas, que aunque mayoritariamente campesinos, deben ser considerados como un grupo específico, pues son los que conservan de manera más consecuente su cultura, lo que les confiere una fortaleza especial para continuar la resistencia contra el capitalismo, y para alimentar nuevas utopías. Y los cooperativistas no suman en ese sector probablemente más de ocho o nueve millones de personas. La mayoría de los cuales se agrupan en cooperativas de ahorro y préstamo, y solo una minoría —de tal vez uno o dos millones de personas— participan en cooperativas de producción y consumo.

Como el conjunto mayoritario del cooperativismo es de ahorro y préstamo, voy a detenerme un poco en su problemática situación.

En nuestra identidad cooperativa llevamos en México el sello de la humildad cristiana, que al mismo tiempo que nos enseña a ser solidarios, a hacer nuestros los problemas de nuestros semejantes, nos ha dejado el estigma de que todo dinero que se incrementa tiene el pecado de la usura; o cuando menos la sospecha. La modernidad, o nuestra inserción en el mercado nacional o global, nos ha colocado en un medio en el que pensamos y actuamos de una manera, y contemplamos otra realidad frente a nosotros, y externa a nuestra existencia inmediata. Sea como fuera, el hecho de que originalmente las cajas, que han sido el fundamento de la mayoría absoluta de nuestras cooperativas —y que funcionaron en las capillas o iglesias, al amparo de los preceptos bíblicos, y bajo la administración clerical— nos condujo a una tradición sin espíritu de empresa.

Ahí se ahorraba porque un día podíamos necesitar dinero para cuestiones impredecibles pero naturales, y porque nuestro ahorro resolvía las mismas necesidades de todos los que acudíamos a ese templo, donde los valores y principios nos hacían no solamente parte de una misma fé, sino también socios en una ayuda mutua.

Las tasas de interés que se cobraban eran casi simbólicas, muchas veces por debajo de la inflación, porque esas cajas, nuestras instituciones, no estaban diseñadas para acumular, sino para la noble función de la solidaridad. Pero no se plantearon, esta ultima etapa de su desarrollo que situamos a mediados del Siglo XX, ninguna tarea productiva.

Con el tiempo tuvimos que aprender que la ayuda mutua no tenía que repetir la caridad cristiana, pues no se trataba de desprendernos de unas monedas, sino de dar continuidad y consistencia a una institución que debía ser estable, que debía permanecer. Y eso implicaba un costo.

Y ese costo teníamos que cubrirlo entre todos. Así que aprendimos el valor o costo del dinero. Y lo incorporamos a los préstamos.

En esto estábamos, cuando llegaron los cambios del neoliberalismo en México, y nos dijeron que ahora las cajas más grandes se iban a llamar Sociedades de Ahorro y Préstamo, y que si queríamos existir teníamos que registrarnos para ser observados, supervisados y prudentemente corregidos. Y nuestras cajas más grandes, que eran asociaciones de personas, fueron forzadas a registrarse como una modalidad de las sociedades de capitales.

Y antes de que nos termináramos de recuperar del disgusto y el cambio, nos recetaron una nueva Ley General de Cooperativas, donde María de los Ángeles Moreno y su asesor Juan Gerardo Domínguez, separaron la producción del ahorro, y establecieron la nueva división entre cooperativas de producción, de consumo o de ahorro y préstamo. Fue un golpe brutal, pues todos habíamos complementado el ahorro con la ayuda a las actividades económicas de los socios, y ahora nos querían convertir en instituciones puramente financieras, y dejar sin apoyo la producción de nuestros organismos. Pero la ley se aplicó.

Unos vimos en esa estrategia un objetivo perverso e inconfeso buscando el debilitamiento del sector social de la economía de México, que tenía además como complemento la reforma al régimen ejidal, permitiendo ahora su privatización. Otros, más ingenuos, o menos avezados, sólo vieron el signo de la modernidad.

Pero todos cambiamos. En primer lugar porque al separar el ahorro de la inversión ocurrieron dos cosas importantes. Por un lado el que las cooperativas de producción y de consumo tenían que aprender a ser rentables en sí mismas o a desaparecer. Y eso es justo lo que ocurrió. Unas se volvieron empresas, muchas veces más parecidas a una sociedad capitalista que a una organización social. Y las de ahorro, ya desvinculadas de la generación de riqueza, debieron de cubrir sus costos de operación con los intereses pagados por los préstamos de los socios, o buscar otros mecanismos de financiamiento.

El remate de toda esa política gubernamental anticooperativa fue la aprobación de la Ley de ahorro y crédito popular, de la que al parecer no hemos terminado de resentir sus efectos, ni comprender sus alcances. Porque si bien logramos echarla abajo y poner en su lugar una ley de carácter social años más tarde —y me refiero a la Ley reglamentaria de las actividades de las cooperativas de ahorro y préstamo— el daño a las cooperativas ya estaba hecho.

Ese daño consistió en imponerle altos costos de supervisión. Y en encarecer todos los servicios al imponer montos de reserva por concepto de préstamos, moratorios y vencidos. Y al clasificar como vencidos todos los préstamos que tenían tres meses sin amortización o pago.

En la etapa anterior, cuando operábamos acorde con nuestra naturaleza, y cuando sabíamos que algunos préstamos no podían pagarse en los plazos bancarios, habíamos instituido una flexibilidad que le permitía a los socios invertir los préstamos y esperar al fruto de esas inversiones para pagarlos. Pero con la introducción de la lógica especulativa en la esfera de las cooperativas, y con la imposición de la velocidad del mercado de capitales —que nada tiene que ver con nuestra naturaleza y operación— nuestras virtudes fueron clasificadas como delito o como ineficiencia.

Esos hechos, y el que muchos socios dejaran de pedir si no estaban ahora seguros de poder reintegrarlo en los nuevos plazos a los que nos obligaba la ley, provocaron que el capital de las cooperativas, ese dinero solidario que habíamos estado reuniendo, se prestara cada vez menos. Hasta que los índices de préstamo quedaron en menos de la cuarta parte del capital.

Nuestros ahorros fueron a parar a los depósitos bancarios. Y no solo a cuentas de cheques improductivas, sino a pagarés, a cuentas con rendimiento a plazos y hasta en notas estructuradas, con riesgo para el capital patrimonial de nuestros socios. Y cuando los gerentes vieron lo que se estaba pagando a los supervisores impuestos por el gobierno, y cuando sintieron que su función era semejante a la de los gerentes bancarios, fueron transitando a sustituir el ejercicio caracterizado por el altruismo y la ayuda mutua, a la nueva función del administrador financiero. Se iniciaron así los altos sueldos y los altos costos de operación dentro de las cooperativas de ahorro y préstamo, y se instituyó la burocracia.

Desde entonces, aunque no hayan transcurrido muchos años, las cooperativas financieras sostienen sus costos de operación con los intereses que devengan de sus depósitos bancarios, y no con los intereses que pagan sus socios por el uso de su propio capital.

Si a eso agregamos la presencia de funcionarios corruptos que alentaron las inversiones en renglones más riesgosos, como sofomes que desaparecieron, o en instrumentos donde no se recuperó el capital, podemos explicarnos la quiebra de algunas cooperativas. Tan solo el año pasado el gobierno decretó la quiebra de casi sesenta cooperativas.

Desde luego no todo fue connivencia o complicidad de los gerentes de cooperativas con los funcionarios corruptos; también hubo candidez e inexperiencia. Pero el problema no es un asunto del pasado. Apenas comienza.

La confusión entre lucro y rentabilidad, y la separación entre ahorro y producción. Hace tres años, y hace también cinco años, cuando se discutió si éramos o no lucrativos, me permití escribir lo siguiente: Literalmente y en un sentido breve, lucro se entiende como ganancia. Sin embargo aunque ambos términos se utilizan como sinónimos todos percibimos una carga adicional en la palabra lucro. Esa carga está integrada a su etimología, es decir, a su origen. Desde hace más de dos mil años, cuando se acuñó el término en latín, varios filósofos utilizaron el vocablo con la connotación de exceso, o como algo con demasiado gusto o aprecio por el beneficio. Dos de los filósofos que le dieron esta connotación fueron Séneca y Lucano.

Ambos filósofos, pero también los pensadores siguientes que desarrollaron la idea de que la ética debía ser parte de la economía y que las personas son más importantes que el dinero, nos han heredado la noción de que es justo obtener una retribución por el esfuerzo, pero que esta retribución no debe transgredir el respeto por la persona, o los principios de justicia.

Por desgracia, el proceso del desarrollo de las teorías positivistas nos ha dejado una noción sobre la ciencia económica como la de una disciplina libre de valores morales, así como de valoraciones éticas que puedan condicionar o distorsionar la eficiencia o la rentabilidad en la asignación de recursos. Y hoy, tras varios siglos de fuerte énfasis en los derechos individuales y en la libertad personal, se tiende a asimilar o asociar la libertad individual con la facultad o prerrogativa para el lucro.

Pero las cooperativas, que se constituyen como sociedades de personas y no de capitales, reclaman que sus objetivos comprenden el bienestar de sus socios, antes que la acumulación de capital o la maximización de la utilidad. En este sentido se apartan de la definición convencional de la ciencia positiva y reivindican la organización económica como una entidad colectiva, integrada o constituida a partir de la voluntad de cada una de las personas que se asocian, sobre la base de principios y valores, en donde solamente uno de ellos es la aportación de capital, y donde el resto de principios o normas tiene un peso relativo mayor.

Para las cooperativas el capital no es un elemento negativo ni ajeno. Pues por ejemplo en México sostienen como lema "Por un capital en manos del pueblo". Sin embargo no permiten que sea el capital, o su margen de utilidad, lo que defina la pertinencia de los proyectos o la prioridad de sus actividades, sino la satisfacción de la necesidad colectiva.

El lucro, en este caso, es visto como una desviación o deformación de la iniciativa económica, es decir, como una utilidad mal habida, que no es producto ni de la productividad ni de la producción necesaria, sino de ventajas derivadas de la escasez de dinero, la gran demanda y la falta de escrúpulos y principios.

La ganancia, como suma remanente entre el costo de producir algo y el ingreso por su venta, es vista entonces como un derecho derivado de las leyes mercantiles, pero que no es lo que caracteriza a las cooperativas. Pues éstas aspiran a sobreponerse a la lógica mercantil, colocando por encima de la oferta y la utilidad, la búsqueda del bien común, de la solidaridad y la ayuda mutua.

Las cooperativas aceptan que las empresas mercantiles tengan ganancias en razón de su carácter mercantil, pero prefieren llamar remanentes a sus márgenes positivos de gestión y producción, para dejar claro que su motivación no es la del mercado, aunque concurran a él, sino la de la solidaridad. Menos aún admiten entonces el lucro, pues como dice la definición económica, gana el afortunado y lucra el interesado.

En el comercio se gana, en la especulación se lucra. No es casual que en derecho penal se defina el ánimo de lucro como aquél que conlleva o implica un acto ilícito "con el fin egoísta de enriquecer su patrimonio a costa del de su víctima".

Hoy tenemos cooperativas que han reunido un gran capital, y que por su capacidad para mover el dinero en el banco entran en la clasificación más alta de la Ley Reglamentaria y de los criterios de la Comisión Nacional Bancaria. Pero no son las cooperativas que presten más, o que se distingan por su educación cooperativa. Más bien han convertido a sus socios en una población pasiva, que participa poco o nada en las asambleas y que ve en la institución más que un centro de solidaridad, una institución de crédito.

Ciertamente tenemos también, en el extremo opuesto, los organismos que no tienen liga alguna con los bancos, y que funcionan sólo captando el dinero de sus socios, y que prestan todo el capital o gran parte de él. Y que no tienen reservas. Y están en el nivel básico. Pero ejercen la solidaridad. Aunque la bancaria las considere las más riesgosas e indeseables son en realidad las más eficientes.

Así que aunque con ley, la situación no deja de ser si no negativa cuando menos paradójica. Seguimos dependiendo de autoridades reguladoras que se dicen son nuestras, pero que responden a instrucciones que no tienen que ver con nuestra naturaleza. Y la base, esa que sostiene la vieja tradición, sigue al margen de la ley, amenazada por la espada de Damocles, y sin apoyo alguno de las instituciones.

Se ha acostumbrado a nuestros administradores a una posición muy cómoda. No piensan en proyectos productivos emprendidos por los socios. No piensan en programas de vivienda de los socios. Siempre tienen ejemplos de malas experiencias. Dejan esos renglones a la banca. Porque ellos sólo saben depositar el dinero en las Instituciones Nacionales de Crédito. Además, a muchos les ha resultado muy cómodo esperar los depósitos generados por los intereses, y cobrar un sueldo por administrar el veinte por ciento del capital de cada cooperativa.

Ni siquiera dan seguimiento a la situación de los bancos, y menos reparan en la seguridad de las inversiones depositadas en ellos. Seguramente ignoran que en el último ejercicio la cartera vencida de los bancos creció 48%, mientras que la tasa de utilidad solo creció 24 %, es decir la mitad. Tampoco han sacado la diferencia entre pérdidas y ganancias de los bancos, que es positiva, pero tan solo de siete mil millones de pesos.

Ninguno ha tomado medidas prudenciales de carácter cooperativo. Si acaso cumplen con las medidas "prudenciales" que dicta la Comisión Nacional Bancaria y de Valores. Como si los funcionarios de esa institución fueran confiables, y como si supieran diseñar políticas que garanticen la estabilidad del mercado de capitales o el funcionamiento del sistema bancario.

Sólo algunos comentaristas económicos de la prensa han alertado sobre la situación. Y la situación es, más que grave, catastrófica, pues en un año, dos o tres los bancos empezarán a perder dinero, es decir, a descapitalizarse. Y sus

programas de inversión resentirán naturalmente esa ineficiencia. Claro está que la causa última de la cartera morosa
y vencida en los bancos es la crisis económica de la economía, con su consecuente subempleo y desempleo. Pero
los bancos no podrán pagar las ya de por sí magras tasas
pasivas de interés.

Y en ese momento nuestras cooperativas no podrán pagar
tampoco sus costos de operación. Así de simple. El anzuelo
que se tendió para atrapar a la economía social dentro de la
economía especulativa habrá rendido frutos. Muchos quedarán enganchados e insolventes.

Existen más cooperativas o cajas sin registro que autori-
zadas. Tan solo en Oaxaca yo tengo conocimiento de más
de seiscientas que funcionan, y que lo hacen bien. Pero que
no se encaminan a dar gusto a la Comisión Nacional Bancaria. Y que hasta ignoran la existencia del organismo de
supervisión auxiliar, que depende de nosotros.

No puedo imaginarme un proceso ordenado de cierres,
detenciones, quiebras y embargos. Veo venir una genera-
lización de la violencia, porque aquí la inconformidad ha
rebasado todo límite, y la ceguera y cerrazón de la autoridad toda prudencia.

La solución no es la mano dura del gobierno y su absurda
reglamentación. Al menos no la solución para dar continuidad a la economía social y a la paz. La solución es
una discusión franca, una negociación con flexibilidad, y
un espíritu abierto a la consideración de los hechos y la
lógica con que operan las cajas y cooperativas en la realidad. No hay razón para que se insista en el monto de las
reservas prudenciales, ni en su incremento por lo que las
cooperativas han sabido siempre renegociar y que la autoridad reitera que son carteras vencidas. Lo que sí hay es
pura ideología.

Las cooperativas tienen que poner en vigencia la evaluación social de sus prácticas y su contabilidad. Y demostrar
que el resguardo del patrimonio social no podrá satisfacer
las estrechas miras de los bancarios. Pero eso implica un

profundo cambio. Y me temo que no todas las cooperativas lo sabrán aceptar y cumplir.

Sólo las cooperativas pueden reactivar la economía a partir de los socios del sector social y de la economía solidaria. Y esa puede ser la palanca para reconstruir el tejido social y conjurar la violencia. Pero de otro modo, si se prosigue con la hostilidad hacia sus iniciativas, y si se sigue amenazando su operación, la población va a defenderlas. Porque ya hoy constituyen su única esperanza de financiamiento. Y de pacíficos defensores de la economía social podemos pasar a ser virulentos energúmenos de la destrucción y la violencia.

Para conjurar esa violencia las cooperativas tienen que aprender finanzas y formulación de proyectos. Y tienen que hacerlo rápido y actuar en conjunción con las instituciones que alcancen a entender la alianza posible entre el capital de la banca de desarrollo y el capital del sector social. De otra manera, las cajas quebrarán. Básicamente por dos cuestiones: La primera radica probablemente en la ineptitud financiera de su personal directivo. Casi ningún gerente, y casi ningún miembro de los Consejos de Administración, sabe finanzas. Y ¿cómo se podría dirigir con acierto un organismo financiero como si se tratara de una sociedad de damas de la caridad o un club de inversionistas en bancos? La segunda es que casi nadie toma en cuenta la legislación que hemos podido arrancar al sistema. Y la Ley de la Economía Social, que se refiere al párrafo séptimo del Artículo 25 Constitucional nos faculta para ser el instrumento financiero del Sector Social.

Porque en México las cooperativas no van solas. Y sólo en los dinosaurios cooperativos cabe el planteamiento de circunscribir nuestra preocupación a los organismos que tienen este nombre. Pues en este país la cuestión involucra a ejidos, comunidades y empresas de propiedad de los trabajadores, y no solamente a las cooperativas. Y el capital que tenemos los cooperativistas puede ser precísamente el que financie y detone al sector en su conjunto.

La distancia de ese objetivo puede llenarse con una metodología de proyectos, una capacitación intensiva y acelerada de nuestros directivos, y una participación de la Banca de Desarrollo otorgándonos las garantías que hoy le entrega a los monopolios.

V ¿Cuáles son los ejemplos de cooperativismo que en México están construyendo ya una nueva economía?

Voy a referirme a tres ejemplos de cooperativismo. Tosepan Titataniske, Unipro y Undeco. Uno es de carácter indígena y esa es la razón principal de su fortaleza y consolidación. La segunda es en parte producto de una cultura centenaria de colectivismo y sociedad humanista. Y la tercera es la única que representa una asimilación de la experiencia práctica de las últimas décadas y que plantea un modelo replicable en todas partes.

Seré breve, pues ya llevamos muchas páginas.

Tosepan cumplió siete lustros. Empezó en una localidad de la sierra norte de Puebla como forma de adquirir azúcar al mayoreo y de manera solidaria, pues las tiendas locales la daban muy cara. Pero cuando los que tomaron la iniciativa vieron lo que un poco de esfuerzo podía conseguir decidieron convertirla en una iniciativa para vender pimienta, y luego café, y luego producir mejor todo lo que necesitan los campesinos para sobrevivir, hasta que se convirtieron en un complejo agroindustrial que produce sus semillas, sus bienes básicos, y hasta su propia educación.

Esta sola experiencia es motivo y razón para toda una conferencia, aunque son ellos quienes mejor la relatan y la enseñan. Pero quiero destacar de su forma actual de trabajo que están exportando, que nadie los ha constreñido ni limitado en sus operaciones, por una razón muy simple y llana: ellos gobiernan todo el proceso, y como hablamos de miles de productores autosuficientes, lo último que harían las instituciones sería frenarlos.

Como imparten cursos, y como tienen las instalaciones

adecuadas para recibir grupos. Simplemente les invito a programar un viaje a Tosepan. Será una lección para toda la vida.

El segundo caso está en la región de Cuauhtémoc en Chihuahua y fue emprendido por los menonitas, ciertamente n o solos, pues han ido asimilando a los mejores elementos que ellos llaman mexas. Yo mismo participé en el proceso de discusión sobre qué figura jurídica constituir para coordinar el conjunto del trabajo. Y ellos no solo asimilaron la idea de la cooperativa cuando la conocieron, sino que la han desarrollado y perfeccionado como probablemente ninguna otra organización en este país.

Ellos producen la mitad del maíz que produce Chihuahua. Convirtieron las tierras del desierto en las tierras más productivas a nivel nacional, y en algunos casos han sobrepasado la productividad que tiene el mismo tipo de productores en los Estados Unidos.

Tienen desde luego un conjunto de empresas que eslabonan toda la cadena productiva. Desde la siembra y hasta la comercialización final. Incluyendo la fabricación de máquinas y herramientas. Su ingenio y espíritu de empresa no tiene límite.

Y remata ese modelo una organización financiera que además de haber multiplicado la inversión original que ellos hicieron, hoy administra fondos de toda la banca que opera en México y de varios programas federales a los que han accedido.

No existe en el sector privado un ejemplo que pueda mostrar mejores resultados ni más justicieramente repartidos, pues como cooperativa que es, devuelve todos sus remanentes a los socios en función de la aportación de cada uno.

Undeco nació con veinte personas que necesitaban también ir más allá de los comercios locales, al mismo tiempo que instituía un mecanismo para administrar el ingreso de unos cuantos socios para la adquisición de sus bienes básicos.

Su rápida transformación en un complejo económico que abarca todas las actividades imaginables, ocurrió en menos de tres lustros. Y de los veinte socios originales se ha multiplicado por varios miles, subdividiéndose cada vez que rebasa el número de personas que pueden reunirse en asamblea. De hecho ha gestado o creado varios organismos que replican ya lo que la organización original está realizando, y se extienden desde Anenecuilco, que es su lugar de fundación, hasta Chapingo y la región de Chalco.

Ellos producen hortalizas, pero también financian la actividad productiva de sus socios, exportan parte de su producción a los Estados Unidos, desarrollan nuevas tecnologías, brindan servicios médicos a sus afiliados, fabrican medicinas, tienen su propia empacadora y sus propios invernaderos, y se han convertido en un referente de la vida comunitaria en una localidad que ha sido fundamental en la Historia de México, pues es la tierra donde nació Emiliano Zapata y en donde los socios de UNDECO participaron como promotores del museo de sitio. Con ese espíritu han defendido al pueblo de diversos intentos por convertir al pueblo en lugar de relleno sanitario y de otras arbitrariedades y estupideces del gobierno estatal.

Lo importante de UNDECO es que todo lo han hecho sin apoyos, sin recursos externos y solo hasta ahora se plantean concretar algunos créditos para financiar parcialmente sus operaciones.

Cito estos tres ejemplos porque no tienen, como los casos más conocidos, los estigmas de la corrupción o la filiación política que los desnaturalice. No son ejemplos perfectos ni sin problemas. Para los tres ha sido y sigue siendo mantener la educación cooperativa, que no han sabido instrumentar hasta la fecha. Y en el caso de UNIPRO tampoco han sabido mantener su actividad productiva bajo los dictados de la economía sustentable y ecológica. Pero aún así, son de nuestros mejores casos, de los que más nos enseñan y los que más prometen.

VI ¿Qué ejemplos debemos contemplar en el mundo

para alimentar nuestro trabajo?

En primer lugar la cooperativa de lecheros de Bengala en la India. En segundo lugar la cooperativa Irizar. Y en tercer lugar las cooperativas productoras de electricidad en Argentina y Estados Unidos.

Amul es el nombre de una cooperativa de lecheros que trabaja en 22 provincias de la India, aunque básicamente comprende la región de Gujerati. El nombre significa en Sanscrito lo que es valioso y raro. Esta organización se fundó en 1946 y hoy en día agrupa a 3.6 millones de productores que son al mismo tiempo sus dueños. Ha sido una organización protagónica en la lucha contra la escases y el hambre, que bajo la consigna de emprender la Revolución blanca, enseñó a la población a aprovechar el precioso líquido que durante muchos años no se consumía porque los animales que la producen son sagrados.

Hoy en día Amul es la mayor organización productora de leche en el mundo. Y después de haber cubierto la demanda regional ahora incursiona en mercados más lejanos e inclusive capacita y enseña a reproducir la experiencia. Produce actualmente más de quince millones de litros al día, agrupa a más de dieciocho millones de sociedades cooperativas en 31 distritos. Más del setenta por ciento de sus socios son campesinos pequeños o marginales y sin tierra, incluyendo grupos tribales y miembros de las castas tradicionales.

La cooperativa Irizar manufactura camiones. En España es una de las cooperativas más grandes y eficientes. Pero en México instaló la planta, que según la Universidad de Harvard, es la más eficiente en el mundo. Está situada en la zona industrial de Querétaro y realiza todas las operaciones de fabricación en forma manual. Son por decirlo así autobuses hechos a mano. Todo lo que pueda decirles sobre esa extraordinaria experiencia sería poco. Yo sugiero que si están interesados formalicemos una visita para verla. En mi blog pueden ver un artículo sobre la misma, busquen en Internet.

El tercer caso que recomiendo es el de las empresas de generación de electricidad. Algunas producen electricidad con tecnologías convencionales, como las que están en California y en Arkansas en Estados Unidos. Pero otras, como las de Argentina y Bangla Desh se han ido especializando en energía solar. Y pronto constituirán una alternativa a la electricidad que hoy ofrece el gobierno a precios cada vez más caros. De hecho deberíamos emprender un movimiento masivo de cooperativas para producir electricidad. Sería una revolución social, electrónica y de enorme proyección en la vida de México.

VII ¿Cuáles serían los tres fundamentos para una estrategia de trabajo cooperativo en México?

a) La Educación cooperativa

Ustedes, los que me convocaron hoy a este foro son maestros. Yo también he sido maestro. Y la cooperación se aprende en la enseñanza y el ejemplo. Y las cooperativas mantienen su existencia mientras se imparte la educación en principios, valores y formas de cooperación. Y el cooperativismo desaparece cuando se deja de impartir esa enseñanza. Si ustedes se suman al proyecto cooperativo y si en su labor incluyen la edición de los textos para una enseñanza de este proyecto se situarán en el eje de la estrategia.

b) La producción de riqueza en forma rentable

Vivimos en una sociedad en la que muchas cosas se venden por oferta y demanda. Pero también existen los bienes que se producen según las necesidades de trabajo y los costos de las materias primas o los insumos. El cooperativismo no puede funcionar acorde con la oferta y demanda, pero tiene que ser capaz de recuperar cada peso que invierta en su trabajo o su producción. Si formulamos proyectos rentables, en los que se recupere hasta el último peso, y si los asumimos como nuestro más caro objetivo, les aseguro que lo que menos nos va a faltar es capital. El capital sueña con encontrar nuevos ejemplos de inversión rentable.

Hablo desde luego del capital del pueblo, no del capital especulativo que no produce nada.

c) La solidaridad entre cooperativas y entre cooperativistas

Así como existe la competencia como una forma de la economía de hoy, también ha existido siempre la ayuda mutua como manera de resolver necesidades. Y así como en la sociedad existe la lucha de clases —la lucha entre los que todo tienen por haber despojado o no pagar lo justo a sus trabajadores— así también existen economías y organizaciones en las que en lugar de competir y de luchar se instituye la colaboración y la ayuda mutua.

Ustedes han jugado un papel fundamental en la resistencia contra la simulada reforma a la educación. Esa reforma que en realidad se encamina a depurar al magisterio nacional de la mente critica y del contenido social de la enseñanza.

El proyecto original de esta Nación fue escrito en el Artículo tercero de la Constitución. Ahí, donde se define el proyecto como el constante mejoramiento de las condiciones de vida y convivencia, también decía, en su texto original, "para construir una sociedad socialista a través de la educación popular". Yo les conmino a rescatar ese texto y a ponerlo en ejecución. Porque la labor más grande y más hermosa del hombre es educar. Y si educamos para una construir a través de las cooperativas, estaremos construyendo el proyecto original que eleve las condiciones de vida y convivencia.

Gracias por haberme convocado.

Gracias por haberme tenido tanta paciencia.

¡Salud y Revolución Social!

Por qué fracasan las izquierdas

Agradezco a Jorge Ocejo y a León Rechy los comentarios y sugerencias para mejorar este ensayo

Septiembre de 2020

Hago aquí un apretado resumen de mi perspectiva sobre el supuesto fracaso de las izquierdas en la realidad política contemporánea. Conceptuaremos, para empezar, lo que se puede entender por fracaso de las izquierdas, los casos a los que refiere el entendimiento común, y cuáles fueron los fundamentos en los que descansó la izquierda en la que mi generación militó.

Ciertamente puede hablarse de fracaso si lo que se evalúa es el acceso al poder o la capacidad para agrupar o conducir a la gran mayoría hacia un derrotero, o bajo un programa. Pero cuando las izquierdas –porque son varias—están presentes y son actores protagónicos, tenemos que ser muy cuidadosos de que no se les apliquen motes o parámetros que no les ajustan. También conviene abordar el asunto desde una perspectiva histórica o de largo plazo, donde más que medir el número de naciones gobernadas por la izquierda, o el número de elecciones que le han favorecido en las últimas décadas, parece prudente considerar la transformación de los paradigmas, es decir, de los supuestos y postulados que hoy caracterizan a la izquierda, y que le permiten, o no le permiten, armar gobiernos capaces de conducir a sus naciones en las difíciles tormentas del neoliberalismo y la pandemia.

Una evaluación del fracaso de las izquierdas podría abordar la caída de Evo, la falta de continuidad del gobierno de José Mujica en Uruguay, la caída de Rafael Correa, o la aparente incapacidad de Andrés Manuel para conseguir el consenso y el avance de la economía de México. Pero, cada uno de estos casos ha tenido un contexto muy particular, y fracaso o triunfo es algo más que lo que puede verse en las noticias. Parece necesario empezar por reconocer que el contexto político le es desfavorable a la izquierda, empezando por el papel hegemónico de los Estados Unidos. Y que se requiere ver más a fondo la evolución de cada país, empezando por evaluar si las propuestas de la izquierda son posibles, y me refiero en este caso a la izquierda presente, la que hoy actúa, para esclarecer si se están convirtiendo o no en los representantes o portadores de los nuevos ideales por los que se moviliza la más joven generación del mundo. Y en este caso, adelanto, no me parece que podamos hablar de fracaso, sino de un cambio lento, de largo aliento, pero muy promisorio. Trataré de describirlo.

Mi generación creía en el marxismo, cualquiera que haya sido la corriente de ese arcoíris a la que nos podamos referir. Y para ser más claros, todos coincidíamos en que el escenario de lucha era la de las clases enfrentadas, donde solo una –el proletariado—era portadora de un porvenir luminoso de emancipación universal; y no porque esa clase lo hubiera asumido conscientemente, y lo hubiera demostrado a lo largo de ciento cincuenta años, desde que así se proclamó en el manifiesto comunista, sino porque según Marx y sus divulgadores o intérpretes, ese papel histórico le correspondía ontológicamente a ese ser suyo. Cosa que vista en retrospectiva hoy parece una afirmación metafísica o bastante subjetiva. Hasta religiosa.

Dicho en palabras llanas, teníamos una fé auténtica y profunda. Una fé cimentada en un genuino humanismo justiciero o justicialista, y en una pretensión apodíctica de cienticidad o cientificidad. Y con esa convicción religiosa éramos capaces de mover y conmover, y de encontrar en la vida diaria todos los motivos para demostrar lo justo y pertinente de nuestra propuesta, que naturalmente se concretaba en la dictadura de esa clase obrera y en su programa de socialización.

La historia nos desmintió, porque cada una de las revoluciones que fue ocurriendo encaramó a un partido comunista en el poder, y tal y como Rosa Luxemburgo había anticipado, el partido sustituyó a la clase, y dentro del partido el comité central sustituyó al partido, y dentro del comité central el dictador sustituyó al comité central. Y tan tán. No llegamos al socialismo que habíamos previsto, sino a un conjunto de regímenes burocráticos que, aunque redujeron las desigualdades, generalizaron la educación, dieron trabajo a toda la mano de obra, establecieron servicios de salud y de cultura, y hasta hicieron de los bebés y los infantes un segmento privilegiado con la mejor formación; al mismo tiempo anularon la democracia plural, suprimieron la libertad de prensa y de asociación, persiguieron a todas las disidencias y a todas las otras religiones (tal y como lo había hecho la iglesia romana desde el Siglo IX hasta la desaparición de la inquisición), y anularon el mercado, sin que la planeación económica pudiera sustituir su función de manera eficiente para la distribución de bienes. Hablo pensando no solo en Rusia, sino también en China, Alemania, Checoeslovaquia, Polonia, y desde luego Corea y Cuba. Vietnam tal vez mereciera otras reflexiones.

Ese fue un fracaso histórico de una propuesta fundacional. Que puede tener muchas explicaciones o justificaciones, pero que no deja de representar un golpe, una derrota teórica y politica. Y la derrota es inclusive moral y ética, y en ese sentido más profunda que una derrota política, porque se trataba de un intento, sincero, justo, moral, de terminar con la injusticia, y para dar a todo el género humano un horizonte mejor del que podían tener bajo el capitalismo. Y de ese fracaso todavía no terminamos de reponernos. Ahí están los testimonios de Svetlana Alexievich, de Anna Applebaum, de Voslenski, de Kuron, o de Huber Matos.

Y no nos reponemos todavía, porque además de una autocrítica pendiente, que los comunistas se han negado a emprender, el mundo nos ha planteado que requerimos nuevas propuestas o respuestas a cuestiones que no se habían considerado. Para empezar, se trata de reconsiderar el sujeto histórico de cambio, que no fue el proletariado, que parecen haber jugado durante décadas los jóvenes, que hoy al menos parcialmente lo vienen desempeñando las mujeres, y que los hechos muestran como protagonistas también a las poblaciones originarias de cada nación, por lo que estamos emplazados a ubicarnos como parte de una lucha más plural, incluyente, donde quepan, como dicen los zapatistas, muchos mundos.

La nueva situación nos plantea también que habíamos asumido, sin ningún cuestionamiento, la filosofía del progreso, de la industrialización y el tecnologismo, cuando hoy una parte importante de las nuevas generaciones se plantean, antes que cualquier cosa, la sustentabilidad del mundo, la ecología, y hasta el decrecimiento, con tal de detener la contaminación y el calentamiento global, que amenazan a toda la humanidad.

Pero más enfáticamente, hoy las nuevas generaciones tienen más reclamos contra los partidos y los políticos profesionales, y conciben nuevas formas de participación, como la democracia directa, las organizaciones plurales o de coaliciones; y plantean sustituir las estructuras piramidales por estructuras horizontales, donde se respete la diversidad y se negocie para encontrar equilibrios y formas de convivencia o coexistencia. En esto parece que los anarquistas se nos habían adelantado. Y también son de izquierda.

Durante la pandemia hay dos fenómenos que muy pocos han podido atender o analizar. En Canadá los Consejos o Asambleas ciudadanas han decidido establecer políticas de atención a la salud por aparte y en contraste, por no decir contradicción, a las políticas públicas que promueven el gobierno y el Estado. Ese fenómeno no está ocurriendo ahí solamente. El otro fenómeno se refiere a la inconformidad con la manera de atender a los enfermos en los hospitales, y a la búsqueda de la autogestión para la salud. A este respecto vemos que, en varios países, los médicos han tenido que organizarse, como parte de la sociedad civil, ante la insuficiencia de los servicios gubernamentales, o ante la ineficacia de los protocolos oficiales. Y eso también deberíamos considerarlo de izquierda. Poner la vida por encima de cualesquiera intereses es ser hoy de izquierda.

Algunos académicos hoy piensan que en México, aunque se hable de fracaso, y aunque no se perciba o alcance a ver la contribución de la lucha armada que libramos en las décadas de los sesenta y setenta del siglo pasado, el hecho histórico es que transitamos de la confrontación total a la pluralidad, en donde nos reconocemos como adversarios, pero venimos empeñándonos en la construcción de una democracia. Y eso está más allá del horizonte electoral.

Además de los cambios en la participación y demandas de los ciudadanos de todo el mundo, también nos enfrenta la realidad actual a supuestos de la civilización que hoy no son viables. Por ejemplo el urbanismo, con sus megaciudades, que nos impide plantearnos la solución de las contradicciones entre campo ciudad, entre ramas industriales, o resolver problemas de abasto racional. Y en estos temas el fracaso no es solo de la izquierda, sino de toda la civilización que hemos levantado las sociedades modernas, tanto capitalistas como socialistas (burocráticas de filiación marxista).

Es este fracaso --sobre el modelo de civilización-- un fracaso tan profundo, que hoy no parece alcanzarse a ver que en solo quince mil años los humanos pasamos de ser el 3% de los animales que poblaban el planeta, a ser el 30%. Y que en esos pocos milenios contribuimos a la extinción del 95% de las especies silvestres, y dejamos como población animal predominante a las vacas, los caballos, los cerdos, los chivos, los borregos, las gallinas, los pavos, los perros y los gatos, que constituyen hoy el 93% de la población animal del mundo. Ese podría decirse que es un fracaso de la civilización ante la necesidad de la biodiversidad.

Y si queremos sobrevivir, y no seguir fracasando, tendríamos incluso que plantearnos una revolución alimenticia, con mucho menos carne, y más insectos, batracios, peces, y plantas.

En resumen, diría yo, que la izquierda en su función de oposición viene fracasando solo de manera relativa. Pues sus planteamientos han sido siempre en el sentido de cambiar lo que no funciona, de sustituir lo que es injusto, de distribuir mejor la riqueza, de evitar la explotación del hombre por el hombre. Mientras la derecha defiende y ha defendido sus privilegios en primer lugar, y el estatus quo para que nada cambie, o corregir para no ser sustituidos.

Y en la medida que el mundo evoluciona, la izquierda siempre gana terreno, mientras que hoy es muy claro que el capitalismo es un sistema, en decadencia y en proceso de descomposición. En ese contexto, cierto es que la izquierda convencional se ha detenido mucho tiempo repitiendo formulas manidas, y que apenas parece madurar una generación de otra izquierda que se plantea asumir plenamente la necesidad de una refundación de su cuerpo teórico, de donde se desprenda una propuesta social y política viable, que responda a las nuevas perspectivas que tiene el género humano, y por la que ya están luchando los inconformes de todo el mundo.

Por lo tanto, tendríamos qué definir qué es realmente hoy la izquierda. Y entonces empezaría por decir que la izquierda actual no es marxista, es decir, no está representada por los vetustos dinosaurios que repiten los antiguos dogmas Tampoco está representada por ninguno de los partidos que la propaganda oficial o el entendimiento cotidiano identifican como de izquierda. ¿Cómo podríamos concebir a un partido de la izquierda actual que impulse megaproyectos? Lo hacen aquí y en China los que se dicen de izquierda, pero hoy sabemos que aunque tienen argumentos justificatorios, no pueden demostrar que sus iniciativas representen una mejoría para los más necesitados, sino, al contrario, una amenaza para los territorios indígenas o pobladores originarios, y un peligro claro de destrucción de ecosistemas. Los argumentos que dan son razonables, pero no son de izquierda, son en todo caso desarrollistas, o parte de la filosofía del progreso. Un progreso que está siendo muy cuestionado por la verdadera nueva izquierda.

¿Cómo podríamos aceptar que gente que se dice de izquierda promueva empresas de outsourcing, que evaden las leyes laborales y someten a los trabajadores largas jornadas, bajos salarios y prácticamente ninguna prestación? Cuando eso es un claro retroceso a etapas anteriores y más injustas del capitalismo.

Esa supuesta izquierda que, con una mezcla de programas populistas y neoliberales ha llegado a ganar elecciones en

América Latina, es un fenómeno residual del fracaso histórico de la izquierda del Siglo XIX. Yo pienso que tampoco las políticas asistenciales pueden ser aceptadas como políticas de izquierda. O que se acepte como de izquierda la destrucción de selva para hacer megaproyectos, trátese de trenes o plantaciones. Ni en Brasil con Bolsonaro, ni en México con López Obrador esas obras pueden formar parte de un programa de izquierda. En ambos casos, uno de ultraderecha y el otro de supuesta izquierda se emprenden políticas muy semejantes, que bien pueden ser caracterizadas como neoliberales. Y no solo por favorecer negocios de grandes corporaciones, sino también por no respetar la pequeña producción campesina, y la conservación del medio ambiente por la que vienen luchando los pueblos originarios desde hace siglos.

Vistos en perspectiva, esos gobiernos, no pueden ser medidos o evaluados por su discurso sino por sus actos y consecuencias. Y la izquierda está obligada a formular una alternativa a todos ellos.

Esa falsa izquierda no pudo explicar el modus operandi del capitalismo neoliberal. Mantiene un discurso de condena contra él, pero sigue haciendo lo mismo. Sólo lo enfrentó por injusto, y convirtió esa injusticia en la justificación de su relevo político, pero con su continuidad económica y social.

No puede relevarse un régimen económico únicamente con justificaciones éticas o con propósitos justicieros. Solo puede relevarse un sistema caduco con un diagnóstico científico, con un balance social y una propuesta bien fundada que explique cómo se sustituyen las premisas o fundamentos de lo que no es justo.

Necesitamos plantearnos y emprender una nueva síntesis de la teoría económica. Cierto es que en los últimos sesenta años se han escrito textos importantes. Pero el nivel de la izquierda teórica registra pocos avances. Mandel actualizó el análisis hasta la aparición del neocapitalismo. Y uno de sus discípulos (Eric Toussaint) ha demostrado que la deuda del tercer mundo es impagable. Pero el rechazo de los marxistas para abordar la teoría económica, incluyendo la microeconomía y la macroeconomía, así como el instrumento de las curvas de indiferencia, ha provocado que la tarea de explicar la economía global en sus condiciones actuales sea una tarea a medias. Pocos, muy pocos izquierdistas convencionales saben formular proyectos. Y por lo mismo pocos saben hacer programas de gobierno que sean realmente redituables o rentables o recuperables.

La ideología, que defiende dogmas y no conocimientos, ha venido frenando el desarrollo científico de la izquierda. Desde Sweezy y Josué de Castro , no podemos hablar de pensadores de izquierda en América. Pero el panorama no es mucho mejor en el resto del mundo. En Irán tienen a Homa Katouzian, pero cuando Ota Sik escribió en Checoeslovaquia no lo comprendieron los supuestos izquierdistas checos, como no comprendieron a Brus en Polonia, ni a Haveman en Alemania del Este. Los pioneros somos una avanzada todavía marginal.

Tal vez alguno de los gobiernos o grupos de la vetusta izquierda pudiera transitar a mejores escenarios si nos dice cómo y por qué suprimir el dogma del presupuesto superavitario. Si la deuda es impagable, el conjunto de los países endeudados tendría que plantearse una postura general de moratoria o desconocimiento. Pues cierto es que ética y legalmente las deudas deben saldarse, pero cuando las deudas se han utilizado para someter a las naciones, como lo demostró John Perkins, existen razones para reducir el monto y el ritmo de su pago, con tal de poder invertir en la producción. Sobretodo en las circunstancias actuales. Y sin embargo lo que han contemplado los izquierdistas convencionales es contratar más deuda. En lugar de menos pagos de la deuda.

La nueva izquierda no será partidaria de la globalidad. Los jóvenes van asumiendo que por la vía del comercio exterior se ha dado mayor dependencia, no mejor vida. La nueva generación terminará por darle mayor peso a la soberanía y el mercado interno.

Por lo demás, los economistas de izquierda son hoy incapaces de plantearse la emisión de moneda, aceptando el dogma neoclásico de la inflación, sin reparar en que durante muchos años de distintas épocas, la emisión de moneda se utilizó como inversión productiva. Los neoliberales aceptan que una casa de bolsa promueva la emisión primaria, que es para crear nuevas actividades económicas; pero si lo hace un gobierno entonces es populista e irresponsable. Y la izquierda convencional no es capaz de defender esta posibilidad.

La izquierda tiene, en el mismo sentido, que replantear el papel y las funciones de la banca central. Pues en México el Banco del Estado fue quien financió las grandes obras hidráulicas, y no hubo entonces problemas de inflación sino altos índices de crecimiento y desarrollo. Y no parece verosímil que pueda emprenderse una efectiva política de desarrollo rural si antes esperan generar excedentes financieros en una etapa histórica de contracción de la actividad económica. Vamos, quiero decir que la izquierda podrá abandonar su letargo e improductividad cuando asuma los retos de formular un nuevo proyecto histórico, y cuando no la aten ni los dogmas de los clásicos, ni los prejuicios de los neoliberales.

Debemos añadir desde luego a las tareas el diseño del desarrollo rural sin empleo de fertilizantes químicos y sin seguir defendiendo la agricultura extensa y las grandes propiedades. Es absurdo otorgar mayor prioridad a las vacas que a la gente. Como se sigue haciendo en el gobierno de la 4T.

No son éstas, ciertamente, tareas de un sexenio ni de una persona. Pero el comienzo debería haberse dado. Pues formular un plan de gobierno sin deuda, rompiendo el dogma de la inflación por emisión de moneda, y la subordinación del desarrollo al crecimiento, no son retos para aficionados, sino problemas técnicos que implican la asimilación de la teoría económica, más allá del marxismo.

Es necesario también demostrar que se puede reorientar la economía para satisfacer necesidades sin ampliar la desigualdad, al mismo tiempo que se confiera mayor injerencia y participación a los productores y a los ciudadanos organizados. Toda la sociología ha demostrado, desde hace más de un siglo, que la gente se organiza para defender y negociar sus intereses, y que los dirigentes juegan un papel necesario. Y que sólo el neoliberalismo atomiza a la sociedad e impone un trato unipersonal a cada ciudadano.

Si hay algo neoliberal es la destrucción de las organizaciones. Con el correspondiente sometimiento de los individuos a la caridad, o la bondad, o la concesión de un caudillo o presidente.

Lázaro Cárdenas inventó en México el corporativismo. Y muchos, o casi todos, fueron incapaces de ver que se trataba de un mecanismo de control en un régimen de partido único. Pero hoy resulta peor creer que pueda ser de izquierda destruir las organizaciones o ahogarlas por no darles reconocimiento alguno como interlocutores, para imponer una relación del ejecutivo con cada uno de los ciudadanos, como meros votantes o beneficiarios de programas.

Yo milité medio siglo bajo la concepción del marxismo, y participé en la fundación de dos organismos clandestinos y subversivos (la guerrilla urbana y la Liga Comunista Espartaco), y luego contribuí a fundar dos partidos (el PRT y el PRD), pero hoy no veo ese camino como viable. He dedicado los últimos quince años de mi vida a escribir mi experiencia, y a ordenar un poco lo que ha sido la tragedia y el drama universal de mi generación, buscando una salida.

Ahora bien, hay fracasos electorales, y fracasos en la instrumentación de lo que se concibió como socialismo siguiendo a Marx. Pero agregaré para concluir este posicionamiento, que existe otra izquierda que avanza imperceptiblemente, aunque en México esté casi ausente o tal vez invisible. Hasta ahora no veo a esa izquierda en los planteamientos de Morena. Pero sí la veo en los treinta y dos millones que votaron contra el sistema político. No la veo en el apoyo incondicional al presidente actual de México, pero sí la veo

De los que quiero que la gestión sea algo más que un triunfo
electoral y el comienzo de una nueva economía. No la veo
en el conformismo o los caminos trillados, pero sí la veo en
las demandas para que se sustituya la política de los agro-
negocios y se asuma el desarrollo sustentable. No la veo en
las pugnas entre los grupos que pelean la titularidad del
partido gobernante. Porque la mayor parte de esos rivales
son continuación del sistema derrotado. Pero sí los veo en
la base social, en los nuevos activistas. Ahí está germinando
una nueva izquierda. Que no tiene el camino seguro. Y que
hasta ahora no ha mostrado nuevos liderazgos. Pero todo
movimiento termina por destacar a sus representantes. Y
esa izquierda comprenderá sin duda al cooperativismo.
Como una nueva forma de vida, fundada en principios solidarios y en la cooperación y la ayuda mutua.

En el mundo los cooperativistas suman más de mil millones de jefes de familia, y han resuelto problemas que ni
el capitalismo ni el socialismo pudieron superar, como el
hambre en la provincia de Bengala en la India, o como un
modelo industrial sin sustitución de mano de obra como
es el caso de la empresa Irizar.

Confío en que la izquierda que se está renovando y parcialmente también transformando, está recogiendo la experiencia histórica, pero sobre todo, está aprendiendo a
formular propuestas desideologizadas, que apuntan a un
horizonte real y viable en el futuro del mundo. Y tengo esa
percepción porque la izquierda representa la inconformidad ante todo poder ineficiente e injusto, y su sino es
el aprendizaje, el conocimiento, las libertades para hacer
e innovar, y alcanzar la justicia. Y conforme el hombre
contemporáneo va viendo cada vez con mayor claridad
esos valores, y va asumiendo con mayor convicción su
necesidad, la izquierda crece. No la izquierda fidelista, o
armada, no la izquierda partidaria o convencional, sino esa
izquierda que aparece en los lugares y las circunstancias
menos previstas, y su fuerza aumenta. Y algo que deberá
tener en cuenta esa nueva izquierda, es que resulta necesario ganar a la mayoría, porque los cambios no podrán
imponerse por la fuerza de un grupo o una élite, sino por la
consecuencia generalizada de una generación consciente.

¡Salud y Revolución Social!

Contra el izquierdismo neoliberal.
Una caracterización del gobierno de la 4 T

Febrero de 2020

Han transcurrido cuarenta años de que se sustituyó el Proyecto Nacional bajo la influencia y presión de los organismos internacionales, imponiendo una orientación neoliberal de la economía y la política. Pero, como los impactos o consecuencias sociales de ese proceso fueron generando una situación insoportable, en la que el ciudadano común fue larga y severamente golpeado en sus condiciones de vida, este ciudadano reaccionó en 2019 con renovado hartazgo y buscando un cambio.

Sin embargo, ese ciudadano común emprendió una lucha contra un mal que nadie había identificado con precisión; pues se sabe que el neoliberalismo es el causante de que los ricos sean hoy mucho más ricos, y de que la gran mayoría haya ido perdiendo condiciones de vida, o haya caído en niveles peores de pobreza. Pero no se conocía, ni se conoce todavía bien, cómo fue ese proceso.

Al interior del gobierno se vivieron varios años de un intenso debate, al que rápidamente me afilié, defendiendo lo que, junto con otros, consideraba irrenunciable y nacionalista. Pero fuimos siendo derrotados bajo una fuerte avalancha que se provocó desde la cúpula del poder y que se alentaba desde los organismos internacionales. Y esto último también lo viví, pues me tocó atender representantes del Banco Mundial y el fondo monetario en sus visitas de inspección a nuestro país.

Ahí se establecieron las nuevas formas de atención a la pobreza, que no necesariamente tenían que ofrecerles empleo sino subsidio al consumo. En ese entonces Santiago Levi era uno de los promotores de las políticas asistenciales, que el Banco Mundial denominaba Safety Net. Él tenía desde luego argumentos. Sostenía nada menos que el tiempo que tardaríamos en generar los empleos provocaría muchas muertes por inanición, y que teníamos que atender a esos pobres de inmediato. Argumento no lejano del que se esgrime hoy para justificar los programas sociales.

A veces la resistencia al neoliberalismo la cobijó algún servidor público con mayor jerarquía burocrática, como Carlos Tello, que intentó desde el diálogo de altura convencer a los miembros de la nueva corriente de que la vía social era viable y era mejor. Desde luego sin éxito.

Todo esto lo he contado con detalle.[22] Pero ahora de lo que se trata es de revisar la situación actual e intentar una caracterización de la política del gobierno que tenemos.

Hablo entonces como testigo de este pasado medio siglo, y como crítico que, desde entonces, ha mantenido el interés y la necesidad de comprender lo que hemos vivido los mexicanos.

Hoy se tiene claro que a causa de la política neoliberal se procedió a la venta de muchos organismos y empresas públicas, y se convirtió en práctica de gobierno el favoritismo o el apoyo —durante los últimos seis gobiernos— a las trasnacionales, para que estuvieran haciendo negocios, aun a costa del medio ambiente y la vida de los mexicanos, como han sido los casos de la minería, los bancos y la industria petrolera. Y se identifica igualmente un severo proceso de corrupción, que alcanzó niveles de verdadero saqueo de las arcas públicas, de lo que son ejemplo varios gobernadores, secretarios de estado e incluso titulares del poder ejecutivo. Pero, insisto, aun así, solo se tiene una vaga noción de que más allá de todos estos hechos, existen razones, fenómenos y fuerzas que no se han terminado de caracterizar para poder atajarlos, desmantelarlos y vencerlos.

En estos cuarenta años el nivel de vida, ya dijimos, cayó de manera dramática para la mayoría de la población, hasta

---

22. **De la guerra fría al neoliberalismo.** *Tomo Uno de la Historia universal de un solo hombre.* Copyright de Mario Rechy M 2014.

el punto de que algunos plantearon que las clases medias habían desaparecido, y que el país se dividía ya entre una pequeña capa de personas con altos ingresos, y un mar de pobres, donde ahí sí, se podía hablar de pobres patrimoniales porque no tenían casa; pobres por el bajo ingreso que no les permitía satisfacer plenamente sus necesidades básicas; o miserables, que de plano estaban en un proceso de desnutrición y sobreviviendo en condiciones inhumanas de vida.

Como el proceso de cambio fue algo que muchos esperábamos desde hacía tiempo, pero que no sabíamos por dónde iba a empezar, resultó algo imprevisto en su forma y extensión. Y ahora, este rechazo generalizado al neoliberalismo, como se le ha denominado a todos esos males que padecemos los mexicanos, fue algo que se precipitó el año 2019 como una protesta electoral, y que luego se esperaba fuera continuado por el nuevo gobierno.

Cuando el nuevo gobierno llegó, procedió en efecto a condenar de inmediato al causante del hartazgo. Pero la figura o concreción del neoliberalismo ha quedado difuso, pues ahora todo lo anterior parece haber resultado neoliberal, al menos en refiriéndose a las últimas tres décadas. Cuando la verdad es que parece necesario tener claro qué era o es neoliberal, y si es que existe o se ha presentado algún otro mal o problema.

Al condenar políticamente a ese sistema económico social, emprendiendo enseguida una lucha contra él, por ser el causante de todos los males que padece nuestra sociedad, además de representar también las dificultades a superar, requerimos entonces mayor lucidez sobre sus fundamentos y protagonistas.

Porque hoy nos dicen que casi todos los que estaban al frente o hasta arriba de las instituciones han sido corruptos. Pero resulta difícil aceptar que el neoliberalismo fuera solo corrupción. O que la corrupción lo explique todo.

La determinación con que la gran mayoría de la sociedad mexicana ha emprendido esa lucha contra el pasado se ha concretado en un entusiasta apoyo al nuevo gobierno, que se presenta a sí mismo como adalid confrontado con ese enemigo. Pero los anuncios sobre su desmantelamiento no han sido del todo convincentes, por lo que un buen número de personas viene sugiriendo darle el tiempo necesario a los nuevos conductores nacionales, pera que muestren la eficacia de su gestión.

Por su parte, el titular del poder ejecutivo declaró concluso y desmantelado el régimen neoliberal, y su declaración se ha repetido por todos los medios durante varios meses. Sin embargo, declaraciones aparte, la política económica vigente se parece mucho, si es que no es igual, a la que teníamos antes. E incluso hoy tenemos que añejos problemas se acentúan, como el aumento de secuestros y asesinatos; o que surgen otros nuevos o que no se habían presentado en el mismo grado durante el neoliberalismo, como el desabasto de maíz en algunas regiones, o la escasez de gasolina, medicinas, fertilizantes, semillas, crédito y hasta guarderías.

Muy en concreto, el gobierno actual no ha podido modificar algunos indicadores fundamentales de la economía: El empleo, por ejemplo, según el INEGI y el Seguro Social, no crece. El monto recaudado de impuestos tampoco. Y hasta las dimensiones de la industria y el comercio parecen estancadas. Sólo las ganancias del sector financiero siguen aumentando, tal y como lo habían venido haciendo durante los largos negros años del neoliberalismo. Y mientras parece que los signos económicos siguen manifestándose iguales, casi nadie sabe cómo es que se le superó o erradicó, cuando los signos del día parecen decir lo contrario, pues son los mismos. Peor aún, muy pocos identifican los fundamentos y los elementos económicos constitutivos o característicos del neoliberalismo, y así es muy difícil, nos parece, poder combatirlo con eficacia, u oponerse a él.

Intentaremos páginas adelante adelantar hipótesis sobre las razones de fondo que han existido para no realizar estos cambios, o para dejar intactos esos fundamentos.

El proceso que comenzó declarando concluso el neoliberalismo no incluyó, hasta ahora, una disección o explicación, de cómo ese neoliberalismo causó tanto daño. Simplemente se le sintetizó como un régimen corrupto, de dispendio y robo a la administración pública.

El presidente de México lo vino condenando y exhibiendo en sus conferencias matutinas a lo largo de un año, tras lo cual finalmente arribó a una caracterización en su primer informe presidencial en septiembre de 2019. Andrés Manuel López Obrador sentenció en esa fecha:

"El sistema político denominado neoliberalismo tiene como característica principal la corrupción, 36 años de saqueo, de abusos, de derroche, de utilizar el presupuesto para beneficio de minorías y dejar al pueblo en desamparo, es lo que estamos cambiando, nunca más"

Su condena, en este caso es no sólo justificada, pues la mayoría de la población ha sido víctima de lo que López Obrador expuso. Sin embargo, desde una perspectiva económica, y más aún desde una reflexión histórica y social, la verdad es que el neoliberalismo no es, como pretende el titular del ejecutivo, simple corrupción. Incluso podría hablarse de regímenes neoliberales en los que ha prevalecido la ley, se han respetado los derechos adquiridos, y los hombres públicos se han conducido sin robar, y aun así ha ocurrido un proceso de concentración del ingreso, sin la corrupción que padecimos en México. Ese podría ser el caso de Alemania, o de Suiza. Pues el neoliberalismo ha sido un proceso global, y en otros países el asunto de la corrupción no alcanzó el nivel que ha tenido en México. Ni siquiera en Brasil, donde Odebrecht tuvo asentado su mayor poder, alcanzó a corromper a tanta gente.

Y en este sentido tendríamos que abundar sobre otro aspecto que ha acompañado la historia nacional desde antes del neoliberalismo, que serviría para explicar la preocupación del presidente, pero en sentido distinto de lo que él dijo, y me refiero a la corrupción y a la impunidad de los que han caído en ella. En este caso, debo afirmar que los corruptos o los infractores y delincuentes, existían desde antes de la instauración del neoliberalismo en México, y que ya venían buscando o conduciendo la paulatina pero inexorable desaparición del exiguo o limitado Estado de Derecho que alguna vez tuvimos. Los corruptos ya habían avanzado bastante en poner a su servicio las instituciones.

Era de todos conocido que un rasgo característico de la administración pública era el desvío o robo de fondos públicos. Y los mexicanos se habían casi acostumbrado a que a los funcionarios "les hiciera justicia la revolución", que "los políticos pobres eran pobres políticos", y que era natural y hasta comprensible que robaran "con tal de que salpicaran". Aunque ciertamente la corrupción reciente dejó de salpicar y hasta de gobernar. Pero el caso es que muchos políticos se hicieron ricos en la administración pública. Ahí están los Hank, los Salinas, los Alemán, los Sahagún, los Gurría, los Yunes, y tantos más.

Pero si hoy la administración pública se empeña por terminar con la corrupción todavía tendrá pendiente identificar y quitar o vencer al neoliberalismo.

No es mi intención hacer análisis de ambos temas o cuestiones con el mismo detenimiento. Esto es, explicando tanto el modelo neoliberal de economía y sociedad, como del Estado al que se le quita su carácter tutelar o la rectoría, y se le convierte en un instrumento para el usufructo de los más poderosos y los corruptos.

Pero para centrarnos en la cuestión económica tendremos antes que dejar claro que la corrupción empezó mucho antes, y que, el neoliberalismo fue, por otra parte, un fenómeno alentado y hasta cierto punto impuesto por el proceso de la globalización y la actualización de las formas de dominio de los países centrales sobre los países subordinados hacia la penúltima década del Siglo XX; cuando el otro fenómeno, es decir, el del Estado fallido, corrupto o degenerado, estaba in nuce, o en germen, dentro del proceso de toda la historia moderna de México, o cuando menos desde el triunfo de la revolución hace ya un siglo.

Sólo en términos generales recordaré que los hombres

que consolidaron el poder después de la Revolución de 1904/1917 consiguieron la hegemonía sólo después de que se había asesinado a los principales dirigentes del proceso original. Así, Obregón, Calles, Venustiano Carranza y sus sucesores, sólo alcanzaron la gobernabilidad tras de que fueron muertos Ricardo Flores Magón, José María Pino Suárez, Emiliano Zapata, Francisco Villa, Aquiles Serdán, Felipe Carrillo Puerto, Felipe Ángeles, y una docena de otros verdaderos radicales y patriotas.

Y las instituciones, que de todas maneras registraron la impronta de las demandas que aquellos asesinados venían defendiendo —como fue el caso de los artículos 3°, 25, 27 y 123 de la Constitución, la creación del Seguro social, el establecimiento de la educación laica y gratuita, la Reforma Agraria parcial que se mantuvo algunos años, la política de redistribución del ingreso mediante lo fiscal y la inversión pública o la generación de empleos, que funcionaron parcialmente— luego esas reivindicaciones y conquistas fueron sustituidas por la nueva orientación que fue tomando el Estado, conforme sus intereses se fueron empatando con los de la oligarquía mexicana, y luego con los grupos hegemónicos de la globalización neoliberal ...hasta convertir las declaraciones y doctrina de la Revolución en mera efeméride y recuerdos.

Ello ha sido difícil de apreciar y más aún de comprender, pues la doctrina de la Revolución Mexicana tuvo alguna vigencia y proyección, y eso tendía una cortina de humo sobre la corrupción, además de haber estado en el discurso institucional, durante muchos años. Aunque existan algunas personas que nieguen los alcances o la larga historia de las instituciones de la Revolución. Y en ese caso me refiero a que aquí sí hubo una Reforma o reparto agrario, aunque fuera limitado o inconcluso. Aquí sí hubo seguridad social (y tan la hubo que el índice de vida aumentó notablemente). Aquí sí hubo educación laica y gratuita (a la que se destinó mucho tiempo el rubro principal del presupuesto público). Aquí sí hubo estado laico. Aquí sí hubo mejoría en las condiciones de ingreso y de vida desde los años treinta y hasta tres décadas después. Y aun así, la corrupción, tanto de los funcionarios como de las instituciones, ya había comenzado.

Caracterizar el Estado que tenía México ha sido a lo largo de la historia nacional un reto para académicos y políticos. La izquierda, por ejemplo, sostiene desde los años 60 que el Estado ha sido burgués, y que ha servido a las clases propietarias. Sin embargo, muchas de las luchas de la izquierda se cobijaron en la Constitución, a la que han defendido con patriotismo.

Esa incongruencia tiene explicación profunda, y la citamos de paso porque sigue siendo parte del problema político actual. Así como la izquierda condenaba al gobierno y al mismo tiempo defendía la Constitución. Hoy se condena al neoliberalismo, y al mismo tiempo se defienden los tratados comerciales internacionales y la estrategia global, o peor aún, se plantea que el crecimiento económico dependa de la iniciativa privada.

Pero citemos: el artículo 25 de la Constitución dice con toda claridad que "al mercado concurrirán responsablemente los tres sectores de la economía, a saber, el sector público, el sector privado y el sector social". O sea que para nuestra Carta Magna este país cuenta con tres sectores, que luego aclara tienen una naturaleza y lógica distinta de operación.

Este punto ha sido uno de los más difíciles de cumplir, y hasta de comprender, por parte de los políticos y los administradores públicos, que suelen conducirse como representantes de uno solo de estos sectores. Y se desentienden de los otros dos. Veremos luego a qué sector sirve el gobierno de la 4 T. Digamos por de pronto que nuestra economía no es solo una economía capitalista. Y que el Estado no solo se debe o está obligado con el sector público o el sector privado.

Volviendo a la corrupción, ésta había comenzado con el enriquecimiento o los negocios que distinguieron a Calles y otros generales; pero sobre todo habían empezado con los fraudes electorales, que también han formado parte de la corrupción, en este caso política, desde la fundación del partido oficial en 1926; así como en las mismas fechas empezó el asesinato de los opositores políticos. Calles hizo fraude a sus propios compañeros del ala obregonista en la fundación del partido oficial, y luego masacró a los inconformes. Y luego le hicieron fraude al candidato Vasconcelos. Y de ahí para adelante.

El enriquecimiento ilícito de los gobernantes fue igual de antiguo, como así lo testimonian hasta los ejemplos literarios de los años veinte (como la Novela La Volanda de Arqueles Vela), o las acusaciones del que fuera director del Banco de México, de nombre Manuel Gómez Morín, y que por ser testigo de esa corrupción rompiera con el gobierno y se fuera a fundar el Partido Acción Nacional.

Y la desvirtuación de la ley, que ya de por sí venía chueca desde la época de Benito Juárez ("a los enemigos todo el peso de la ley, a los amigos la justicia y la gracia"), fue convirtiendo el poder judicial en un adefesio que jamás estuvo del lado de las víctimas y siempre se inclinó por el interés del más fuerte, o el que pagó por ella. Y ahí está la historia del amparo, que no ha sido más que un instrumento corrupto para detener la reforma agraria. O el ejemplo de la supuesta pequeña propiedad, que ha permitido la simulación de los latifundios.

Pero peor aún, ahí siguen en libertad Romero Deschamps, Elba Esther —a quien le están devolviendo 16 millones que le había incautado el SAT—, los jefes del huachicól o el saqueo de Pemex, Moreira, Velasco Suárez, y tantos otros exfuncionarios a los que se les ha concedido la impunidad, aun después de haber declarado concluso el neoliberalismo.

Así pues, dejemos claro que aun antes de que el neoliberalismo se hubiera instaurado y consolidado hacia el inicio de la década de los años 80, el Estado ya estaba corrupto y al servicio de una oligarquía. Y esa corrupción, al menos en el caso del poder judicial, sigue incólume y vigente.

Quede claro entonces que la corrupción no es fenómeno llegado con el neoliberalismo, ni desmantelarla o terminarla acabará con una realidad injusta que está en la política económica, en el modelo de crecimiento, y en la orientación de los programas públicos.

Solo agregaremos a este respecto que darle seguimiento al neoliberalismo nos sitúa en su arranque, en el proceso que se dispara o empieza con el último fraude electoral del Siglo XX, el de 1988, pues ese fraude tiene su fundamento y fue posible por la degeneración del Estado, y es precisamente tras el ascenso del grupo político que, ya desvinculado del elán revolucionario y el compromiso social, llega ese año a gobernar —sintiéndose con la facultad de utilizar el aparato de gobierno, y los instrumentos jurídicos del poder judicial subordinado— para emprender los cambios económicos que desmantelen la infraestructura económica del proyecto histórico nacional, y alineen a México con los intereses de los Estados Unidos y la globalización.

O sea que hablaremos de un régimen económico que sustituyó el desarrollo compartido, o el milagro mexicano, o el desarrollo estabilizador, por el régimen neoliberal, deformando ideológicamente todo el pasado para defenestrarlo, para negar sus avances y méritos, y crear la sensación y el mito o ilusión de que lo bueno comenzaba con ellos, con el estado neoliberal.

Constituyendo estos gobiernos de nueva orientación —que se inauguran con Miguel de la Madrid, pero se consolidan en 1988— el instrumento de que se valieron las fuerzas externas, contrarias al interés nacional, para falsificar la historia de México, presentando a todos sus antecesores como un conjunto de gobiernos populistas, dispendiosos, ineficientes, irresponsables, que utilizaron el presupuesto para beneficiar a unos cuantos y para saquear a la nación. Como si el ladrón neoliberal empezara a gritar: ¡al ladrón, corran tras el ladrón populista! O sea que la acusación de corruptos tampoco es nueva.

Sin embargo, aún en términos políticos, la condena al neoliberalismo, o el supuesto de haberlo remontado y conjurado desde el año 2019, según nuestro presidente actual, para que no aparezca más, también parece estar en duda. Pues, de entrada, como ya dijimos arriba, la corrupción no es producto del neoliberalismo, sino de la degeneración de un Estado que nunca se basó en el Derecho, y que fue adquiriendo desde su origen mismo, el carácter de un instrumento al servicio de los poderosos y los potentados. Un estado que por cierto, a quien más obedeció fue al presidente. Pues si algo ha distinguido la historia de México ha sido la concentración del poder en la figura del titular del poder ejecutivo.

Y ojo, probablemente debamos también mencionar que así como el Estado ya venía corrupto o degenerado, habría que subrayar que otros de sus rasgos o características eran su autoritarismo y su centralismo. Y digo que debemos subrayarlo porque hoy el mundo empieza a transitar a nuevas formas de democracia, que se caracterizan por una mayor participación ciudadana, así como por más profundos procesos de descentralización de las decisiones. Con todo lo que esas dos tendencias implican, pues en Suramérica, por ejemplo, se han ido extendiendo los presupuestos participativos, en donde los ciudadanos administran localmente parte del recurso público; y en Europa solo se han conservado de manera central las grandes decisiones de política económica, pero se ha concedido mucha mayor libertad administrativa y presupuestal a las provincias, cantones, regiones autónomas o demarcaciones territoriales. Mientras manteniendo una tendencia opuesta, en el nuevo gobierno de la cuarta transformación se han vuelto a centralizar aspectos que ya tenían años en proceso de descentralización, y ahora se ha estado buscando el control absoluto del poder legislativo o, como lo han denominado en el pasado, el carro completo. Vamos, hasta se llegó a comprar diputados del Partido Verde para garantizar el control de la cámara baja. Y se los pagó muy caro, con un monto que rebasó lo que hubiera sumado el salario de un gabinete durante todo un sexenio.

Porfirio Muñoz Ledo, por otra parte, pero en la misma tónica, tras renunciar a la presidencia del poder legislativo para un segundo periodo de sesiones hace pocos meses, afirmó a finales de 2019: "Decimos que hemos remontado el neoliberalismo, pero la degradación del Congreso fue parte del esquema neoliberal, y por eso le hemos pedido al presidente López Obrador que nos ayude con su influencia a dignificar el Congreso." O sea que para el entonces Presidente del poder legislativo el neoliberalismo le había hecho perder su dignidad al Congreso, asumiendo una forma, o extendiendo su influencia o carácter, hasta la esfera política.

Desde luego que con el neoliberalismo el papel del Estado alcanzó un grado de corrupción sin precedente. Pero el origen de este que describió Porfirio como pérdida de la dignidad, fue muy anterior. Y Porfirio fue, y de alguna manera sigue siendo, parte de ese pasado.

Si estos anuncios o las medidas emprendidas de centralización y carro completo a partir de ahora resolvieran los problemas, deberíamos celebrarlo, pues finalmente el país se habría encaminado a un futuro próspero para todos, encabezado por un ejecutivo que se caracteriza por la honradez, la austeridad y el compromiso con la mayoría. Pero no tomemos las declaraciones como si fueran hechos y tratemos de constatar las virtudes que los nuevos gobernantes se atribuyen a sí mismos.

Esta imagen que nuestro presidente pretende que todos aceptemos y avalemos, o que se difunde como lo distintivo del nuevo régimen, es, pensamos algunos, completamente ilusorio, pues el neoliberalismo no es un problema moral de corrupción, ni es solamente un proceso de robo del patrimonio público. Menos aún de pérdida de dignidad y decoro, como planteó Porfirio.

Como fenómeno o modelo económico es mucho más que corrupción y pérdida de dignidad, y resulta indispensable explicar cómo llegó el neoliberalismo, en qué ha consistido, y cómo es que efectivamente se le puede sustituir, más allá de los buenos deseos moralizantes, o de las declaraciones triunfalistas.

Afortunadamente hay elementos para completar la comprensión de lo que es el neoliberalismo, y existen también hechos muy concretos a manera de ejemplo, en los que nos podremos apoyar.

Ha coincidido hace unos meses, por ejemplo, con las declaraciones del ejecutivo y del legislador, la publicación del paquete económico que formuló la Secretaría de Hacienda, para el año 2020. Es decir, lo que debiera ser la expresión, en términos económicos, o la cara económica, de lo que ha sido la supuesta sustitución o superación del neoliberalismo.

Incluso el anuncio de Hacienda dice al comienzo de su texto:

"Se trata del primer paquete totalmente elaborado por esta administración, con el sello de austeridad, honestidad y combate a la corrupción de la Cuarta Transformación encabezada por el presidente Andrés Manuel López Obrador."

Y bueno. Pues concedamos de entrada que López Obrador tiene cuando menos algo de razón cuando afirma que acabar con la corrupción es acabar con el neoliberalismo. Y demos por hipótesis válida la declaración de Hacienda en el sentido de que el Paquete Económico, léase la política económica que nos regirá en el futuro económico, desde este año 2020, representa un intento serio de superar el neoliberalismo.

Entrando en materia citamos los grandes rubros del documento de Hacienda publicado a fines del año 2019:

"A)   Se espera que el crecimiento económico alcance un porcentaje de 1.7

B)   Se confía en que la inflación no rebase este año de 2019 el porcentaje de 3.4, y que el año que entra cierre en 3.2.

C)   Se establece que el superávit primario, como porcentaje del PIB no rebase el 1 para ninguno de los dos años.

D)   Y que el déficit fiscal, que el año 2019 cerró en 0.6%

respecto del PIB, cierre el año 2020 solo aumentado en un punto: 1.6%.

E)   Se admite que los ingresos presupuestales bajaron en el año 2019 tres puntos respecto del periodo anterior, quedando en 21.1 respecto del PIB.

F)   Y que los ingresos tributarios quedarán para 2019 en 13%, solo medio punto por debajo de los mismos para el año 2018

G)   Fijándose el gasto público neto para 2020, respecto del PIB en 23.1.

H)   Y ascendiendo la deuda pública, también respecto del PIB, a 46.4%."

"Por lo que se anuncia que consecuentemente, continuando con la austeridad, los salarios no subirán, y se mantendrá la no contratación de nuevo personal."

Se insiste luego en la supresión de las direcciones generales adjuntas de la administración pública, que a decir del documento representará un ahorro del 5% del gasto correspondiente. Y se expresa, tras el anuncio de los datos generales, que "todo eso debe generar confianza" (SIC¿?).

Se afirma también que ante los riesgos "hay que perseverar en el fortalecimiento del marco macroeconómico", y en que debe consolidarse la sostenibilidad de las finanzas públicas.

Y hasta aquí la breve glosa de nuestro porvenir económico desde la perspectiva institucional.

Poniendo en palabras llanas lo que afirma la Secretaría de Hacienda, traducimos su anuncio como la afirmación de que el neoliberalismo económico queda atrás con este nuevo presupuesto, que es el primero que se formuló acorde con lo que busca o persigue la Cuarta Transformación, y que sus rasgos son 1 mantener y fortalecer el marco u orientación general de la economía, en la que 2., se mantendrá el control de la inflación, es decir, se tratará de impedir el alza de precios., 3., se espera lograr un crecimiento del 1.7%, es decir, que la economía aumente algo menos que el dos por ciento; 4., que la diferencia entre los ingresos de la administración y sus egresos no tenga un excedente deficitario mayor al 1% ; 5 que el gasto público no exceda lo que se junte con el cobro de impuestos en más del 1.6% de valor total de lo que produce el país; 6., que el gasto público represente al mismo tiempo el 23.1% del mismo valor del Producto Bruto; 7., que los ingresos tributarios o por cobro de impuestos queden en el año 2019 sólo medio punto por debajo del año anterior; y 8, que la deuda pública sea menos pero cerca de la mitad del valor total producido por la economía.

Agregando luego que consecuente con los principios de austeridad que no permitirá que los salarios suban, se continuará con algunos recortes de personal, y todo ello debe generar confianza.

Pasemos entonces a analizar este panorama desde nuestra perspectiva —que es otra y bien distinta—. Pero dando el acostumbrado rodeo.

Si la economía mantendrá la misma orientación y características que ya tenía, y que implican que se cobre lo mismo de impuestos, y se gaste menos de lo que se produce, que el gasto no sea mayor a la cuarta parte de ese mismo valor del producto, y que la deuda pública ascienda a casi la mitad del valor del producto, ¿suena sensato que se ataje la pobreza y se inicie el crecimiento?

¿A poco con impedir los robos ya tenemos con qué invertir más o generar más empleos y riqueza?

Primero. ¿Quiénes esclarecieron antes de la llegada del nuevo gobierno lo que es el neoliberalismo?, y ¿cómo lo caracterizaron? ¿Se confirmaría en este caso la caracterización que ha hecho el ejecutivo? Convendría a este respecto cotejar las variables que los economistas y sociólogos más connotados han expuesto, con las variables escogidas por nuestros gobernantes para identificar este mal. ¿Serían las medidas anunciadas por Hacienda las más indicadas para superar el neoliberalismo?

Habría que comparar el marco macroeconómico que nos ha recetado la Secretaría de Hacienda con los supuestos y premisas de lo que es el neoliberalismo.

Comencemos viendo sus antecedentes.

El neoliberalismo tiene como antecedente el simple liberalismo. Y éste fue, en los Siglos XVIII y XIX, un sistema político económico que se caracterizaba por lo siguiente:

Historiadores, sociólogos y economistas coinciden en que el liberalismo, referido generalmente a Adam Smith, fue una respuesta al régimen monárquico, en el que la nobleza concentraba las decisiones de gobierno, incluyendo naturalmente las de orden económico, dejando a los ciudadanos completamente a merced del autoritarismo y la centralización.

Para crear una nueva economía, que dejara atrás la servidumbre y la hegemonía de los nobles, los liberales plantearon que la naciente industria y los negocios debían contar con libertad de iniciativa, y que la sociedad debía hacer valer sus derechos de libre participación en el mercado, donde la comparación entre precios a través de una competencia mercantil, asignara de manera natural y espontánea la asignación de recursos, estableciendo sucesivos equilibrios.

Ese liberalismo, además, debía reducir el autoritarismo del Estado, dejándolo solo como administrador de los servicios, ajeno a la intervención en la economía, y lo más reducido posible en tamaño para que no grabara a los sujetos económicos con cargas tributarias.[23]

---

23. El liberalismo económico es una doctrina que señala que la mejor forma de alcanzar el desarrollo económico y la eficiencia en la asignación de los recursos es a través de un mercado libre sin la intervención del Estado (regulaciones, impuestos, etc.)

El liberalismo económico tiene sus orígenes en el siglo XVIII como una respuesta a los privilegios de la nobleza que poco aportaban a la sociedad y el mercantilismo, que defendía la intervención intensiva del

Ese liberalismo tuvo, desde luego, modalidades nacionales, y en nuestro país hubo representantes muy notables, probablemente donde los más significativos hayan sido Benito Juárez, Melchor Ocampo, Lucas Alamán, Ignacio Ramírez, Porfirio Díaz y Ricardo Flores Magón. (Aunque hubo muchos más, que no podremos abordar ahora) Pero tres de ellos representando el liberalismo modernizador, y tres de ellos representando el liberalismo social.

Expliquémonos:

Empecemos por Juárez, quien durante su gestión como gobernador de Oaxaca se definió como partidario de una nación donde prevaleciera el derecho igualitario para todos los ciudadanos, y en el que se hablara una sola lengua y se mantuviera una sola cultura. Pues él quería unificar al país y fortalecer lo que según su entender, lo haría más fuerte frente a las amenazas del exterior. Y su mérito fue precísamente esto último, pues consiguió generar una resistencia contra la invasión francesa, derrotarla y consolidar el Estado Nacional. Pero ello también constituyó su desgracia, pues ya en Oaxaca combatió a los pueblos originarios que demandaban autonomías y la defensa de sus usos y costumbres, así como el respeto de sus lenguas. Encarceló a sus líderes (Che Méndez y Che Golorio Meléndez), y les negó todo apoyo o reconocimiento.

Estado en la economía.

De acuerdo al liberalismo económico, las fuerzas de oferta y demanda son la que de forma natural, nos llevarán a un equilibrio en donde los precios reflejan la escasez relativa de los bienes y se produce una asignación de recursos eficiente. Al mismo tiempo, la libre iniciativa de personas o empresas y la búsqueda de rentas impulsan el crecimiento económico.

Cabe mencionar que el liberalismo económico es la tendencia de pensamiento económico que promueve el libre comercio como la mejor forma de alcanzar el desarrollo económico. Gracias a que aprovecha las ventajas comparativas de los países, para alcanzar mayores economías de escala, promover la destrucción creativa y destruir los privilegios de grupos de interés protegidos por alguna regulación injustificada.

Por ello su herencia importante fue, junto con la de Melchor Ocampo, el Estado Laico y la Unidad Nacional. Y su consecuencia funesta fue la sucesión natural de un régimen modernizador, asesorado por "científicos" (que hoy podríamos equiparar a los técnicos o tecnócratas) que nos impuso la dictadura de Porfirio Díaz, el gran modernizador de México, constructor de las venas de los ferrocarriles —como las caracterizó Eduardo Galeano—que sirvieron para saquear a México, además de comunicarlo. Al fin promotor del México culto y afrancesado, distante del vecino del norte y orgulloso de su rica historia. Prosiguiendo ese primer Porfirio con la lucha contra los pueblos originarios, a quienes masacró y combatió, y con la instauración de un sistema centralista, autoritario y excluyente de la diversidad política.

Lucas Alamán, por su parte, desde la fundación del Banco de Avío, cumplió con la parte de financiar los negocios y apoyar la conversión de los obrajes en verdadera fábricas, estableciendo el fundamento de la industria nacional, muy en la línea de lo que había propuesto Adam Smith.

Pero, y aquí viene la diferencia importante, Ignacio Ramírez, que ya durante el régimen de Juárez había mantenido una seria y profunda discusión con él, postulaba una Nación de Naciones, donde los pueblos originarios mantuvieran su identidad, recibieran educación respetando sus culturas y fueran el fundamento de una pluralidad social. Y también fue quien anticipándose más de un siglo al devenir del mundo, planteó que el trabajo es capital, y que reconocerlo implica que una parte del producto obrero es valor que debe volver al trabajador como utilidad de las empresas, para que los trabajadores puedan ir adquiriendo la propiedad de sus propias fuentes de empleo, hasta que la sociedad toda fuera una sociedad de todos propietarios.

El discípulo más aventajado de Ramírez, fue naturalmente Ricardo Flores Magón, y el desarrollo de esas concepciones fueron luego plasmadas en el Programa del Partido Liberal (que debieron también nombrar socialista, pero que quedó solamente como liberal a secas), y que planteaba una revolución radical donde se generalizara una sociedad autogestiva y el estado fuera solo coordinador.

Estas dos corrientes del liberalismo en México seguirían influyendo todos los años siguientes, y llegarían hasta nosotros en pugna interminable, aunque desde la óptica alienada de la política doctrinaria o formal no fuera siempre visible. O sea, para dejarlo bien claro. Configurando dos corrientes políticas del liberalismo, la hegemónica, que ha proseguido con la estrategia de modernización, ligada a los mercados del exterior y al capital extranjero; y la que viene resistiendo y apuntando en la dirección de la soberanía, el desarrollo endógeno y el énfasis en el sector social y el desarrollo compartido o mas parejo.

Y verán ustedes, lectores, que esa división del liberalismo en México tiene hoy una actualidad trepidante y crucial. Y se refracta en esta nueva lucha contra el neoliberalismo.

Volvamos ahora a lo que anunció la Secretaría de Hacienda.

Tengamos presente que el marco general de la economía se mantiene inalterado. Y eso quiere decir, entre otras cosas, que la prioridad del presupuesto es el pago de la deuda y sus intereses. Pues no lo dice explícitamente Hacienda, pero se desprende de sus afirmaciones. Ellos lo llaman Presupuesto no programable, lo que significa que ya está comprometido, y se basa en el superávit primario.

Sobre este punto central dice el economista Alejandro Nadal (pido disculpas por la cita tan larga que viene enseguida, pero es que su claridad y suficiencia así lo piden):

> "En una entrevista poco después de su nombramiento, al titular de la Secretaría de Hacienda y Crédito Público se le preguntó si habría un estímulo fiscal, dadas las condiciones de estancamiento de la economía mexicana y el negativo entorno internacional. La respuesta del secretario Arturo Herrera fue contundente. Nos lo prohíbe la ley, dijo. Su argumentación fue aceptada sin más. El entrevistador

no preguntó de qué ley estaba hablando. (El que preguntó se refería o trataba de saber si el Estado invertiría o adelantaría capital para generar actividad económica, nota de MRM).

"El secretario de Hacienda tiene que haberse referido a la Ley Federal de Presupuesto y Responsabilidad Hacendaria (LPRH), aprobada en 2006. En síntesis, esta norma establece en su artículo 17 que los montos de ingreso y gasto contenidos en el proyecto del Presupuesto de Egresos deberán contribuir a alcanzar la meta anual de los requerimientos financieros del sector público. Ese artículo es anticonstitucional, porque invade la soberanía del Congreso al convertir los requerimientos financieros del sector público en piedra de toque de toda la política fiscal. Este artículo de la LPRH entroniza la noción de superávit primario como objetivo sagrado de la política fiscal. Esto significa que en el balance primario, que compara ingresos y gastos sin considerar las cargas financieras, debe generarse un superávit para pagar esas cargas financieras. Y como la idea de realizar una reforma hacendaria es tabú para el pensamiento neoliberal, ese superávit primario sólo puede lograrse recortando el gasto, lo que ha conducido al estancamiento en las inversiones en materia de salud, educación y medio ambiente.

"Muchos comparan las finanzas del gobierno con las de un hogar cualquiera, y señalan que no se puede vivir por encima de los recursos que se reciben. Esto es una tontería, porque los hogares no tienen la facultad de recaudar impuestos o cobrar por servicios públicos. Pero si seguimos con esa analogía tendríamos el ejemplo de una familia que decide recortar su gasto en salud, alimentación y hasta la escuela de los chicos con tal de dejar un remanente para pagar los intereses de la tarjeta de crédito. No sería un panorama muy saludable.

"Pero la misma LPRH establece una excepción importante. En el artículo 17 (párrafo cuarto) señala que en casos excepcionales se puede prever un déficit en el presupuesto, aunque esto quede sujeto a una disciplina consistente en justificar esas razones excepcionales, cuantificar el monto de financiamiento necesario para cubrir el déficit y el número de ejercicios fiscales y acciones necesarias para eliminar dicho déficit. Esta excepción permitió que el balance primario entre 2009 y 2016 arrojara un déficit primario. El estímulo fiscal para enfrentar los efectos de la crisis de 2008 no fue del todo adecuado, pero por lo menos sirve para desmentir al titular de la SHCP cuando señala que la ley prohíbe al gobierno instrumentar un estímulo fiscal.

"Si el gobierno actual prefiere seguir jugando la carta del superávit primario, así debería señalarlo. El presupuesto para el año entrante contempla un superávit primario equivalente a 0.7 por ciento del PIB. No sólo no es un presupuesto contracíclico, sino, a final de cuentas, es uno que mantiene los lineamientos de la política de gasto neoliberal. La política económica del gobierno de AMLO se encuentra en una gran contradicción. El gobierno se aferra a un objetivo estratégico que consiste en una transformación de dimensiones históricas. Pero esto no se ve reflejado en su postura de política macroeconómica."

La Jornada, 20 de nov. de 2019

Otro economista, en este caso un premio Nobel, opina:

"Aquí se ve un "modus operandi". Hay muchos perdedores en este sistema pero claramente un solo ganador: los bancos occidentales y el Tesoro de los EE.UU., quienes ganan buena plata de este nuevo remolino de capital internacional. Stiglitz me contó (dice su entrevistador) de su infeliz reunión, al comienzo de su carrera en el Banco Mundial, con el entonces nuevo Presidente de Etiopía, elegido en la primera elección democrática de esta nación. El Banco Mundial y el FMI ordenaron a Etiopía colocar el dinero de ayuda en una cuenta de reserva en el Tesoro de los EE.UU. (de manera muy semejante a como el gobierno mexicano mantiene sus reservas internacionales), recibiendo un patético 4% de interés, mientras que la nación pedía prestados dólares a los EE.UU. al 12% para alimentar a su población. El nuevo presidente rogó a Stiglitz (que era el economista principal del Banco Mundial en ese entonces) permitirle utilizar el dinero de ayuda para reconstruir la nación. Pero no, el botín se fue directamente a la caja fuerte del Tesoro de los EE.UU. en Washington."

Entrevista de Greg Palast a Joseph Stiglitz,
para The Guardian. Agosto de 2002

En otra parte dice también Joseph Stiglitz a propósito del déficit primario lo que sigue:

"Existe otra estrategia que puede estimular la economía, pese a la insistencia en que no aumente el déficit, ahora; se basa en un principio comprobado desde hace tiempo denominado el multiplicador del presupuesto equilibrado. Si el gobierno aumenta los impuestos y aumenta el gasto al mismo tiempo —de forma que el déficit actual no varíe—, se estimula la economía. Por supuesto que los impuestos por sí solos desincentivan la economía, pero el gasto la estimula. El análisis muestra inequívocamente que el efecto estimulador es considerablemente mayor que el efecto de contracción. Si se escogen cuidadosamente los aumentos de impuestos y de gastos, el incremento en el PIB puede ser dos o tres veces mayor que el aumento del gasto. Y aunque el déficit no aumenta ni disminuye inmediatamente —por definición—, la deuda nacional se reduce a medio plazo, gracias al aumento de los ingresos por impuestos que provoca el aumento del crecimiento.

Joseph Stiglitz en El precio de la desigualdad, Edit.
Taurus, México 2012, página 280

Y todavía podemos citar otro breve fragmento de Stiglitz, pues junto con esto último que propone, que es que el gobierno invierta y gaste en lugar de mantener la austeridad y los recortes al presupuesto, pues afirma categóricamente algo que caracteriza a toda empresa, y que puede hacerse extensivo a todo gobierno:

> "...el valor de la empresa depende exclusivamente del valor de los rendimientos que ofrece", lo que en términos de gobierno podría escribirse como "el valor de una política económica depende exclusivamente del crecimiento que consigue".

Stiglitz, en Caída libre,
Edit. Taurus, México 2010, página 291.

Porque, como el mismo Stiglitz afirma, "La reestructuración de la economía no se hará espontáneamente. El gobierno deberá desempeñar un papel fundamental. Y esa es la segunda serie importante de cambios que se avecinan[24]: la crisis financiera demostró (se refiere a la de 2008) que los mercados financieros no funcionan bien de manera automática (como creían los liberales desde Adam Smith), y que los mercados no se autorregulan" (como vienen sosteniendo los neoliberales). (Stiglitz, misma obra páginas 229,230).

---

24. En la primera serie de cambios Stiglitz se refería a a tratar los problemas de fondo que incluyen la asistencia sanitaria, la energía y el medio ambiente y, específicamente, el cambio climático, la educación, el envejecimiento de la población y el declive industrial, donde el sector financiero disfuncional provoca desequilibrios globales, con déficit comercial y financiero, que llevan a las economías a un camino erróneo de apoyo al sistema financiero, lo que termina aumentando la deuda como porcentaje del PIB. Lo que en Estados Unidos ya rebasa el 60 por ciento, y que en México casi llega a la mitad.

Todo lo cual nos permite afirmar que **en cuanto a la forma como se define el presupuesto público, nuestro gobierno actual es tan neoliberal como los seis anteriores.** Pues mantiene su aspecto central que es el superávit primario y el presupuesto no programable, que además es inconstitucional. Pero con este poder legislativo, que no conoce ni la ley, todo es posible. Lo preocupante es que quienes votaron por Morena no se hayan preocupado por descifrar el trasfondo de esta continuidad de la politica económica.

Ahora bien, si se mantiene el mismo modelo económico general, ¿qué es lo que ha cambiado? Nuestro presidente sostiene que ahora sí se hace llegar el dinero a los más necesitados, pues se han establecido programas para sembrar vida, mantener un ejército de aprendices en la industria, pagar a los adultos mayores, además de invertir en la rehabilitación de Pemex, construir el aeropuerto de Santa Lucía, e impulsar los megaproyectos del Tren Maya y el ferrocarril del Istmo.

Pero agotado el punto del superávit y los pagos de la deuda, prosigamos ahora con los programas sociales y las prioridades del presupuesto:

"Presupuesto 2020: Programas sociales de AMLO, los grandes ganadores; castigan a órganos autónomos" (fragmentos de la nota).

Por Redacción, Animal Político
22 de noviembre, 2019

"En una sede alterna y tras ocho horas de discusión, diputados aprobaron el Presupuesto de Egresos de la Federación para 2020 que considera un gasto de seis billones 107 mil 732.4 millones de pesos.

"Los grandes ganadores fueron los programas sociales, los perdedores, los órganos autónomos.

"En total, a los órganos autónomos se les aplica una

reducción de 4,182 millones 922,927 pesos, en comparación con lo que solicitaron, un 3.39% menos. El Instituto de Telecomunicaciones, la Fiscalía General y el INE serían los más 'castigados'.

"Bienestar y Agricultura, además de Hacienda, serían las más beneficiadas por las reasignaciones.

"En total, al Ramo Administrativo se le da 1.43% más.

"A la Secretaría del Bienestar, en el dictamen se le dan 8,365 millones 370,668 pesos más (4.83%), respecto a lo previsto por el gobierno.

"El presidente Andrés Manuel López Obrador agradeció el trabajo de los diputados para garantizar recursos para los programas sociales.

"El mandatario destacó que los apoyos a los menos favorecidos llegarán a tiempo, y se dará prioridad a los adultos mayores, niños, niñas, entre otros; señaló que también habrá una partida para el aeropuerto de Santa Lucía, el Tren Maya y otros proyectos prioritarios.

"Agradecer a los diputados porque se aprobó el presupuesto para 2020 y se garantizó el que haya presupuesto para el desarrollo, que haya presupuesto suficiente, para el bienestar del pueblo", celebró el titular del Ejecutivo Federal.

"Uno de los cambios importantes que hicieron los diputados fue incluir 13 programas sociales insignia de este gobierno en el anexo 25, entre los que están obligados a tener reglas de operación. Éstas sirven para tener un mayor rigor y poder evaluar a los programas en aspectos como la adecuada selección de los beneficiarios, metas, resultados y forma de gastar los recursos.

"Hasta ahora, la administración federal había evitado sujetar a esas reglas a programas como Jóvenes Construyendo el Futuro, Sembrando Vida,

Pensión para las Personas con Discapacidad Permanente, Becas para Educación Media Superior y Producción para el Bienestar, entre otros.

"Las dependencias encargadas de los programas deberán preparar las reglas de operación y publicarlas en el Diario Oficial de la Federación a más tardar el último día de febrero.

"La Cámara de Diputados, a través de la comisión ordinaria a la que le corresponda el tema del programa, emitirá opinión sobre las reglas de operación publicadas por el ejecutivo federal. Además, la SHCP deberá publicar en formato de datos abiertos, en el portal electrónico de transparencia presupuestaria, información sobre los padrones de beneficiarios, que deberán incluir: nombre o razón social del beneficiario, municipio, entidad federativa y monto del apoyo otorgado.

"Las dependencias a cargo de los programas también tendrán que entregar la información relacionada con los contratos que impliquen la erogación de recursos públicos y la SHCP deberá publicarla igual en formato de datos abiertos."

Y aquí cabe una nueva retrospección. Pues cierto fue que durante administraciones anteriores al neoliberalismo se recurrió al déficit público sin haber conseguido lo que Stiglitz menciona.

Un caso fue el de Luis Echeverría. Pero atención, en aquél entonces el gasto corriente, o sea lo que se pagaba de sueldos y salarios, era muy significativo, y a eso se le sumaba el mantenimiento del aparato corporativo, que comprendía a la burocracia sindical, la burocracia de las organizaciones agrarias, así como los subsidios y condonaciones al sector agropecuario, que daban al sistema sustento político. Pues el corporativismo se ha caracterizado, entre otras cosas, por mantener un conjunto de pagos o subsidios que le garanticen el consenso o la votación, para mantener el poder.

Aun así, este presidente (Luis Echeverría), que desde luego fue uno de los más autoritarios y simuladores, se decía de izquierda, pero masacró a miles de luchadores izquierdistas. Se decía progresista, pero impidió el funcionamiento de los partidos de oposición, hasta el punto de que su sucesor (José López Portillo) fue el único candidato registrado para las elecciones. Pero intentó, sin embargo remontar el letargo industrial, y trató de aprovechar la política de sustitución de importaciones para crear un sector industrial vigoroso. Y otra historia o análisis sería explicar por qué no pudo realizarlo.

Ese tren de gastos e inversiones ya no podía sostenerse sobre la base de las exportaciones que realizaba México, y el régimen tenía que reducir su gasto y su inversión o ajustar el modelo como lo mencionamos arriba acorde con Stiglitz, pero no, si hubiera reducido los subsidios y el mantenimiento de los mecanismos corporativos hubiera perdido la hegemonía y hubiera favorecido a la oposición y los críticos, por lo que el gobierno decidió, antes que reducir su gasto, incrementar la deuda.

Y los Estados Unidos seguían muy de cerca ese proceso, y sus sicarios estaban muy activos viendo de qué manera elevaban la deuda de México para forzarlo a los cambios que convenían a la economía global. Esto fue descrito magistralmente por John Perkins en sus dos obras principales (*Yo fui sicario económico*, e *Historia Secreta del imperialismo norteamericano*), y a nosotros, que resistíamos desde la administración pública nos fue enterado con la Carta que George Bush (padre) había girado a estos sicarios y que alguien había filtrado al gobierno mexicano.

A mí me la entregó Gustavo Esteva. En ella decía Bush, entonces titular de la CIA, que era indispensable terminar con la conducta o proceder independiente que venía caracterizando a la política mexicana, y que la forma de conseguirlo era endeudando al país, y forzándolo a dejar de producir sus propios alimentos, para que dependiera de las provisiones que le vendería Estados Unidos.

Y fue justo lo que hicieron, desde luego gracias a la insaciable necesidad de gasto de la administración pública de México, al carácter corrupto que tenía buena parte de su administración, sobre todo en la Secretaría de Hacienda, y a la determinación que mantenía el partido hegemónico y el sistema político para mantenerse irreformable en su carácter corporativo. Ahí reinaban todavía Fidel Velazquez y Raúl Caballero en el sector obrero, Gómez Villanueva, Héctor Hugo Olivares y Mario Hernández Posadas, entre otros del sector rural, además de los líderes del sector "popular".

El resultado fue un gasto faraónico completamente disparado de todo criterio económico que provocó la quiebra financiera de México.

Una investigadora del Colegio de México caracterizó así ese momento:

> "En septiembre de 1976 el presidente confirmó su precedencia en asuntos económicos -hasta entonces se había limitado a ser un aval de las decisiones propuestas por los secretarios del ramo-, cuando, ante las presiones derivadas del incremento en el endeudamiento internacional, anunció: "la economía de México se maneja en Los Pinos", desautorizando con ello al secretario de Hacienda, Hugo B. Margáin, quien había recomendado el ajuste del tipo de cambio. Uno de los efectos de esta declaración fueron tres sucesivas y desordenadas devaluaciones del peso, cuyo valor respecto al dólar se había mantenido constante desde 1954 y que en menos de tres semanas se desplomó de 12.50 a 22.50."

"La presencia populista en México", Soledad Loaeza.
Del populismo de los antiguos al populismo de los modernos. Guy Hermet, Soledad Loaeza, Jean-François Prud'homme.Colegio de Mexico. 2001.

Estados Unidos conseguía así su objetivo. Y ahora podría empezar a imponernos su política económica.

Qué relación guarda ese periodo, podrán preguntar nuestros lectores, con la situación actual. Pues mucha, como explicaremos enseguida. (Por favor no rechacen el contenido de la siguiente nota por su tono indignado, fíjense en su argumento.)

Dice un analista a este respecto:

"México se dirige a la quiebra.

"Vuelve la pesadilla: devaluación, déficit, pérdida del patrimonio. La ruta es clara para el que quiera verla. La economía es una ciencia extremadamente compleja, pero al final, se reduce a un balance simple, que no sencillo: ingresos y egresos.

Lo mismo que una persona, un hogar o una empresa, un país quiebra cuando gasta más que lo que gana. Y eso es justamente lo que está haciendo el gobierno de Morena. Lo hizo desde el año pasado y será peor este.

"El presunto equilibrio fiscal fue un engaño. El gasto en programas clientelares y en obras faraónicas se disparó y peor: crecerá este año. En 2019, los ingresos cayeron con respecto a lo programado: el ISR -1.6%; el IVA, -3.7%; los ingresos petroleros: -9.2%. Pese a ello, el gabinete morenista mantuvo, en apariencia, el objetivo de ingresos.

"¿Cómo lo hizo?

"Con un abuso y una irresponsabilidad. El abuso: la recaudación creció 29% por concepto de IEPS, proveniente de combustibles. Bajó el precio internacional pero aquí se mantuvo el precio de la gasolina porque de ahí financian el derroche.

"La irresponsabilidad: tomaron 125 mil millones de pesos del Fondo de estabilización de Ingresos Presupuestales, que les heredó el gobierno de

Enrique Peña Nieto, para tiempos de crisis. Engulleron la mitad de ese fondo en un año. Ahora van por más porque no tendrán los ingresos que esperan pero el gasto crece.

"Ojo. El gasto, no la inversión: esa, la inversión pública, la recortaron el año pasado en alrededor de 120 mil millones de pesos. Ahora la recortaron más. Bajaron la inversión en salud 10% en términos reales. Desmantelaron el sistema de ciencia y tecnología. Cerraron los comedores comunitarios, las estancias infantiles y los refugios para mujeres golpeadas.

"Este año será peor.

"Los programas de apoyo en efectivo engullen 344 mil millones de pesos. Se incrementa la inyección a Pemex 523 mil millones; a la refinería, 41 mil millones de pesos; a CFE 456 mil millones; al Tren Maya, 30 mil 300 millones; a Santa Lucía, más de 20 mil (5 mil 372 de presupuesto más 15 mil millones del fideicomiso aeroportuario que dejó Peña).

"El compromiso de dar salud gratis a todos costaría 800 mil millones de pesos anuales, según el Centro de Investigación Económica y Presupuestaria. Para cumplir tienen 40 mil.

"¿Cómo lo van a pagar?

"Simple: no pueden.

"El presupuesto se basó en dos ficciones. Crecimiento y petróleo.

"Aún hoy, Morena estima sus ingresos con base en un crecimiento de 2%: los analistas dicen que será de 1%.

"Anote esta cifra: por cada décima menos de crecimiento, el gobierno deja de ingresar 27 mil millones de pesos. Ya vamos abajo en 270 mil millones.

"Ahora el petróleo: Morena estimó sus ingresos rezando para que PEMEX extraiga 1 millón 951 mil barriles de petróleo diarios. El año pasado lograron producir sólo 1 millón 661 mil barriles: la peor en 40 años. Previeron un precio de 49 dólares el barril y está en 45. Cada dólar abajo implica 13 mil millones de pesos de ingreso.

"López Obrador está tomando dinero de donde puede y no debe. Del total del presupuesto, 4 de cada 5 pesos están comprometidos: a pensiones, a los estados y municipios, a pago de deuda, etc. El peso restante es para financiar a todo el gobierno federal: secretarías, programas, sueldos. Lo que no está comprometido es poco, muy poco.

"Los números no dan.

"¿Cómo podría el gobierno sostener las finanzas?

"Recortando el gasto, pero no lo hará.

"Aumentando ingresos: ya dijeron que meterán otra vez mano al Fondo de Estabilización, van a rifar el avión y a vender las embajadas (no, no es broma). También vendrá un apretón fiscal contra los mismos y, claro, pueden endeudarse.

"Pero al final, tarde o temprano, la familia del apostador termina perdiéndolo todo.

"Los datos son fríos, cuando son reales. Ahí están. No hay duda. De no cambiar, viene la quiebra del país.

"Y no cambiarán."

La quiebra que viene.
Fernando Vázquez Rigada
@fvazquezrig
https://fernandovazquezrigada.com/2020/02/09/la-quie-
bra-que-viene/

Ahora bien, por qué sostiene nuestra administración estas políticas. Hasta donde podemos ver, por dos razones:

En primer lugar porque el personal de Hacienda no piensa como Stiglitz sino como Milton Friedman y los de la escuela neoliberal. Y segundo, porque el presidente quiere repartir dinero en becas, y los programas asistenciales, además de proseguir con sus megaproyectos, sin aumentar los impuestos, o sin incurrir en déficit imprimiendo dinero.

La emisión de moneda es actualmente tabú. Sería lo último que recomendaría el Banco de México, pues se ha inventado el mito de que eso provoca inflación. Y todos los economistas convencionales lo creen hoy así.

Pero conocemos varios periodos de la historia nacional en que el gobierno se daba crédito a sí mismo. Es decir, se emitía moneda. Y se invertía en producir riqueza de todo tipo. Y al final del ciclo esa riqueza representaba una mayor disponibilidad de mercancías o bienes, y no había disparidad entre oferta y demanda, o entre circulante monetario y bienes que pagar. Por lo que la inflación era controlable y respondía a otras razones y no a la emisión de moneda.

Y así fue como se crearon las grandes obras hidráulicas de nuestra economía, o como se financiaron industrias estratégicas. Pero hoy ni lo que sugiere Stiglitz ni lo que se desprendería de la experiencia histórica, son considerados por la administración de la 4 T. Lo que si se hace es continuar con el esquema neoliberal del superávit primario y la austeridad. Aunque terminemos pronto como Grecia.

Ha sido una de las más sonadas declaraciones la de la Directora del SAT, que el 11 de febrero fue reseñada en un artículo de prensa: "El viernes pasado Raquel Buenrostro, jefa del Servicio de Administración Tributaria (SAT), dijo que aún existe mucho margen para ampliar la recaudación fiscal en el país, por lo que no es necesaria una reforma al marco vigente para que el Estado mexicano cuente con más recursos. Se trata de la posición actual del gobierno de la 4T... Es muy mala noticia para México, incluidos los empresarios aunque, como tienen visión miope (corto plazo), deben creer que se trata de una buena notificación oficial. Buenrostro se propone aplicar el ABC de la administración tributaria, lo cual significa eficiencia recaudatoria, bajar la elusión y evasión fiscales y combatir la corrupción, según reporta La Jornada. En ese ABC no cabe la justicia tributaria. O, acaso, se piensa que la actual estructura tributaria contenida en las leyes, es la justa… sabe que México recauda menos del promedio de la OCDE: 34 contra 16 por ciento en México. Pero seguramente también sabe que países como Holanda, Bélgica, Dinamarca o Francia se hallan muy por encima del promedio OCDE; y los empresarios de esos países no están clamando por una disminución de sus obligaciones tributarias… México está ante la necesidad imperiosa de aumentar sustancial y sostenidamente la inversión pública. No habrá crecimiento sostenido en el largo plazo sin un plan de inversiones efectivo. Los empresarios, con especial visibilidad los del Consejo Coordinador Empresarial, no invierten porque, dicen, el T-MEC no es suficiente y porque los índices de confianza son muy bajos…De acuerdo con información del Inegi, de octubre de 2010 a octubre de 2019 el índice de la formación bruta de capital fijo aumentó a una tasa ridícula de 0.8 por ciento anual, lo que arroja las tasas reptantes de crecimiento del PIB que conocemos; si se toma el periodo octubre 2015 a octubre de 2019, la tasa es de —2.4 por ciento anual. Es decir, el bajo crecimiento empezó mucho antes de AMLO y es, con mucho, el producto de las decisiones de los empresarios…Debido a esa realidad es imperioso que la inversión pública crezca. Es inútil repetir que somos la economía número 11, cuando según el FMI somos el lugar 63 medido por el PIB per cápita (2018). Es decir, México posee una economía muy pequeña frente a su enorme población y territorio, y tiene también un Estado igualmente reducido. Salinas y sucesores se encargaron de recortarlo hasta su estrechez actual.

"El PIB, además, está brutalmente concentrado. México requiere una economía mucho mayor y su producto mucho mejor distribuido. México requiere, por tanto, una inversión pública que encabece y dirija la formación bruta de capital; es de ese modo que los empresarios se subirán al tren del crecimiento y dejarán de gemir porque no hay confianza."

José Blanco, La Jornada

Otra nota, en este caso de Orlando Delgado dice, dos días antes de la que citamos de José Blanco: en México el presidente López Obrador reitera que no habrá reforma fiscal. AMLO afirma que proponerse hacer una reforma fiscal es neoliberal. Lo verdaderamente neoliberal e ingenuo es proponer que una forma nueva de acumulación democrática, que se base en un programa industrializador pueda lograrse con una política económica ortodoxa neoliberal. Esta política económica ortodoxa planteada por el gobierno federal sostiene que no se modificarán los impuestos, no habrá endeudamiento público adicional, se mantendrá equilibrio presupuestal y una parte del gasto público se desplazará del gasto corriente a la inversión.

Y prosigue Orlando:

"Las carencias tributarias mexicanas son paradigmáticas. México tiene una carga tributaria bajísima. En 2017 la carga tributaria promedio de América Latina fue de 21 por ciento. En Argentina fue de 30.3, en Brasil de 32.2, en Chile del 20.1 en Uruguay de 28.7 y en México de sólo 16 por ciento. Decidir que la meta de nuestro sistema tributario sea alcanzar la media latinoamericana significaría que se incrementaran los ingresos por impuestos cinco puntos del PIB, mismos que habría que dedicar a proyectos de inversión industriales y de infraestructura. Estas limitadas cargas tributarias latinoamericanas, claramente menores a las que prevalecen en los países desarrollados, resultan del proceso de reducción de la presencia estatal en la economía que aplicaron los gobiernos neoliberales.

"Es cierto que, como parece creer AMLO, en la agenda de reformas neoliberales del Consenso de

Washington se estableció la obligación de realizar reformas tributarias. Sin embargo, el propósito era ampliar la base tributaria y reducir las tasas marginales, es decir, reducir los impuestos para los sectores de mayores ingresos. Por eso, desde que se implantaron las reformas neoliberales, las personas con los más altos niveles de ingreso pagan tasas menores que el promedio nacional... El dato importante es que las reformas neoliberales redujeron la carga tributaria, lo que impulsó decisivamente la concentración del ingreso y de la riqueza. En consecuencia, desde el punto de vista fiscal, es decir, desde el ingreso y el gasto público, revertir el neoliberalismo demanda que la progresividad tributaria se incremente, introduciendo impuestos que graven también la riqueza. Hasta ahora, en México con una estructura tributaria muy poco progresiva se cobra impuestos al ingreso y se mantiene fiscalmente intocada la riqueza.

"Superar el neoliberalismo obliga a una reforma fiscal que entregue recursos al estado, para que éste los use para mejorar el bienestar general. Así las cosas, el debate sobre la necesidad de gravar a los más ricos será central en la próxima contienda presidencial en Estados Unidos, mientras en México la presidencia sigue pensando que es neoliberal hacer una reforma fiscal."

La Jornada 9 de febrero de 2020.

Y hasta aquí la cuestión del financiamiento de la economía. Que quede claro que en este punto nuestro gobierno es tan o más neoliberal que los anteriores.

Probablemente el colofón de este punto fuera el anuncio que hizo Alfonso Romo, empresario y titular de la oficina de la Presidencia de la República el pasado 29 de enero:

"Inversiones del sector privado en el rubro energético, hasta por 100 mil millones de dólares —cifra superior al saldo de la deuda externa pública—, fueron anunciados ayer por Alfonso Romo Garza, jefe de la Oficina de la Presidencia y enlace del titular del Ejecutivo, Andrés Manuel López Obrador, con el empresariado nacional.

"Dio a conocer que a más tardar en tres semanas el sector privado y la administración pública presentarán un programa de inversión para el sector energético, que incluirá alianzas de Petróleos Mexicanos (Pemex) con firmas privadas, las cuales estarán sustentadas en contratos especiales. Indicó que serán 137 proyectos, incluso más, y su principal objetivo será impulsar los niveles de inversión para detonar el crecimiento económico.

"A finales de febrero, a más tardar, aterrizaremos los proyectos del sector privado. Son 137 proyectos que tienen un valor de entre 95 y 100 mil millones de dólares, adelantó Romo en declaraciones a la prensa después de participar en el foro Energy México 2020.

"Para efectos comparativos, 100 mil millones de dólares equivalen a alrededor de siete puntos porcentuales del producto interno bruto (PIB) y superan ligeramente el saldo de la deuda externa del gobierno federal, que en noviembre pasado, dato disponible más reciente, fue de 98 mil 900 millones, de acuerdo con la Secretaría de Hacienda.

"Romo Garza adelantó que esta semana comenzarán mesas de trabajo con la Secretaría de Energía, Pemex, Comisión Federal de Electricidad y Centro Nacional de Control de Gas Natural para definir en qué sectores se aterrizarán los proyectos del sector privado."

La Jornada, Miércoles 29 de enero de 2020, p. 18

Este anuncio evidentemente, confirma y encaja en las recomendaciones de Adam Smith sobre la libertad de concurrencia, y son ejemplo de cómo la iniciativa privada sigue sustituyendo la inversión del Estado. Pero debemos subrayar que hay de reformas fiscales a reformas fiscales. Y si bien en términos generales el neoliberalismo propone reformas fiscales, lo hace para cargar más el costo de los ajustes al pueblo trabajador, mientras que en algunos países con menor desigualdad y sostenidas tasas de desarrollo, las reformas fiscales han sido progresivas. Es decir, han ido aumentando lo que pagan los ricos o los que más ganan, mientras los de menores ingresos pagan proporcionalmente menos impuestos. Y aquí, detener la reforma fiscal, como lo anunció Hacienda, es dar gusto a los grandes capitales.

Y ahora sí, podemos citar a Urzúa, el ex titular de la Secretaría de Hacienda, que tras renunciar a su cargo aseveró:

> "...el gobierno del presidente Andrés Manuel López Obrador (AMLO) se apega a las máximas del neoliberalismo. En su columna publicada este lunes en El Universal, el exfuncionario continuó el análisis de las políticas neoliberales, así como su interpretación y aplicación en México. Urzúa utilizó el decálogo de políticas económicas, publicado por el británico John Williamson en 1990, como parte del llamado Consenso de Washington; al tiempo que agregó cinco puntos más adoptados con el tiempo por diversos gobiernos.
>
> 1. Disciplina fiscal
>
> 2. Redirección del gasto público hacia la educación básica y la atención primaria de salud
>
> 3. Ampliación de la base tributaria
>
> 4. Tasas de interés determinadas por el mercado
>
> 5. Tipo de cambio competitivo
>
> 6. Reducción de aranceles al comercio exterior

7. Atracción de la inversión extranjera directa

8. Privatización de las empresas estatales

9. Promoción de la competencia económica

10. Seguridad jurídica para los derechos de propiedad

11. Autonomía del Banco de México

12. Libre flotación del peso

13. Metas inflacionarias para la política monetaria

14. Libre asociación laboral

15. Acuerdos de libre comercio

Para el exsecretario, la "Cuatroté" coincide con 12 de los 15 puntos. "El examen ha sido aprobado, y casi con honores", señala. Urzúa, e indica que los únicos puntos en los que el gobierno de AMLO dista del proyecto neoliberal son el 3, 8 y 9. Esto se debe a que el presidente ha asegurado que en su sexenio no aumentarán los impuestos, no se privatizarán empresas y su postura respecto a la competencia económica no es del todo clara. Se trata de la tercera columna al hilo del exsecretario en la que aborda el tema del neoliberalismo y la Cuarta Transformación. Urzúa renunció el 9 de julio a la Secretaría de Hacienda debido a "discrepancias en materia económica". Un día después, el presidente AMLO señaló que Urzúa le había presentado un proyecto para el presupuesto 2020 de corte neoliberal."

(© ECONOMÍA Indigo Staff Octubre 28 de 2019).

Pero entonces dirán mis compañeros, ¿cómo explicar la popularidad de Andrés Manuel? La mayoría lo considera de izquierda.

Y yo respondo. En efecto. Declararse adversario del neoliberalismo es declararse de izquierda. Pero ignorar lo que es el neoliberalismo y confundir la lucha contra la corrupción, con la lucha contra un sistema económico es hacer política ficción. AMLO no ha desmantelado el neoliberalismo. Lo sostiene y lo profundiza. Y en ese caso es un izquierdista neoliberal.

Juan Carlos Ruiz Guadalajara lo dice también a propósito de los megaproyectos:

"¿Será que AMLO no se ha planteado desandar la estructura legal del neoliberalismo porque, así como está, le es útil para sus megaproyectos estelares? La pregunta tiene sentido cuando escuchamos decir al mismo Presidente, por ejemplo, que en los casos del Corredor Transístmico y el Tren Maya se buscará que los dueños de la tierra se conviertan en socios del negocio, incluidos ejidatarios y comuneros. O cuando vemos que el proyecto del Tren Maya es la fachada de una reconfiguración del sureste mexicano con base en capital privado para la circulación de hasta 10 millones de toneladas anuales de mercancías, materias primas (minerales incluidos) y animales, además de la irrupción en la zona de 50 millones de turistas anuales para mediados de este siglo, todo con un impacto climático difícil de describir, pero con toda certidumbre desastroso.

"Ambos proyectos responden plenamente al modelo neoliberal, a la combinación de neoextractivismo, megaproyectos y mercantilización del patrimonio. Nada más infame que la naturaleza turística del proyecto estratégicamente bautizado como Tren Maya. Los pueblos de la región o los migrantes ya no serán dirigidos a plantaciones de henequén como en el siglo XIX, sino a cargar palos de golf en el siglo XXI, o a responder a la demanda de empleados que el crecimiento del turismo y su infraestructura asociada necesitará. Todo ello lo tienen claro los zapatistas..."

La Jornada 1 de febrero de 2020.

La popularidad de AMLO no se fundamenta en esos programas y estrategias, sino en la esperanza de cambio, y en el estilo de gobierno, que comienza cada mañana con grandes anuncios que contrastan con lo que se viene instrumentando, pero también proviene esa popularidad de los programas sociales. Pues tan solo la cobertura que éstos alcanzan representa diez millones o más de beneficiarios, y si cada uno es parte de una familia, su impacto puede llegar a cerca de la mitad de la población.

A fines de 2019 se anunció:

> "El presidente AMLO explicó que el presupuesto del próximo año contempla una inversión de 300 mil millones de pesos en programas sociales, cifra en ayudas que jamás se había destinado a la economía popular. Dijo que entre los programas más destacados se encuentra el de "Jóvenes Construyen el Futuro que entrega becas para capacitación laboral a 900 mil jóvenes.
>
> SEMBRANDO VIDA Tuvo una asignación adicional de 3 mil 374 millones de pesos para alcanzar 25 mil 131 millones.
>
> PENSIONES La Pensión para Personas con Discapacidad se reasignaron 2 mil 291 millones, con lo cual llegó a 11 mil 906 millones.
>
> ADULTOS MAYORES Para ese programa se aprobaron 2 mil 700 millones más para obtener una bolsa total de 126 mil 650 millones de pesos.
>
> LOS "AHORROS" La Cámara de Diputados recortó en total 4 mil millones de pesos a órganos autónomos.
>
> https://www.milenio.com/negocios/presupuesto-2020-apuesta-programas-sociales-banorte."
>
> Milenio Elia Castillo, 24 de nov. de 201.

La verdad es que las notas de prensa discrepan sobre los montos y la distribución general de presupuesto a estos programas. Y como no hay publicación en internet de los mismos simplemente citaremos las cifras más importantes. Pues lo que queremos mostrar es la amplísima cobertura que alcanzan, y la discrecionalidad con que se asignan o aplican.

Así, el Proyecto de Presupuesto de Egresos, publicado en la Cámara de Diputados el 8 de septiembre de 2019, daba las siguientes cifras:

Para jóvenes construyendo el futuro, que es un programa de capacitación laboral aparecía la cifra de 25,614 millones de pesos, que se aplicarían a través de la Secretaría del Trabajo para alcanzar una cobertura de más de 930 mil jóvenes, cada uno de los cuales dee haber empezado a recibir a estas alturas un apoyo de 3.600 pesos mensuales.

Para la Beca Universal para Estudiantes de Educación Media Superior, se asignaron 28,995 millones de pesos, que debería beneficiar a 4.1 millones de educandos.

La pensión de los adultos mayores recibió un monto de 126,650 millones de pesos, lo que suma un número importante, dado que el pago individual es este año 2020 de 1650 para cada anciano sumaría más de siete millones de personas.

Y el Programa Sembrando Vida, que subsidia la siembra o plantación de especies frutales y maderables, que comercializarían desde luego los empresarios privados, recibe este año 25,130 millones de pesos, que podría alcanzar medio millón de campesinos.

O sea que en total podríamos hablar de una cobertura de doce y medio millones de personas.

Pero ese gasto, estaría, además, aplicado sin reglas de operación, a pesar de que el poder legislativo lo aprobó condicionándolo a que se formularan esas reglas. Una nota de octubre, a un mes de anunciado el presupuesto, comentaba:

"Más de 630,000 millones de pesos destinados a programas sociales estarán sin control en 2020

"La falta de reglas de operación en la entrega de los programas sociales, los hace vulnerables a la corrupción

"30 de octubre de 2019

"El nuevo gobierno decidió crear nuevos programas sociales, pero sin reglas de operación

"De acuerdo con México Evalúa, para 2020 el gasto en programas sociales que consiste en realizar transferencias de recursos rebasará los MX 630,000 millones, que equivalen a poco más de 3.4% del producto interno bruto (PIB) del país, de acuerdo al proyecto de Presupuesto de Egresos de la Federación.

"Sin embargo, más del 60% de esos recursos se otorgarán a través de programas sin reglas de operación, es decir, sin un control claro de quién recibirá el dinero y de los resultados que se obtengan, señala la organización.

"Fue en 2008 cuando se crearon las reglas de operación para los programas sociales. En ese momento el gasto ejercido para dicho rubro fue cercano a los MX 300,000 millones. en 2014 tuvo un aumento de MX 400,637 millones. En contraste lo que se programó sin reglas de operación fue de MX 248,751 millones en 2009 y el máximo de MX 442,512 millones para 2015.

"Las reglas de operación se establecieron como un candado para asegurar que los programas sociales resuelvan problemas, teniendo objetivos claros y contando con una metodología específica para darles transparencia y ser medidos, pero ha sido notorio que el presupuesto para programas sociales sin reglas aumenta al acercarse las elecciones.

"Al no tener nuevo criterios de evaluación, los expertos temen que no se podrán conocer los avances o retrocesos en la eficacia de los programas sociales, como son Sembrando Vida y Jóvenes Construyendo el Futuro que tenían en conjunto 55,000 millones de pesos y no tienen reglas de operación.

"De acuerdo con Alejandra Macías, los programas prioritarios tienen un subejercicio del 30% contra lo programado en 2019 y señaló que no hay un control claro de los beneficiarios.

"Las reglas permiten delimitar a la población beneficiaria, por ejemplo en el programa Jóvenes Construyendo el Futuro estimaba un universo de 2.3 millones de beneficiarios, pero el dinero que se le destinará el siguiente año, es menor en más de un tercio contra el de 2018: de MX 40,000 a 25,619 millones .

"Hace un año, cuando llegó la nueva administración, se crearon nuevos programas sociales y no aparecieron clasificados en el anexo 25 del Presupuesto de Egresos de la Federación (PEF 2019) en el que se enlistan todos los sujetos a reglas de operación y que se identifican con la letra S, en su clave presupuestaria.

"Los nuevos programas de la administración federal aparecieron en la estructura programática con la letra U, que identifica a los de la modalidad Otros subsidios, y que no están obligados a tener esas reglas.

Reproducido por infobae 22 de febrero de 2020.

A todo esto debemos agregar que sumándose a las dudas y preocupaciones de orden político que crea el manejo de un recurso monetario tan grande, algunos analistas económicos también han estado revisando su eficacia y rigor, y lo que han encontrado agrega una preocupación más. Así por ejemplo dice Macario Schettino:

"La demagogia asistencialista de López Obrador

"¿Escándalo o crimen?

"El día de ayer, (decía el 28 de agosto del año 2019 el periodista en su columna) Mexicanos Contra la Corrupción y la Impunidad presentó un estudio del programa "Jóvenes construyendo el futuro". Se trata de una primera aproximación que, sin embargo, reporta información muy preocupante.

"Primero, los datos del programa son sospechosamente lineales: el mismo número de personas, con las mismas edades y estudios, se inscriben semana a semana. Sobre esto ya el profesor Sebastián Garrido había externado preocupación, y esta columna lo había reportado. Pero en el estudio presentado ayer se hizo algo más a fondo: se intentó confirmar la información del programa para la Ciudad de México, con resultados sorprendentes.

"De acuerdo con los datos del programa, hay 6,469 centros de trabajo que están registrados y reciben becarios. MCCI revisó 5,439 de ellos. Para evitar suspicacias, muchos más de los que estadísticamente bastarían. De entre ellos, 2,881 no pueden ser identificados, porque lo que tiene registrado el programa es simplemente una palabra: "dulcería", "regalos", "taller mecánico", y la alcaldía en la que se encuentran.

"Un siguiente grupo de 843 "centros de trabajo" son personas físicas con exactamente el mismo problema, no se pueden encontrar, porque sólo se tiene el nombre, sin apellidos: "Arturo", "Mauricio", "Jorge".

"El siguiente grupo es de empresas que podrían ser identificadas, pero no se encuentran en la dirección reportada, y se trata de 646 centros de trabajo. Dos grupos más, uno con 140 empresas que están en el padrón, pero dicen que no se inscribieron al programa, y otro con 166 empresas que no quisieron dar información al MCCI.

"Esto significa que de los 5,439 centros de trabajo investigados, sólo 763, el 14%, realmente existe, es identificable y respondió. Pero 214 de ellos dicen que nunca ha recibido becarios, 136, que sí los recibió, pero ya no los tiene, y eso deja tan sólo 413 que existen, son identificables, respondieron y sí tienen becarios. Es el 7.6% de los centros de trabajo.

"En esos centros de trabajo había 1,923 becarios, 22% de los cuales no iba regularmente a trabajar, y de hecho no fueron cuando se hizo la investigación. El programa "Jóvenes..." reporta que en la Ciudad de México hay 42,159. En realidad, sólo existe el 4.6%, pero se presentan a trabajar el 3.6%.

"Esos 42,159 jóvenes que supuestamente están registrados implican un gasto anual de 2,100 millones de pesos, que no es poco dinero. Sin embargo, con esta información podemos asegurar que 95% de ese dinero no está cumpliendo su fin. Puede ser que le llegue a alguien, puede ser que no, pero no está permitiendo que los jóvenes que no estudiaban ni trabajaban puedan aprovechar ese año de financiamiento para prepararse para el futuro. Visto de esa manera, nos está costando casi un millón de pesos por cada joven que fue ubicado.

"Ahora bien, MCCI también documenta una serie de anomalías: ausentismo, abuso de los centros de trabajo (asignan becarios a actividades no registradas), retención del dinero, contratación de familiares, y concluyen que, de manera general, es sólo en las grandes empresas donde los jóvenes sí tienen experiencias positivas.

"El programa "Jóvenes..." que en su máxima expresión costará al país más de cien mil millones de pesos (2.3 millones de jóvenes), está teniendo una efectividad que, en el mejor de los casos, ronda entre

4 y 5%. Todavía no se evalúa si el programa está ayudando más a los más pobres, o a los menos, como muchos otros "programas sociales" que México utilizó antes de 1997. Aun sin eso, este programa no es un fracaso, es un escándalo.

"Si recordamos que el actual gobierno destruyó Progresa-Oportunidades-Prospera y el Seguro Popular, para dar mucho más dinero a un experimento con el 4% de eficiencia, más que escándalo, parece crimen. O usted sugiérame un adjetivo.

El Financiero, 28 de agosto de 2019. Por lo demás habría que encontrar explicación al enorme énfasis que AMLO otorga a los apoyos y programas sociales. Para muchos eso es ejemplo de su compromiso con los pobres. Eso deberíamos aceptarlo confiando en su buena intención. Pero no sin ver su eficacia a mediano y largo plazo para ser un efectivo mecanismo de desarrollo social o crecimiento económico.

Pero también debemos tomar en cuenta que AMLO es un hombre profundamente autoritario. Quienes lo conocemos desde antes (yo por ejemplo lo conozco desde que fue presidente del PRD), y quienes lo padecieron durante la campaña, saben que es un líder que no sabe escuchar, que toma todas las decisiones de manera unipersonal, y que desconfía de todo aquél que lo contradice. Y en ese sentido deberíamos también considerar que, independientemente de su compromiso con los pobres, también tiene un compromiso con el sentido unipersonal de mando que le caracteriza. Y toda persona autoritaria busca asegurarse los consensos, no por la vía del diálogo o el convencimiento racional, sino por la vía del interés. Y en ese sentido no hay forma más eficiente de conservar la mayoría que atarla a la dependencia económica.

14 millones de votantes que reciben becas, pensiones de viejito, apoyos del programa sembrando vida o construyendo el futuro, no van a dejar de apoyar al ejecutivo. Y por desgracia ninguno de ellos parece preguntarse y

menos cuestionar si el dinero que se les dá —porque no es un pago, sino una dádiva corporativa—está jugando un papel para desarrollar la economía, o contribuye de alguna manera a incrementar la riqueza.

Otra cosa es que pueda representar este reparto de dinero una forma de hacer justicia. De hecho el mundo marcha también a la pensión universal. Y podríamos considerar un avance en esa dirección los pagos que hoy se están haciendo. Pero esos pagos, que podrían justificarse también como avance en el sentido de esa estrategia universal de ingresos, tienen que tener un sustento financiero que no dañe ni ponga en riesgo la economía general y la administración del Estado. Y en ese caso los indicios muestran que se ha procedido de manera irresponsable.

Además, ya en las administraciones neoliberales anteriores el impacto de los pagos o regalos de canasta básica, sumados al Procampo y a las becas llegaron a representar el ingreso principal de muchas familias, que en lugar de buscar empleo, o de generar alguna actividad económica, simplemente cumplían su papel como soporte del sistema y esperaban la fecha de cobro.

AMLO podría estar construyendo una incondicionalidad de votantes, como algunos opositores a su administración sostienen. Y ello no puede ser desechado como explicación de su empeño por desarrollar estos subsidios, si al mismo tiempo no vemos que en el discurso y en los hechos de su gobierno se haga y se diga cómo se generarán nuevos empleos, y de qué manera se organizarán los productores en nuevas actividades remuneradas.

Cumplido el análisis básico de la política económica podríamos ahora reflexionar sobre la orientación general de gobierno. Ya dijimos que no se caracteriza por la búsqueda de consensos o la capacidad de convencimiento, sino por el mayoriteo y la imposición. También hay que mencionar que otro rasgo distintivo es la descalificación. Hasta de las cosas que despiertan la simpatía de los más. Por ejemplo la huelga feminista convocada para este próximo día nueve de marzo de 2020.. Aunque parezca increíble AMLO la condenó, diciendo que la infiltró la derecha, como si eso anulara o invalidara las demandas de las mujeres. Y antes ya había condenado a la marcha que promovió el padre Solalinde, pero incluso había llamado sicarios a los niños armados de la montaña de Guerrero. Estas afirmaciones presidenciales dejan muy mal parado al ejecutivo. Pero son además acompañadas de un aparato muy activo posicionado en las redes sociales. Yo mismo, que formo parte de un círculo de Morena, he recibido de parte de los coordinadores reiterados mensajes de condena a los movimientos sociales de inconformidad o protesta.

Y un país no puede gobernarse descalificando a todos los que disienten. Y menos es válido agruparlos como parte de la derecha o la reacción, o el conservadurismo. Llamar conservadores a los indígenas que se oponen a los megaproyectos, muestra incapacidad de razonamiento y cuando menos un espíritu extraviado, o acaso sea más preciso decir; un juarismo trasnochado. Pues Juárez también era antiindigena.

Pero cedamos la palabra a un comentarista de la prensa internacional, que no parece militar en el PRIAN ni ser amigo de Borolas:

> "Al tratar de responder estas preguntas, un hecho resalta de inmediato: por diversas razones, resulta difícil clasificar a AMLO dentro de la perspectiva bolivariana. En lo que va de su administración, iniciada a finales de 2018, López Obrador ha favorecido una lógica de gobierno que ha estado alejada tanto de políticas de nacionalización de la economía como de posturas antiimperialistas militantes, ambos rasgos distintivos que caracterizaron a los regímenes de la "marea rosa". AMLO ha adoptado en realidad ideas muy diferentes de las bolivarianas, tales como su defensa de la "austeridad republicana" (los recortes a los sueldos y gastos de la burocracia del sector público) como medio para financiar nuevos pro-

gramas sociales, o su esfuerzo por preservar ciertos pilares del proceso de integración asimétrica de México con Estados Unidos (otorgando prioridad al sostenimiento del acuerdo de libre comercio con ese país) o incluso crear unos nuevos (como lo ha sido la adopción de una política migratoria punitiva y alineada con los intereses norteamericanos).

"Más aún, el proyecto de López Obrador se ha mostrado, hasta ahora, bastante apartado de los rasgos más rescatables del legado de la "marea rosa", como podrían ser, por ejemplo, el reconocimiento desde las instituciones democráticas de la pluralidad étnica y cultural de los pueblos latinoamericanos (el caso de Bolivia), la afirmación constitucional de la naturaleza como sujeto de derechos (el caso de Ecuador, cuya constitución consagró esta idea que podría ser la base de una nueva ecología política) y, especialmente, la búsqueda de una sinergia positiva entre el Estado y los movimientos sociales. AMLO no representa entonces una nueva encarnación del "socialismo del siglo XXI" en un sentido bolivariano. Y habría que agregar que este sentido de la expresión está ahora ya caducado, como lo demuestra el hartazgo social frente a los fracasos de los gobiernos bolivarianos en las naciones que han tenido gobiernos de ese signo político.

"...una de las principales debilidades del proyecto del presidente mexicano: la ausencia de un discurso internacional. Como es bien sabido, AMLO ha insistido en repetidas ocasiones que "la mejor política exterior es una buena política interior", pero en un mundo globalizado esta postura tiene límites evidentes. Si bien se puede contribuir a una sociedad más incluyente mediante políticas internas, lo cierto es que el efecto de largo plazo de esas políticas va a ser siempre incompleto si no se complementa con respuestas propiamente globales a los problemas de desigualdad. De hecho, la falta de una conciencia internacional por parte de López Obrador podría ser lo que explicaría, por ejemplo, el hecho de que su gobierno ha buscado no la ruptura sino la continuidad de los acuerdos de libre comercio con Norteamérica creados y negociados por los gobiernos neoliberales anteriores. A falta de un discurso propio, crítico, de izquierda, sobre lo global, AMLO se ha visto condicionado a heredar y mantener las políticas del pasado. En el mismo sentido, la administración de López Obrador no ha mostrado interés en lo que debería ser uno de los aspectos esenciales de un auténtico y efectivo socialismo contemporáneo: la creación de una nueva infraestructura de instituciones regionales y globales que 6 puedan contribuir a la puesta en práctica de políticas para afrontar los actuales desafíos transnacionales, como la desigualdad económica, la regulación de las tecnologías digitales o la crisis climática. Desde esta perspectiva, ¿qué podría significar entonces el anuncio hecho por AMLO acerca de que su gobierno representa el "fin de la era neoliberal"? Es difícil proclamar algo así si las políticas en el ámbito nacional no están acompañadas de políticas internacionales que aspiren a ser efectivas en el ámbito global, que es precisamente el espacio en el que se mueve el neoliberalismo y que lo hace tan difícil de regular o controlar.

Otra área en la que el gobierno de AMLO carece de una perspectiva realmente crítica e indispensable para la articulación de un socialismo adecuado a las demandas de la actualidad es el medioambiente. Muy alejado del impulso a las energías renovables o de iniciativas más radicales y novedosas para conciliar el bienestar colectivo con la preservación de la naturaleza y la igualdad social (como el decrecimiento o el "Green New Deal"), el proyecto de López Obrador ha puesto más bien el énfasis en una serie de "megaproyectos" de impacto ambiental incierto y probablemente nocivo, como el Tren Maya y el Corredor Transístmico. También ha hecho un particular hincapié en la explotación de los combustibles fósiles —los más contaminantes— mediante la construcción de nuevas refinerías y la entronización de Pemex, la compañía petrolera nacional, como "motor económico de México". Una parte de estos planes se han justificado apelando a la lógica de la soberanía energética. Y, aunque ciertamente no se puede ignorar la geopolítica de la energía, muchos menos se puede ignorar la catástrofe climática y la probable contribución de estos proyectos a su intensificación. 8 Finalmente, un aspecto adicional y en especial inquietante del gobierno de AMLO es lo que por momentos parece ser un marcado desinterés por los movimientos sociales. Como lo muestra su rechazo a recibir y dialogar con los representantes de la Marcha por la Paz, la reciente movilización de las víctimas de la violencia encabezada por Javier Sicilia y Julián LeBarón, López Obrador parece mantener en ocasiones una actitud de indiferencia, incluso desdén, frente al activismo social independiente. El lopezobradorismo parece no darse cuenta de que el triunfo democrático de un proyecto político de izquierda no tiene por qué implicar una pausa del dinamismo cívico ni de la autonomía de los movimientos sociales como generadores de nuevos temas, demandas y horizontes. Y es que, para tener éxito en tanto gobierno de izquierda con ambiciosos proyectos igualitarios, para llegar a acercarse a la propuesta de un socialismo verdaderamente contemporáneo, el proyecto de AMLO en realidad precisa de más, y no menos, exigencias y apremio por parte de la sociedad.

Roberto Beck, El País. 20 de febrero de 2020.

En resumen, si su estrategia empata perfectamente con la de Estados Unidos, y concretamente con Donald Trump, y si le son ajenos los zapatistas, las feministas, y los inconformes, no podemos augurar que el rumbo nos conduzca a la izquierda. Más bien vemos una combinación nociva de políticas económicas neoliberales, con un conjunto de programas populistas, que carecen de sustento financiero de mediano plazo.

Y el colofón de todo esto no podría ser sino el que rubrica el líder de los empresarios que hoy es el titular de la oficina de la Presidencia de la República.

Para Alfonso Romo, jefe de la Oficina de la Presidencia de la República y coordinador del gabinete económico, el gobierno está consciente de que sin un mayor crecimiento no funcionará la Cuarta Transformación (4T) que pretende poner en marcha el presidente Andrés Manuel López Obrador en el país.

"Al participar en el Foro de Fondos de Inversión organizado por la Asociación Mexicana de Instituciones Bursátiles (AMIB), el funcionario destacó que este año es clave para fijar las bases de crecimiento para lo que resta del sexenio y cambiar la inercia, dado que en 2021 habrá disputa política por las elecciones intermedias.

"Romo indicó que el Presidente le encomendó la misión de ganarse a los inversionistas, lo que hará con base en un elemento fundamental: brindar certidumbre.

"Tenemos prisa por crecer; sólo con mayor crecimiento funcionará la 4T. Nos interesa trabajar para llegar a ser un país poderoso, pero no sólo exportador, debemos ser una nación industrializada, destacó el funcionario.

"Hace unas semanas el mismo Alfonso Romo informó que el sector privado invertiría 109 mil millones de dólares en el sector energético. Ante esta situación, el funcionario confirmó que será a finales de febrero cuando se presente el plan específico, dado que por el momento se encuentran analizando los proyectos. Romo rubricó su anuncio diciendo: ante la política de austeridad que maneja el gobierno de Andrés Manuel López Obrador, deben ser los empresarios los que propongan y asuman el liderazgo, convirtiéndose en el motor de la economía.

La Jornada 21 de febrero de 2020.

O sea que el Estado ha cedido la rectoría del desarrollo. Ahora la encargada de garantizar el crecimiento económico es la inversión privada. Y como dijo Romo, sin ella no habrá 4 T.

Es aquí donde viene al caso esta vieja polémica entre los modernizadores y los partidarios de la vía social para la historia de México. Hemos citado a varios críticos, que se ubican a sí mismos en la corriente modernizadora, y que ven a López Obrador como ejemplo de un regreso al populismo echeverrista. Yo no lo pienso igual. Yo creo que AMLO mira hacia adelante, hacia un capitalismo renovado y con nuevos alientos para seguir integrando a México a la economía global.

Pero a diferencia de lo que vivió Benito Juárez, hoy el mundo no marcha en esa dirección. Y quienes representan el porvenir parecen estar avanzando por la vía de la autogestión, la participación social, y el énfasis en los desarrollos locales. La globalización está en crisis, y los problemas ambientales podrían hacerla colapsar en poco tiempo. En cambio, las comunidades indígenas, los pueblos originarios, y las naciones que se empeñan en el desarrollo autocentrado (como Islandia, o antes los Tígres asiáticos) están mostrando resultados y viabilidad.

Sólo expreso mi confianza, o mis mejores deseos, para que estos partidarios de la vía social al futuro actúen a tiempo y reorienten la evolución socioeconómica. Pues de otra manera México podría vivir un nuevo descalabro, tan grave y doloroso como el que provocó el gobierno hace 44 años. Y si eso ocurriera, estaremos más vulnerables todavía

ante el embate del imperialismo.
Por un mundo donde quepan muchos mundos
Salud y revolución social.

Ajusco México. A 22 días del mes de febrero del año 2020.

La muerte de Fidel Castro y el futuro del socialismo

Una toma de posición

Enero de 2017

Presentación

El presente trabajo es la recopilación de los artículos que Mario Rechy redactó a partir de la noche en que murió Fidel Castro. Lo que hoy aparece como el capítulo 1 fue probablemente el primer texto que se circuló en internet, a solo unas horas del anuncio que hiciera Raúl Castro del deceso.

Originalmente sólo se quería sentar una posición ante el hecho esperado. Pero al circular el primer artículo Rechy recibió varias respuestas y comentarios, por lo que consideró necesario despejar dudas y contestar algunos cuestionamientos.

En el curso de diciembre de 2016 aparecieron muchos artículos sobre la muerte y la vida de Fidel Castro en toda la prensa internacional, que se fueron consultando, hasta donde era posible, para la redacción de los siguientes tres artículos.

Este texto, que reúne los cuatro artículos, no es una semblanza ni pretende ser biográfico, se trata de un análisis político del castrismo, y de una defensa del socialismo democrático.

Al mismo tiempo que se expone aquí lo que fue la dictadura de Fidel, se contextualiza en la historia de otras dos revoluciones sociales, la rusa y la mexicana; pues de ambas pueden extraerse elementos analíticos para caracterizar la política seguida en la isla.

Quienquiera opinar, contestar, complementar o criticar lo que aquí se dice, debe sentirse en libertad de hacerlo. El autor agradecerá se le envíen a su correo mrrechy@yahoo.co.uk); él estará siempre atento a los argumentos y la información que permitan precisar o enriquecer este ejercicio.

Se aclara, sin embargo de entrada, que este opúsculo no es, a diferencia de la gran mayoría de los textos publicados hasta ahora, un elogio de Fidel Castro. Se intenta dejar claro que el saldo de su gestión es negativo para la causa del socialismo, la democracia y la libertad.

Capítulo 1
Las trampas del poder

Esta segunda muerte fue definitiva.[25] El hombre había agotado su resistencia y su ciclo. Pero, probablemente lo que marcó ese final fue, como todo en su larga existencia, el contexto mundial, donde él había dejado de poder intervenir, no a causa de su edad sino de la no correspondencia de su propuesta y discurso con la nueva realidad. El mundo dejó de creer en los líderes iluminados, dejó de entregar su vida y sus esperanzas a la promesa de una tierra prometida que se fue desdibujando en una realidad sin libertades, con restricciones, y en la que no se veía por ningún lado el camino hacia el prometido socialismo.

Nació en el final de una tercera década del Siglo XX, cuando el mundo se reponía de un conflicto multinacional y cuando se consolidaban las dos grandes revoluciones con que arrancó ese periodo histórico: la revolución mexicana y la revolución rusa.

Como heredero de un elán revolucionario recogió los ideales de justicia y liberación, y los combinó con la mejor tradición libertaria y democrática de su patria que representaba José Martí.

Tuvo además como contexto de su crecimiento el ejemplo de la resistencia vietnamita a la opresión colonial. Pero siempre sobre una formación religiosa que le había comprometido con la devoción hacia el ser humano y los ideales del humanismo cristiano.

En su combate contra la dictadura fue parte de una generación forjada en ese misticismo libertario que vivimos desde el final de la segunda guerra y hasta la caída del muro de Berlín. Casi medio siglo en que los ideales y el discurso marxista consiguieron seducir y motivar la acción de cuando menos cuatro generaciones.

---

25. En la primera década de éste siglo se circuló una foto de Fidel en un ataúd. Y él mismo confesó a una periodista que había sido resucitado. Pero nunca se aclaró esta primera muerte.

La fuerza de Fidel venía de esa realidad y de esa acumulación espiritual que venía transformando el mundo, desde el extremo oriente y hasta América Latina.

El triunfo de su grupo al derrocar a Batista era en cierta forma un eslabón en la cadena de acontecimientos que alineaban a su generación en la destrucción del mundo neocolonial, y en la construcción de una sociedad nueva.

Sin embargo él y sus compañeros habían recibido la inspiración de una lectura ideológica y un ejemplo distante y mítico, y cuando trataron de plasmarlo en la realidad su afán no solo tuvo sus primeros descalabros, sino que también marco o dejó ver que hacía falta mucho más que voluntad y compromiso. Hacía falta una perspectiva histórica que recogiera de manera crítica su propia identidad para poder formular una propuesta.[26]

En 1962 el imperio decreta el bloqueo, que ha sido el equivalente de un decreto de genocidio, como bien lo calificó García Marques. Pero no solamente ha representado penurias y sacrificios. También constituyó un límite para todo alcance o meta si ésta dependía en alguna medida de recursos externos. Y ni Fidel ni los suyos supieron nunca corresponder con una capacidad de autarquía alimentaria, ni siquiera de empleo para aprovechar los recursos que tenían.

El poder sin embargo los fue transformando. Primero porque tuvieron que tomar las primeras decisiones como una forma de garantizar la permanencia del gobierno revolucionario, en un cerco de acecho, amenazas y conspiraciones. Y eso relegó la producción, porque no fortalecía el poder.

La guerra fría y la hostilidad del mundo capitalista no les permitieron, a Fidel y sus compañeros, tomar las mejores decisiones, las más consecuentes. Sino que les fueron im-

---

26. Se plantearon por ejemplo producir diez millones de toneladas de azúcar. Simplemente para demostrar que la voluntad era más poderosa que las condiciones de la agricultura. O establecieron las jornadas comunistas, creyendo que el pueblo iba a reproducir en el trabajo lo que ellos ofrecían en la ideología.

poniendo la lógica de la preservación, de la salvaguarda de sus triunfos políticos, y de su continuidad como grupo.

El primer descalabro moral de Fidel fue el asesinato de Camilo Cienfuegos. Hasta ese momento Camilo había sido el oráculo a quien consultar sobre la rectitud del camino. Y cuando el poder se volvió la prioridad, lo primero que decidió fue deshacerse de Camilo.[27]

Carlos Puebla tuvo la intuición y la visión poética de haber recogido en su canción el melisma que podía refrendar las decisiones de mando. Pero desde la muerte de Camilo ya no iba bien Fidel.

Fidel venía de un compromiso con las libertades y la democracia. Incluso así lo había consignado la Revista Bohemia en enero de 1959 al publicar una declaración suya que decía: "El gobierno cancelará todos los pactos con Estados regidos dictatorialmente, en primer lugar, la Unión Soviética. Ésta ha oprimido la libertad en una docena de países europeos y ha ametrallado al indefenso pueblo húngaro. No existe en el mundo mayor ejemplo de despotismo".

Y sin embargo, el acoso norteamericano obligó a Fidel y su grupo a voltear la vista en busca de aliados y protección. Y Fidel se alineó entonces al bloque comunista. Y lo que siguió fue encarcelar al otro hombre que había compartido con él la popularidad y mantenía su vocación democrática y su rechazo de toda dictadura: Huber Matos. Dejándolo veinte años en prisión.[28]

Luego decidió deshacerse de Ernesto Guevara, quien discrepaba de Fidel en el pragmatismo con que se estaba conduciendo la economía y la política de la Isla. Pero no podía hacerlo tan fácilmente como lo había hecho con Camilo o con Huber, así que pactó para que Ernesto se fuera por propia voluntad.[29]

---

27. *Camilo Cienfuegos*. Carlos Franqui. Edición de Seix Barral, Madrid, 2001.
28. *Cómo llegó la noche*. Huber Matos. Editorial Tusquets. Colecc. Tiempo de memoria. Barcelona, España, 2002.
29. Algún día nos enteraremos de que siempre existió el contacto del

Reproduciendo la lógica del poder que hizo de Stalin el único sobreviviente bolchevique, o a Pol Pot el único conductor de la Revolución del Khmer Rojo en Camboya, Fidel —omnímodo y omnisapiente—dirigió todo, la agricultura, la economía, la política de salud, la educación, el partido, las relaciones internacionales, y hasta la intervención de Cuba en África y el narcotráfico mediante grupos especiales del ejército.

Y cuando la inteligencia norteamericana detectó los vínculos entre Cuba y el tráfico de enervantes se deshizo de uno de los militares de mayor prestigio, discípulo y compañero de armas de Camilo Cienfuegos, que por casualidad había expresado alguna crítica al comandante.[30]

El general Arnaldo Ochoa, el coronel Antonio la Guardia, el mayor Amado Padrón y los capitanes Jorge Valdés, expulsados del Ejército, despojados de sus condecoraciones, fueron sentenciados a morir fusilados bajo el cargo de traición a la patria. El presidente del tribunal era naturalmente Fidel.

En 1989 cayó el muro, pero en Cuba cayeron estos cuatro militares bajo las balas de un dirigente que para limpiar su participación en el narcotráfico culpó a cuatro de sus compañeros, y de paso disciplinó a los militares inconformes.

Desde entonces el desmantelamiento del socialismo real en el bloque soviético se acompañó del desmantelamiento del elán de utopía, que no dejó en la burocracia cubana sino una vocación férrea de control y de mando.

Y en estos 25 años siguientes, en que el partido permaneció único, y la economía estancada, el Estado emplea al 75% de

Partido Comunista de Cuba con los partidos comunistas de Bolivia y la región en que Guevara fue aislado en su intento por reproducir un levantamiento popular.

30. El Consejo de Estado cubano, que preside Fidel Castro, será la instancia política legalmente facultada para conmutar o confirmar las cuatro sentencias de muerte dictadas ayer por un tribunal militar contra cuatro de los principales miembros de las fuerzas armadas y del Ministerio del Interior acusados de trasegar por Cuba seis toneladas de cocaína del cártel de Medellín. El fiscal del juicio sumarísimo, Juan Escalona, general y ministro de Justicia, pidió siete penas capitales. El País junio de 1989.

la mano de obra total, aunque algunas fuentes no oficiales sostienen que es en realidad el 90%, y sólo en el campo existen actividades propiamente distintas, que el gobierno ve como privadas, pero que son campesinas.

El crecimiento es semejante al de México, es decir, 2.1%, alcanzando el lugar 115 en el mundo, o sea nada. Y aunque no existe el analfabetismo y ciertamente se ha conseguido crear una infraestructura eficiente de salud, y se alcanza ya un índice de vida de 78 años —muy por encima de muchas naciones de América—, la población sigue viviendo en racionamiento o escasez, excepto los niños, a quienes se ha garantizado una alimentación suficiente y balanceada.

De hecho esos logros son también parte de un modelo traído del socialismo real, donde a pesar de la antidemocracia y la falta de libertades, ciertamente los niños eran privilegiados, y la juventud tenía condiciones para su educación, su actividad deportiva, su formación científica y su esparcimiento.

Medio siglo de Revolución no ha conseguido, sin embargo, dar trabajo decoroso a todos los que quieren y pueden trabajar, y por lo tanto tampoco les garantiza el ingreso mínimo indispensable para vivir sin restricciones a las necesidades básicas.

La iniciativa individual es poco tolerada, y consecuentemente el espíritu de empresa no florece, generalizando en la población trabajadora una apatía descorazonada. De los once millones de habitantes, sólo medio millón ha podido mantener actividades independientes.

Medio siglo de retórica, esfuerzos, sacrificios, planeación, límites al mercado, y la inflación es sin embargo de 3.4% al año, las tasas de interés superan el 20%, la renta per cápita sitúa a la isla en la posición 64 a nivel global, y solo el 1.7 por ciento tiene acceso a internet, que por lo demás está censurado.

Hace seis años las Naciones Unidas clasificaban a Cuba en el lugar 51 de desarrollo humano.

Sus saldos no tienen la dimensión del discurso pronunciado durante medio siglo. Y la realidad se ha encargado ahora de traducir la respuesta de la población a esa política como una displicencia y falta de fé.

La muerte de Fidel Castro es por ello doblemente significativa. Con su persona está muriendo también un modelo de vida y una forma de gobierno. Y el pueblo cubano enfrentará más pronto que la ciudadanía del mundo la repentina consciencia de que ya no quiere mantener vivo tampoco al fantasma. Y que hoy prefiere avanzar de manera clara hacia las libertades ciudadanas, la pluralidad, y el derecho a emprender todo tipo de iniciativas que genere riqueza y amplíen su horizonte de bienestar.

Porque el socialismo que se conservará o se ira levantando sobre las ruinas de ese modelo autoritario, será un socialismo plural, con mercado, que reconozca el esfuerzo personal y familiar, y que no coarte la búsqueda de bienestar.

Castro fue preso del poder, y hace mucho que dejó de ser conductor del socialismo. El poder le fue poniendo trampas que cambiaron su consciencia, alteraron sus lealtades y terminaron haciendo de él un instrumento frío al servicio de la ideología y el subjetivismo.

Capítulo 2
La conciencia extraviada de mis contemporáneos

Decía Bertold Brecht que la calificación que se da a la muerte de alguien muestra tanto el contenido de verdad, como la significación que el calificador otorga al hecho. Si decimos que a alguien se le asesina, estamos condenando el acto, pero si decimos que se le ajusticia, estamos avalando su muerte. Y al avalarla se infiere un contenido de culpabilidad.

Lamentar la muerte de Fidel es avalar su historia y su obra. Aceptarla y aun celebrarla puede implicar un rechazo de su herencia y hasta una condena de conductas que se asocien a su biografía.

Muchos que lamentan su deceso, no como persona, sino como símbolo o ícono, lo asocian a la consecuencia revolucionaria, a la ética de los oprimidos, a la intransigencia ante el imperio, o al compromiso con la lucha. Yo no puedo dejar de asociar a Fidel de sus crímenes, ni de la supresión de las libertades. Y por ello es que, junto con muchos otros, no acepto que su nombre se pretenda fundido con la revolución, ni que la revolución sea su legado.

Desde una posición de moralina toda celebración de muerte es condenable. Y desde una posición de rechazo, coraje o venganza, uno lamentaría no ser parte de los verdugos.

También resulta importante el momento de la muerte. Morelos no ha dejado de ser uno de los padres de la Nación mexicana, pero lamentamos que haya llegado vivo al juicio de la inquisición, donde bajo tortura abjuró de su causa y clamó por la expiación divina. Hay hombres que mueren por ello a tiempo, y hombres que al prolongar su presencia retrasan la continuidad de los hechos, o alteran la condición incólume de su legado. La independencia no tuvo el carácter que debía después del asesinato de Hidalgo y Morelos.

Y ojo, la muerte de ambos debía bastar para que cualquier ciudadano hoy siguiera reclamando a la iglesia católica por su crimen. Sin embargo, ha sido mayor la necesidad de la fé que la convicción libertaria y el amor a la independencia. Así es la masa.

Fidel tardó en morir. Porque su legado estaría más a salvo si desde el periodo especial se hubiera iniciado la reforma democrática en la isla. Pero el pueblo cubano ha vivido muchos sacrificios que no eran necesarios ni obligados. Aunque se haya venido machacando que eran pura culpa del bloqueo imperialista.

Hay también hombres o mujeres que difícilmente debieron morir en el momento que les llegó el fin, porque la realidad parecía seguirlos reclamando. Así, lloramos y lamentamos el asesinato de Rosa Luxemburgo, porque con su partida se perdió en Alemania —y en toda Europa occidental—la posibilidad de transitar al socialismo de forma democrática para impedir la segunda guerra mundial. Y hay hombres de los que se ha esperado impacientemente su final, para ver cómo los cambios postergados entonces parecen derribar el dique que constituye su presencia —y que a veces se prolonga en su memoria—, para dar paso a las nuevas realidades.

A Francisco Franco lo matábamos cada año, y era tal la vehemencia con que esperábamos el hecho, que cuando él intentó dejar un sucesor no faltó quien le colocara una bomba bajo el coche y lo lanzara veinte metros arriba con una explosión que no quería dejar duda ni margen de sobrevivencia o continuidad. El pueblo no quería ya más caudillo ni franquismo. Y aun así, su fantasma parece aconsejar cada noche al partido popular que gobierna España.

De Fidel se esperaba el desenlace. Lo esperaba él mismo, que había tenido hace ya una década un momento difícil de salud, del que los milagros de la medicina consiguieron reanimarle. Lo esperaba la contra en Miami, que después de seiscientos intentos de asesinato —en combinación con la Agencia Central de Inteligencia— había tenido que optar por una final paciencia. Lo esperábamos también los que no convalidamos, desde hace mucho tiempo, ni sus métodos de gobierno ni sus posiciones políticas.

Cada uno se preparó para asumirlo; o para prever la cadena siguiente de eventos que desataría. Y cada uno, según su perspectiva, tomó las previsiones para inclinar esa cadena en la dirección que consideraba mejor, o cuando menos para confirmar sus expectativas. Salvo aquellos que —como yo— por no participar en la política, solo queremos contribuir al esclarecimiento de su papel, y hacer un balance para conocer su saldo. Es mucho decir, me queda claro, pues él se acostumbró a que, con el tiempo, la historia le reiterara una absolución que necesitó muchas veces, y que hoy parecen quererle refrendar la mitad de los escritores que publican en los medios.

Fidel optó por colocar a su hermano como garante de la continuidad. Al mismo tiempo que mantuvo una prolongada campaña para comprometer a dos generaciones con el modelo de sociedad que su grupo ha creado. Todavía en la Plaza de la Revolución se hizo firmar en estos días, a todos los asistentes, una fé de defensa de las instituciones y de la Cuba que defendió Fidel. Otros simplemente fueron afilando sus armas para ponerlas en acción cuando el evento las hiciera propicias. Y si no han salido a las calles o a la prensa, es en buena medida por respeto al duelo. Yo no estoy de duelo.

Debo en este caso expresar de entrada que a mí me interesa deslindar a Fidel del futuro del socialismo. Tú lector, dirás al final de esta serie de artículos, si mi atrevimiento tiene sustancia o si es un disparate más en medio de la vocinglería.

Fui, como todos los jóvenes izquierdistas de mi generación, devoto suyo. Escuché con emoción varias veces las grabaciones de la primera y la segunda declaración de la Habana. Leí con fervor su famoso discurso "La historia me absolverá", que dijera en su defensa tras el asalto al cuartel Moncada. Y desde entonces he estado atento a cada uno de sus pronunciamientos importantes.

Pero cuando lo escuché de cerca, a menos de diez metros, en el 40 aniversario de la Reforma Agraria (1999), durante más de cuatro horas, y después de haber ido desentrañando su historia y conociendo muchos de sus actos soterrados, ya no era más un admirador suyo. Los guaruras socialistas que me custodiaban en esa ocasión, atentos por saber mi reacción ante el despliegue de su elocuencia, me preguntaron qué me había parecido el discurso del "comandante", y yo les dije que sin duda Fidel era un genio...del mal.

Antes de él, dos brillantes oradores habían hecho palmario y completo recuento de la historia agraria de Cuba en ese aniversario. Uno de ellos el gran Pepe Ramírez Cruz, dirigente de la Asociación Nacional de Agricultores Pequeños, creador del cooperativismo cubano. Y no quedaba nada por decir, como el mismo Fidel reconoció. Pero no pudo aguantarse, y tras los necesarios oradores nos recetó su versión, poco parecida a la descripción de hechos, pero salpicada de voluntarismo exultante y utopías avasalladoras.

Tres días antes, en convivio con dos miembros del Comité Central del Partido Comunista de Cuba, les había yo dicho: ojo compañeros, se les está haciendo tarde para democratizar esto, hace veinte años lo advertí en Berlín, y ahora se los digo a ustedes: si no abren las puertas a la pluralidad les va a ocurrir lo mismo que pasó en Alemania Democrática. Allá no había tampoco libertad de prensa, ni de reunión. No había libertad de imprenta, ni de información. Y ellos tenían la ventaja de poder alimentar bien a su pueblo. Y ustedes ni eso, pues en las ciudades existe un virtual racionamiento. Allá no se toleraron las actividades privadas. ¡Y miren lo que pasó! Que las conquistas socialistas fueron barridas por un pueblo que prefirió las libertades antes que seguir padeciendo la burocracia.

Al parecer eso había motivado que el día de la ceremonia oficial se me separara de mi delegación, y se me colocara en la segunda fila del Auditorio. Eso sí, custodiado. Y esa noche no me dejaron acercarme a él en la recepción oficial; y a pesar de estar programada una cena de mi delegación en su mesa, él nunca se sentó. Me quedaba claro que yo no era interlocutor elegible.

Lamenté que mis compañeros no hubieran podido departir con Fidel a causa mía, pero tuve la conciencia tranquila, porque le había dejado saber que existía una izquierda que no se dejaba seducir por la inteligencia, cuando ésta era utilizada con maña y para embozar lo inconfesable; y que yo podía distinguir detrás de la retórica y la apariencia, algo más que la supuesta sinceridad y la machacada pero fingida honradez, llegando a lo invisible de la verdad profunda.

Hoy, que finalmente nos encontramos ante el hecho de su muerte, tenemos ante nosotros los obituarios y los pronunciamientos. Y creo que pocas veces en mi vida he podido constatar, con tanta nitidez y palmaria transparencia, bien las debilidades y las deformaciones de la conciencia de mis contemporáneos, o su extraordinaria lucidez y buen juicio.

Los comentarios han mostrado toda la gama posible, desde los prudentes que evaden un pronunciamiento de lamento o de condena —y con esa sola posición van más allá del coro de elogios o de la exclamación de gusto—, hasta los que en un acto de espantosa sinceridad exhiben su nostalgia o añoranza por el poder que no alcanzaron, o su oculto corazoncito de dictador frustrado.

En el amplio abanico de mis amigos —que los tengo con todo el arcoíris político—, destacó el comentario de Enrique. No diré su nombre completo para que no me acuse de exhibirlo, pero los cercanos sabrán a quién me refiero. Él descalificó mi texto diciendo: "Comienzas bien, contextualizas el hecho y de entrada aclaras que su discurso ya no es actual ni su mundo se conserva, pero luego citas a una serie de autores de dudosa filiación. ¿A poco puedes tomar en serio a Franqui o a Matus? Cuando ellos mismos no tienen una posición coherente." Yo creí leer toda una confesión detrás de sus palabras. ¡Cómo alguien podía hoy poner en duda la sinceridad, la veracidad, la autenticidad, del testimonio de estos dos espíritus grandes! Es más, creo incluso que no habrá una verdadera historia de la Revolución Cubana hasta que ambos sean rehabilitados en su patria y se los publique para el conocimiento del pueblo de Cuba.

Pondré en las páginas siguientes juicios que sin duda incomodarán más, tanto a hombres públicos honrados que simplemente han debido expresarse ante un hecho que les forzaba a declarar, como a muchos compañeros. Pero mi oficio crítico me exime de dolo y de encono. Sólo escribo porque atisbo o reconozco, en las posiciones o los elogios, los indicadores de una visión superficial, o de preferencias que se justifican en un balance triunfal, desdeñando o minimizando el costo, o la parte negra del personaje.

La noche del deceso me senté a la máquina pasada la media noche, porque quería ser el primero que circulara un texto. A unas horas de que lancé al ciberespacio mi obituario sobre Fidel, con claras expresiones de condena, recibí de teléfonos desconocidos, que no tenía registrados, el siguiente mensaje:

El mayor estadista del Siglo XX

No cualquiera tumba una dictadura con 20 hombres desafiando al Imperio norteamericano.

No cualquiera elimina el analfabetismo en un año.

No cualquiera baja la mortalidad infantil de 42% a 4%.

No cualquiera forma más de 130 mil médicos, garantizando 1 médico por cada 130 personas, con el mayor índice de médicos per cápita del mundo.

No cualquiera crea la mayor Facultad de Medicina del Mundo, graduando1500 médicos extranjeros por año, con 25.000 médicos graduados de 84 naciones.

No cualquiera envía más de 30 mil médicos a colaborar en más de 68 países del mundo sumando cerca de 600.000 misiones.

No cualquiera logra ser la única nación latinoamericana sin desnutrición infantil.

No cualquiera logra ser el único país latinoamericano sin problema de drogas.

No cualquiera logra 100% de escolarización.

No cualquiera puede circular en su país sin ver un solo niño durmiendo en la calle.

No cualquiera logra ser el único país del mundo que cumple la sostenibilidad ecológica.

No cualquiera logra que su población tenga 79 años de esperanza de vida al nacer.

No cualquiera crea vacunas contra el Cáncer.

No cualquiera logra ser el único país que erradica la transmisión madre-hijo del VIH.

No cualquiera logra tener la mayor cantidad de medallas olímpicas de Latinoamérica.

No cualquiera sobrevive a más de 600 atentados contra su vida y a 11 presidentes norteamericanos intentando derrocarlo.

No cualquiera sobrevive a 50 años de bloqueo y guerra económica.

No cualquiera llega a los 90 años, con tanto protagonismo en la historia mundial.

Querido por millones. Incomprendido por otros cuantos. Lo que no puede hacer nadie, es ignorarlo.

Comprendí que, o se tenía preparado el texto para contrarrestar a quienes nos fuéramos pronunciando en un sentido crítico o negativo a raíz de la muerte de Fidel, o el aparato de seguridad del Estado cubano seguía teniendo una formidable capacidad de monitoreo para responder de inmediato. A los dos días de ese hecho, el texto elogioso le había dado la vuelta al cibervecindario.

No me pareció procedente contestar a cada afirmación, pues hubiera iniciado una cantaleta de dimes y diretes. Quien había redactado el libelo tenía idea de la propaganda. No precisamente de la que esclarece, sino de la que sobre la base de falacias, garabatea una aparente verdad, atribuyendo a una persona lo que no solo constituía el proceso mismo de un pueblo en revolución, sino también omitiendo la participación y conducción de una veintena de líderes, hoy todos muertos o expurgados. Pues ¿cómo calificar la afirmación de que él y veinte derribaron a la dictadura, cuando en el Granma iban 84 personas, y la guerrilla, dividida en varias columnas, conducidas por varios jefes, fue secundada además por una huelga general, con sindicatos y organizaciones civiles? ¿Cómo contestar a quien piensa que Fidel alfabetizó al país, cuando yo mismo canté, junto con miles de brigadistas, el himno de las brigadas Conrado Benítez, que decíamos eran la vanguardia de la Revolución? Etc., etc.

Aun así, desde luego que había en los destinatarios de mi correo muchos compañeros honestos que yo sabía que iban a reaccionar con molestia o extrañeza ante mis juicios, y que, eventualmente, me contestarían. Lo sabía porque mi oficio es jugarle al provocador. Provocador del pensamiento crítico. Y así fue. Por ejemplo, mi viejo camarada José Luis Alonso Vargas, que también fue guerrillero, envió el siguiente mensaje a su lista de contactos en el Gmail:

> FIDEL VIVIRÁ POR SIEMPRE EN CADA CUBANO SOCIALISTA, EN CADA REVOLUCIONARIO LATINOAMERICANO, EN CADA COMUNISTA DEL PLANETA TIERRA. Su muerte física, este 25 de noviembre, a las 22:29, no hace sino constatar que un hombre como él, constructor visionario de la nueva sociedad socialista, se proyecta hacia el futuro con más fuerza e influencia que la que ya le hemos conocido. Junto a Marx, Engels y Lenin, Fidel es el ejemplo a seguir en las próximas batallas, las decisivas, para enterrar en el basurero de la historia a todos los explotadores capitalistas que están desatando la barbarie en todos los países donde aún gobiernan. ¡Fidel vive, la lucha sigue! ¡Hasta la Victoria Siempre, Venceremos!

Chelís (como llamamos coloquialmente a José Luis) y yo, hemos mantenido una cercana y emotiva camaradería desde hace muchos años, a pesar de nuestras claras diferencias y perspectivas. Y su correo no fue para mí una novedad, ni lo ví como reclamo. Cada uno ha afirmado y reiterado su posición ante la marcha de los acontecimientos políticos. Pero me dí cuenta que tenía que decir algo sobre eso de colocar a Fidel junto a Marx, y Lenin, a menos que fuera en una continuidad del despotismo. Qué desproporción, ¿dónde está la teoría que lo eleve? Sentí que no podía aceptar tampoco esa afirmación de que fuera el ejemplo a seguir. ¡Pero de ninguna manera! Y después de que llegaran cinco o seis mensajes, y de que se iniciara la cascada de pronunciamientos, al repasarlos me di cuenta de que constituían un material ejemplar.

Quienes he conocido como personas abiertas, críticas y comprometidas, se pronunciaron con una tónica del mismo carácter. Y quienes he visto que mantienen una lealtad ideológica o doctrinaria, lo hicieron en un sentido consecuente. Primero me pareció obvio. Pero al reunir una docena de expresiones sentí que configuraban un material digno de análisis y comentario.

He sentido que es importante ver si en el conjunto de opiniones u obituarios predomina la apología, o, si por el contrario, se alcanza a ver, cuando menos, el carácter controversial del personaje. Y me parece importante porque si la opinión pública se caracterizara por el elogio y el sentimiento de pérdida, estaríamos ante un pueblo todavía proclive a seguir y venerar a los grandes personajes, porque sigue nostálgico de la tutela, aunque en el haber de estos grandes protagonistas pudieran citarse atrocidades o verdaderos crímenes. Y en caso contrario, si al mismo tiempo que se pudieran ver los innegables méritos de su gobierno —que no de su persona—, se alcanzara a reconocer su contradictorio carácter dictatorial y antidemocrático, pues constataríamos entonces una madures de la conciencia ciudadana, y podríamos augurar nuevas jornadas de libertad, de participación comprometida y de fortalecimiento social.

Yo me atreví incluso a decir en mi obituario que "el pueblo cubano enfrentará más pronto que la ciudadanía del mundo la repentina consciencia de que ya no quiere mantener vivo tampoco su fantasma". Afirmación a la que una amiga me contestó: "A mí me parece más bien que ese pueblo, al igual que el estadounidense, no está totalmente en desacuerdo con sus líderes. Haciendo una analogía burda con E.U.; no es que los gringos necesiten a Trump para pensar lo que piensan, sino que él se los legitima y les da hegemonía. ¿No podría ser así también con los cubanos, es decir, que ellos también prefieren ese modo de vida? Ya sea por historia, convicción ideológica, condición social, etc. Podría pensar que Fidel le daba hegemonía a ese modo y sin él puede verse amenazada..."

La duda o pregunta que me envió Mariana, esta amiga, no es de orden menor. Y precisamente trataría yo de ofrecer algunos elementos más, para que cada uno pudiera contestarla. Yo mismo temo que la herencia de la revolución no pueda ser vista por el pueblo cubano. Ya lo viví en Alemania, desde una década antes de la caída del muro, donde sin duda se habían conquistado condiciones extraordinarias para el pueblo que fueron minimizadas y destruidas, no por irreales, sino por el odio que las amplias masas tenían por la dirigencia del partido y el gobierno, y porque reaccionaron contra el Estado sin poder distinguir entre la burocracia y el legado de su propia historia.

Y así, en Alemania destruyeron la educación gratuita, el sistema de guarderías y palacios de la juventud, el programa de vivienda —que era el más eficiente de todo el planeta—, la reforma agraria, que había conseguido la resolución de las contradicciones entre campo y ciudad y heredaba una población rural que tenía en su gran mayoría estudios profesionales, y una abundancia de alimentos como no la ha tenido ningún país capitalista. Y en Cuba existe, desde luego, un patrimonio importante, pero salvarlo sería imposible si se lo identifica con Fidel, porque al contrario de mis amigos que hoy le lloran, el Pueblo cubano arrasará muy probablemente con todo lo que lo recuerde y signifique.

Del vasto material he seleccionado la carta de José Mujica, ex presidente de Uruguay y líder Tupamaro; a lo que sumé los artículos de Flores Olea, Guillermo Almeyra, Paco Ignacio Taibo II, Adolfo Gilly, León Krauze, Mario Vargas Llosa, Gabriel Guerra, etc., y los he enmarcado en algunas biografías de Fidel, o en semblanzas suyas de la pluma de Hans Magnus Enzensberger, de Huber Matus o Julio Scherer; y hasta me he apoyado también en menciones sueltas en la prensa, mexicana y extranjera, a lo largo de los años, y que guardé en mi archivo. Tienen harta pertinencia estos últimos artículos de prensa, pues ahí están las opiniones de quienes hoy conducen los partidos, y quienes son representantes del poder real.

Empecemos por la candidez o el corazón socialista:

Desde la vida cotidiana, esa que no implica pensamiento teórico, que se alimenta o construye de las noticias y, cuando más, de la imagen y lo que es la conciencia social inmediata sobre los hechos históricos, la Revolución cubana representa la gran hazaña a solo unas millas del imperio. Una revolución que inspiró la resistencia contra el imperialismo, y que ha mantenido la esperanza en que es posible construir una sociedad nueva, donde no exista explotación del hombre por el hombre. Esta noción es positiva, pues mantiene viva la esperanza y se opone tanto a la conformidad con el capitalismo, como a la pasividad ante la injusticia.

Sin embargo esa visión no va más allá de lo que el gobierno cubano ha difundido sobre sí mismo. Y no veo cómo puede procederse con espontanea irresponsabilidad tomando como hechos lo que hasta ahí no son más que palabras sobre el mundo aparente o simulado. Al proceder así, con buenas intenciones, ni siquiera se plantean conocer —quienes las suscriben— qué hay más allá de una niñez atendida, una alfabetización exitosa, un servicio de salud relativamente bueno y una dignidad política. En ese talante, otra amiga mía escribió: "Lloré al enterarme de la muerte de Fidel Castro. Me consternó muy sensiblemente la partida de un latinoamericano de esa estirpe…Ese hombre que ha perdido Cuba —y toda Latinoamérica- que encabezó una revolución impensable, que se propuso liberarse del yugo de la nación más beligerante en la historia de la Humanidad, y volverse dueña de su propio destino. Nosotros estuvimos siempre cerca de esa revolución. Mi Universidad se convirtió en uno de los centros de educación superior que divulgaron, en ocasiones con verdadero talento, valor y enjundia, la hazaña y posterior construcción de la Cuba que Fidel Castro ganó al uxoricida dictador Somoza"…

1. Afirma pues que Cuba ha perdido con su muerte.

2. Que toda Latinoamérica también tiene una pérdida.

3. Y que con su intervención Cuba se volvió dueña de su propio destino.

Yo no creo que hayamos perdido. Ni que Cuba se hizo dueña de su propio destino. Al contrario, creo que Fidel le ha impedido al pueblo de Cuba decidir por sí mismo. Pero pensar así, implica razones para haber dejado de verlo como ejemplo y como autor y único protagonista. Y justo de eso es que vamos a hablar.

Incluso dice, esta amiga, en otro momento que "Cuba no hizo la revolución que quería, sino la que era posible, y que fue un avance a la democracia directa que sobrepasa la democracia que está en los libros...concretando el sueño de Platón y Aristóteles." ¡Sopas! Ahí sí que me pareció desproporcionada y superficial, pues no he visto en Cuba un solo elemento de Democracia Directa, pero tampoco creo que ese tipo de democracia fuera parte de la doctrina ni de Platón ni de Aristóteles. Pues Platón creía en la república de los sabios o filósofos, y Fidel no llega ni a filósofo de Güemez, como dice Catón; y por su parte, Aristóteles más bien habría dicho que en Cuba el estado degeneró en demagogia una vez que el discurso de defensa del ágora o pueblo sustituyó a los hechos que le beneficiarían. Sin embargo hay todavía en esas expresiones un punto importante: decir que Cuba hizo la revolución que podía, más que la que hubiera querido, implica una justificación de lo que no queremos o que no aceptamos. Pues muchos hemos dicho que si bien toda revolución es violencia, hoy no podemos aceptar que esa violencia también se aplique dentro del mismo bando, ni que se acabe con la pluralidad, ni que se impida la discrepancia. Porque fueron esos hechos y esa intolerancia la que condujo a la desaparición de Camilo, a la partida del Ché, a la prisión de Huber Matus y miles más, y al fusilamiento de Ochoa y tantos otros patriotas e inocentes.

En otro artículo, en este caso de Víctor Flores Olea, a quien yo admiro y reconozco por su papel en la difusión del pensamiento crítico, por sus siempre presentes análisis políticos y por su inalterable consecuencia, dice, que cuando él tenía veinte años tuvo la oportunidad de estar en Cuba, en un mitin de la Revolución, donde "se reunían millón y medio o dos millones de campesinos cubanos, con armas o sin ellas, escuchando las palabras de un hombre que podía haber sido un dios griego, o un gigante semidivino, que pronunciaba palabras acerca del futuro de su pueblo y sobre el futuro de todos los pueblos del mundo, a quienes tenía muy cerca". Y agrega incluso luego "¿Se trataba de Demóstenes o de Alcibíades, en que se juntaban la fuerza de una inteligencia excepcional con el poder de una naturaleza con decisiones y valentías que iría a comprobar en el futuro próximo?".

Luego, Flores Olea continúa: "había convulsionado varios dogmas que parecían inamovibles. Por ejemplo, fue una revolución no construida exclusivamente por la clase obrera y por un partido comunista, sino más bien por un movimiento social más amplio de fuerzas políticas (el Movimiento 26 de Julio), en Cuba, aunque, es justo decirlo, muy pronto ese movimiento se convirtió en el Partido Comunista de Cuba..." Y finalmente agrega con énfasis: "Entre muchas otras virtudes que deben mencionarse de Fidel Castro estuvo sin duda su intervención en Namibia, para la liberación anticolonial de ese país y de Angola, y la participación del comandante y de las tropas cubanas en una derrota a las fuerzas militares de Sudáfrica, que abrieron las puertas al final del apartheid y las de la prisión a Nelson Mandela, después de 37 años de cárcel impuestos por ese régimen —despiadado." Para concluir diciendo:

"Fidel Castro no estará al frente de estas (nuevas) batallas, pero su ejemplo será invaluable para librarlas con éxito. Se ha ido un hombre inolvidable, sobre todo en América Latina, de la estatura de los grandes héroes de nuestros países. Es por ello que quedará para siempre su recuerdo, su ejemplo y sus enseñanzas. Seamos dignos de todo ello."

Para don Víctor se trata casi de un semidios, que contribuyó, antes que nada con su participación en la Revolución que rompió muchos dogmas y esquemas, con un proceso de cambio en África que culminó con el triunfo contra el Apartheid, la libertad de Mandela y la independencia de Namibia.

Juicios todos que no podemos sino aceptar, pero sin convalidar lo de la condición semidivina, y menos que se trate de un mérito personal; o mejor sería decir, con los que tenemos que coincidir, porque son verdades evidentes. Pero, aun así, son verdades a medias. Primero, porque una cosa es que a Haydee, como se llama la amiga citada anteriormente, o don Víctor, estén impactados por la personalidad, la brillantez y la inteligencia de Fidel, y otra distinta es que esas cualidades agoten su papel y sus funciones, o que podamos convalidar que esos triunfos lo sean de una sola voluntad y una sola persona. También es necesario reconocer que lo que hicieron los cubanos —que no Fidel solo— fue un gran ejemplo. Y subrayo los cubanos, porque Fidel no estaba solo ni era el único dirigente, aunque él tratara todo el tiempo de conducirse y aparecer como si así fuera. Así lo constaté yo mismo en el 40 aniversario de la Reforma Agraria, donde fui testigo presencial privilegiado.

Aun así, hasta aquí estamos de acuerdo con los elogios a la Revolución, siempre y cuando no se le atribuyan a Fidel solo. Pero la Revolución Cubana no es solamente ese manojo de virtudes. Ilustrémoslo: Otro comentarista del deceso y el contexto es León Krauze, joven a quien conocí cuando era apenas un niño, y que hoy escribe en un diario de circulación nacional; él expuso sus recientes impresiones sobre su visita a Cuba con las palabras siguientes: "En mi experiencia periodística, los cubanos viven en una burbuja de miedo y de silencio. Muchos de los estímulos informativos que usted y yo damos por hechos en México, simplemente no existen en la isla. La libertad que tengo el escribir la palabra libertad, sería imposible en la prensa cubana. Lo mismo que la que usted ejercerá para añadir su vitriólico comentario a esta columna. Ni hablemos del acceso libre a redes sociales o al internet mismo. Los cubanos solo pueden navegar en línea comprando tarjetas que cuestan el 15% de su sueldo mensual. Y las tarjetas duran exactamente una hora.... Los cubanos tampoco pueden ver lo que les venga en gana en televisión o escuchar distintos puntos de vista en la radio. Es el Estado, y solo el Estado, el que decide qué se trasmite.... Las consecuencias de un mal paso en Cuba son implacables, la cárcel, la anulación del porvenir... En Cuba no hay cubano libre, salvo aquellos que viven en la cumbre del poder. Al defender al "Comandante" en realidad defienden un legado de represión y censura. Parece una contradicción. A menos, claro, que en el fondo les parezca deseable." Ahí tampoco hay teoría. León habla desde la misma cotidianidad con que se expresan Haydee y don Víctor. Pero son dos percepciones claramente diferentes. Con una salvedad. Mientras Víctor y Haydee se apoyan en referentes históricos abstractos, León se refiere a hechos actuales cotidianos.

O sea que no parece ser la misma percepción o conciencia la que puede tenerse si se ve a Fidel a la distancia, que si se lo mira en su concreción actual. Pero aun en la distancia histórica hay grandes diferencias. Pues Carlos Franqui escribió varios libros de reflexión histórica que cambian la percepción inoculada por la propaganda o el acercamiento superficial. Y las memorias de Huber Matus constituyen de hecho una historia alternativa a lo que según las versiones oficiales ha vivido Cuba en este pasado medio siglo.

Lo menos que uno podría esperar de los izquierdistas sinceros es que, además de escuchar los discursos de Fidel, o de leerlos, se asomaran a la realidad que vive el pueblo cubano y leyeran a otros protagonistas de esa gesta; protagonistas que no piensen como el patriarca recién fallecido. Porque lo que da mucha flojera es contestar afirmaciones salidas del hígado o de la ignorancia.

Cierro este apartado con la cita de Pepe Mújica, ex líder Tupamaro y ex presidente del Uruguay, porque Pepe, a diferencia del juicio que hace él de sí mismo, es para algunos de nosotros el verdadero ejemplo a seguir. Un hombre que vive en el poder con la misma modestia y sencillez que le caracterizaron toda su vida. Un hombre que cambió las armas por una consecuencia democrática irreprochable. Un hombre que en cada intervención, en lugar de propaganda o de mentiras nos ha expuesto una lección de ética o de moral.

Pepe dijo en esta ocasión "no tuve que enfrentar el rigor del escrutinio público al que vos hiciste frente con esa estatura de gigante con la que diste ejemplo al mundo y no fui forzado a debatirme entre patriotas y traidores, nadie me tildó de tirano. Pero esa suerte también se puede entender diferente. El mundo que yo encaré es el de las tarjetas de crédito y las vidas consumidas en una lucha para la que no hay guerrilla posible, todos me escuchan con atención, sonríen, aplauden y continúan tratando de llenar sus vacías vidas con cosas que los consumen, a plazos, pero inevitablemente. A vos te queda Cuba que seguirá ahí, sin analfabetismo, con el mejor sistema de salud pública, con la mejor educación del continente y yo aún aquí, en la batalla, no por la vida, sino contra el olvido, ...este viejo loco que hace aplaudir a multitudes, pero no ha podido mover a su pueblo como tú, ¿Qué de la Oriental surja una batalla final? Difícil, no imposible... mientras tanto a vos, en esa estrella del Caribe, un guiño y un ¡Hasta la victoria... siempre!

Triste es leer a Pepe Mújica subestimando su enorme contribución a la democracia, y perdiendo de vista que él, junto con el Frente Amplio, nos han dejado una lección verdaderamente perdurable, mucho más trascendente en los días actuales, que el camino de la guerrilla y la violencia. Triste porque los vínculos afectivos le hicieron perder la luz por un momento, para poder ver la dimensión de su estatura.

Pero pasaremos por ello a transcribir algunos testimonios sobre esa realidad que en Uruguay o México es padecer las tarjetas de crédito y las tasas de interés, pero que en Cuba es todavía una realidad más grosera.

La propiedad

"¡En cuba no existe propiedad colectiva sino propiedad estatal. El estado planifica y gestiona todo el sistema productivo para luego distribuir los beneficios en el país y en mantener el sistema. El estado cubre todas las ramas de la producción, prestando a cambio sanidad y educación gratuita y comerciando para conseguir los productos escasos en la isla. Por lo tanto la mayor parte de los medios de producción y del suelo son propiedad del estado. Las únicas excepciones son las empresas mixtas relacionadas con el turismo, las pequeñas propiedades agrícolas y los pequeños comercios privados que empiezan a aparecer a partir de los 90s.

La vivienda

"La vivienda es en su totalidad propiedad del estado y se distribuye de forma más o menos equitativa entre la población. No se puede comprar, alquilar o vender casas, es el estado el único que las asigna por lo que en teoría todo ciudadano tiene acceso a una vivienda digna. Es cierto que no existen los anillos de chabolas en torno a las grandes urbes que existen en las metrópolis latinoamericanas, sin embargo hay muchos casos a los que podemos calificar de infravivienda. Las casas son rehabilitadas en su mayoría por sus moradores a excepción de políticas concretas como la regeneración del casco viejo de la Habana. La necesidad de vivienda se cubre mediante obras estatales de polígonos, tanto en las ciudades como en los pueblos, otras vías son la autoconstrucción subvencionada por el estado. Sin embargo la escasez de material en el mercado oficial y su carestía en el negro hacen difícil las reparaciones y mejora de las viviendas tanto para las subvencionadas como las que no, encontrándose un gran número de viviendas en un avanzado nivel de deterioro.

"Los problemas de infravivienda se dan tanto en oriente como occidente, sin embargo el chabolismo, bastante escaso en comparación con otros lugares, se asocia con la emigración ilegal de oriente a occidente, fruto de los desequilibrios regionales. La movilidad dentro de la isla se ve coartada debido a la rígida planificación del estado sobre los trabajadores. La necesidad obliga a la emigración ilegal desde las áreas marginales haca las turísticas donde poder "inventar" y obtener dólares del turismo (jineteras (4), mercado negro,...) o ser policía. Estas situaciones empujan a actitudes discriminatorias hacia los orientales emigrados por parte del resto de la población, sin embargo no he encontrado ningún vestigio de discriminación racial.

"La rígida planificación de la vivienda y el intento de fijar la población en sus residencias, crea como consecuencia un mercado negro de compra-venta de viviendas (probablemente de reducidas dimensiones). La principal función de este mercado es facilitar los desplazamientos hacia las concentraciones humanas de Santiago o la Habana y da escasos beneficios por lo que su tamaño es reducido. Junto a viviendas muy degradadas, coexiste una minoría de viviendas con todo tipo de comodidades occidentales. Estas pertenecen a aquellos individuos con un medio para obtener divisas de USA, ya sea por tener familiares en el extranjero o por otros medios. Estas familiar son las mismas que pueden optar a una cierta movilidad dentro de la isla.

La propiedad de la producción

"La propiedad de los medios de producción es casi en su totalidad estatal. La práctica totalidad de la industria transformadora, concentrada en los grandes núcleos de población de occidente, es propiedad del estado. La consecuencia más directa de esto, unido a los bajos salarios, es una desincentivación notable de los trabajadores. En las industrias más productivas, como es el caso de algunas industrias extractivas, los trabajadores son incentivados según la cantidad de producción y adquieren favores en el racionamiento de los alimentos. Sin embargo en la mayoría de la industria el salario del trabajador no guarda ninguna relación con la calidad o intensidad del trabajo, esto hace que la producción de muchas industrias este muy por debajo de su potencial. Este es el caso de las canteras por ejemplo, lo que afecta a la sociedad y su conjunto dada la escasez de materiales de construcción y la notable necesidad de rehabilitación de muchas viviendas.

"En la agricultura las grandes explotaciones son de propiedad estatal y los trabajadores reciben un salario, son los jornaleros lo que, dentro de la agricultura, tienen peores condiciones laborales. En los cultivos más rentables se incentiva a los trabajadores con una proporción de los beneficios de la producción, pero esto evidentemente no es posible en la mayoría de los cultivos. Existen cooperativas de pequeños propietarios y pequeñas explotaciones aisladas que deben vender la mayor parte de su producción al estado, pudiendo vender libremente otra parte de su producción a través de trámites burocráticos, la dificultad de estos trámites empuja a muchos productores al mercado negro —también la posibilidad de extraer mayor beneficio -. Existe una buena cantidad de agricultura de autoconsumo en pequeñas explotaciones que suele convivir con la venta de parte de la producción al estado.

"Tradicionalmente Cuba depende del monocultivo de azúcar, apoyado por el café, cacao, tabaco... sin embargo los bajos precios del mercado hacen imposible continuar por más tiempo con este tipo de producción. Cuba ha empezado a perder dinero con la exportación de azúcar. En aras de rentabilizar el cultivo de la caña, se han desarrollado procesos de diversificación de los usos comerciales de la caña. Uno de los más interesantes es la producción de biomasa y biocombustible con la caña.

"La poca rentabilidad de las grande parcelas dirigidas a la exportación ha obligado, para la planificación para las próximas campañas, a introducir la idea de sustituir la economía agrícola dependiente de la exportación de azúcar, hacia una agricultura de autoabastecimiento, dirigida a cubrir las necesidades alimenticias de la población. En este sentido a partir de los 90s se empezaron a poner en cultivo grandes solares dentro de las ciudades, para cubrir algunos alimentas básicos. Este tipo de huertos urbanos destinados a abastecer los mercados de las ciudades, los he podido observar en La Habana y Santiago.

El Sistema político

"La participación política en Cuba es escasa, pero en contra de lo que se pudiera creer, no menos que en cualquier democracia capitalista americana. El órgano político básico son las "circuncisiones", asambleas barriales organizadas en mayor o menor medida por los CDR barriales. En estas asambleas tienen el derecho y la obligación de participar todos los ciudadanos censados a partir de los 16 años. Sin embargo estas asambleas distan mucho de ejercer la democracia directa, sino que cumplen una función de elección de delegados. El sistema cubano podría definirse como una democracia representativa sin partidos políticos.

"En las asambleas o circuncisiones se eligen representantes locales, provinciales y nacionales. El máximo órgano de decisión es la "Asamblea Nacional del Poder Popular", y sus representantes electos eligen a su vez al presidente (Castro). Cierto es que dado el grado de planificación en la sociedad cubana, las decisiones están necesariamente centralizadas en la asamblea nacional. Las asambleas de base se limitan así a un papel de plataforma para reclamar servicios o infraestructuras para el barrio, si son o no efectivas en este sentido no lo sé. Mediante la recogida de 10000 firmas se puede forzar un referéndum que cuestione cualquier política del estado, y de hecho se ha utilizado recientemente con poco éxito. Otra cuestión es que el hecho de la obligatoriedad de votar con nombre, apellidos y dirección, pueda coaccionar a muchos ciudadanos a la hora de votar. (O sea que el voto no es secreto).

"...Sin embargo es evidente la manipulación o al menos pensamiento único reinante en los medios de comunicación y la dificultad de expresar en estos ideas divergentes. Las facetas más artísticas de los media gozan de una mayor independencia y por ello pueden ser utilizadas para introducir pensamientos críticos como es el ejemplo de algunos directores de cine (Gutiérrez Alea).

"Por otra parte se aprecia un esperanzador pensamiento crítico dentro de la juventud, sin dejarse manipular tampoco por Miami. Esto es evidente incluso entre los miembros de la UJC (6). Aunque la rigidez del sistema no incentiva las ideas y acciones criticas (aunque sean constructivas), algunos, especialmente universitarios, encuentran resquicios para actuar sobre los cambios sociales o económicos aunque la única forma es desde dentro del sistema. Aunque las ideas socialistas van perdiendo fuerza, es muy fuerte todavía el sentimiento nacionalista y de independencia frente al capital extranjero dentro de lo que se incluye la aceptación de una economía subvencionada como algo necesario y positivo.

Los cubanos ven su situación desde una variada gama de puntos de vista, sin embargo la mayoría de la población parece coincidir en que un viraje radical hacia el capitalismo los llevaría cerca de la situación de otras islas caribeñas y los ejemplos no parecen muy deseables.

La Justicia Social

"Los dos principales pilares del sistema social

cubano son, la educación y la sanidad gratuitas. Aunque tengan una inspiración socialista no son elementos exclusivos o definitorios por si mismos de un sistema socialista. Todos los cubanos tienen derecho a una educación universitaria por la que incluso se les paga un salario, alojamiento y alimentación, lo que justifica el elevado grado de formación de la población cubana. A cambio, durante dos años el Estado dispone de estos profesionales pagándoles un salario mínimo tras lo que tienen la opción de cambiar de trabajo y aumentar su sueldo. Es la forma que tienen por ejemplo de disponer de médicos y maestros para incluso las áreas rurales más aisladas.

"Uno de los aspectos más negativos de esto son las dificultades de los técnicos a salir del país. La justificación de esto es el dinero invertido en su formación por parte del estado y la experiencia de los países menos desarrollados en cuanto a la fuga de cerebros. Por otra parte, indudablemente, esta situación crea un gran malestar entre los profesionales técnicos.

"El acceso a la vivienda es gratuito, y el transporte privado, aunque puede comprarse, tiende a concederse subvencionado por motivos de desplazamientos laborales. Los transportes públicos están subvencionados, pero tienden a ser ineficaces, por cantidad y calidad de servicio.

"Las mayores desigualdades se encuentran, como ya hemos mencionado, en el acceso a dólares, que a su vez determina el acceso a bienes de consumo. Estas desigualdades empiezan a partir del periodo especial y están en su fase inicial, no habiendo ocasionado aún todo el malestar que pueden llegar a ocasionar. También existen desigualdades regionales, principalmente entre los centros productivos y turísticos (Habana o Santiago), con gran concentración del sector servicios, y las áreas predominantemente rurales.

"El acceso a las ventajas sociales es equitativo por razones de raza o genero hasta donde he podido comprobar. Aunque la infravivienda principalmente aparece en las grandes aglomeraciones urbanas, estas no suelen ser tan grandes ni tan problemáticas como las bolsas de miseria en las metrópolis de los países en vías de desarrollo. Esto se debe principalmente a que las áreas rurales tienen unos niveles de vida bastante aceptables. Siendo la tierra rica y el régimen de lluvias amable, el autoabastecimiento de los pequeños propietarios es bastante efectivo y el estado los tiene en cuenta a pesar de su poca rentabilidad. La electricidad llega a la mayoría de núcleos y casas aisladas (7), incluso en las zonas más aisladas, si no por medios convencionales, mediante el uso de paneles solares. A demás estos pequeños agricultores tienen asegurada la venta de la mayor parte de su producción al estado, aunque sin duda podrían obtener mayores beneficios vendiendo en el mercado negro.

"Puede decirse que las áreas rurales reúnen unas mejores condiciones de vida que las grandes ciudades a pesar de no reunir la misma cantidad de equipamiento e infraestructura, la gente parece más sana, física y mentalmente, aunque esto no es una característica exclusiva de Cuba. Además el Estado asegura asistencia sanitaria y educación a las áreas rurales, y ofrece la opción de cursar estudios universitarios a los jóvenes a través de becas. Estos servicios se cubren a través del servicio social obligatorio que tienen los universitarios de 2 años (5 para los estudiantes de medicina) tras terminar sus estudios. Si se da en abundancia la infravivienda y condiciones de vida menos aceptables en las zonas rurales del oriente seco, la región más pobre de Cuba.

"Otra característica del estado del bienestar cubano, es el cero desempleo. Esto parte de la política de subvención de la producción, en una empresa donde se necesitan cinco trabajadores, en una economía liberal se emplean tres para sacar el máximo de rendimiento, en Cuba se contratan siete para asegurar el pleno empleo. Los profesionales formados tienen además un puesto casi asegurado en su especialidad. Otra característica de la economía subvencionada es la subvención del máximo posible de productos de primera necesidad, dependiendo de la marcha de la economía. Se establecen precios asequibles (en pesos) para una serie de productos básicos cuyo consumo asegura el estado. En el periodo especial, la escasez obliga a introducir cartillas de racionamiento para estos productos. Si bien el racionamiento es claramente favorable a las áreas más productivas y a las grandes ciudades, quedando desfavorecidas las ciudades no turísticas de oriente (consumo de carne, huevos, leche,...racionadas para los colegios, hospitales y hoteles), este racionamiento afecta sobre todo a los trabajadores asalariados de la ciudad y las agrovillas, pero en menor medida a la agricultura de subsistencia, dada su capacidad de autoabastecimiento.

"La otra cara de la economía subvencionada es la poca rentabilidad de los sectores subvencionados y en general del país. Aunque en parte estas medidas son claramente positivas, no definen el estado como socialista, aunque sí como políticas sociales de inspiración más o menos socialistas o marxistas. Tiene la desventaja de que son cada vez más difíciles de sostener para un Estado poco competitivo y obligado a competir en el mercado capitalista para cubrir sus necesidades. Esto se muestra en los bajos salarios, que a su vez provocan una desincentivación del trabajador y un descenso de la producción, así como en el crecimiento constante de un sector informal regido por la ley de la oferta y la demanda (en clara contraposición a la economía subvencionada) para cubrir gran parte del consumo.

El sector informal

"El sector informal cubre todos los servicios, desde el transporte hasta la distribución alimentación, los productos exportados, la vivienda, gasolina, etc...Un ejemplo pueden ser los huevos o la carne de vaca, racionados por el Estado,- escasea el pienso para animales luego escasean estos dos productos. El Estado planifica su distribución empezando por los hospitales, colegios y hoteles/complejos turísticos, distribuyendo el resto mediante cartillas de racionamiento (de forma muy escasa por supuesto) así que algunos trabajadores, con la oportunidad de hacerlo (almacenes o tiendas), roban parte de estos productos al estado y los venden en el mercado negro según la ley de la oferta y la demanda. Esta venta se produce, en el caso de los huevos, en pesos, en el caso de la gasolina en dólares, aunque la posesión de dólares siempre otorga una ventaja a la hora de comprar cualquier producto.

"La única razón posible para la existencia de un mercado negro tan enorme, es que el sector formal, que en el caso de Cuba está casi totalmente cubierto por el Estado, es incapaz de cubrir todas las necesidades de consumo de la población. Esto de por sí supone un fracaso de la economía de subvención, por una parte el no poder cubrir una serie de necesidades (fuera de las básicas de supervivencia) de la población y el no poder pagar a la población asalariada (la mayor parte) un salario suficiente, lo que les incita a buscar ingresos suplementarios en el sector informal. Los bajos salarios o la ambición por un mayor nivel de consumo, empuja a muchos cubanos a renunciar a sus puestos de trabajo y a dedicarse a "inventar" aumentando notablemente su retribución.

"Dado que la propiedad de los medios de producción, y por tanto de los productos antes de ser vendidos, son del Estado, la gran mayoría de los productos que llenan este mercado negro son en principio productos robados al Estado, muchos de ellos racionados, como los huevos o la carne de vaca. La única respuesta posible a que el Estado no ejerza medidas para frenar las enormes pérdidas que sufre por culpa del mercado negro, es que la corrupción alcanza a un gran número de funcionarios bajos y medios cuando menos. Son funcionarios los que roban los productos de los almacenes o se aprovechan de su posición de conductor de un transporte público para hacer negocio — aunque en realidad la gran mayoría de la población podría ser considerada como funcionarios, ya que trabajan para el Estado-, pero la corrupción debe salpicar a los supervisores y funcionarios políticos, si no se pone freno a este constante flujo de pérdidas para el Estado y por lo tanto para los servicios sociales de todos los cubanos.

El turismo y el dólar

"La entrada del dólar durante el periodo especial marca un paso que puede ser temporal o progresivo hacia la introducción de una economía mixta. Cuba proviene de un periodo de dependencia con la URSS, en la que imitaba su sistema económico de socialismo real o de estado, con unas características que en mayor o menor medida nos son conocidos: propiedad estatal de los medios de producción, economía interna subvencionada, políticas sociales, población asalariada del estado, planificación económica rígida,... Hoy, junto a los elementos que permanecen en mayor o menor medida del "socialismo de estado" convive la introducción de elementos extraños en la economía, especialmente de la mano del turismo y el dólar. La capacidad de Cuba en este tiempo para adquirir la materia prima o manufacturada que escaseaba en el país dependía del comercio con la URSS, más o menos ficticio, en el sentido de que el intercambio- por motivos políticos- era enormemente favorable a Cuba.

"A partir de los 90s, Cuba debe conseguir estos productos en el mercado, partiendo de una economía poco competitiva y dependiente de la exportación de materias primas.

Por ello se empieza a depender para la entrada de divisas de la entrada del dólar en el mercado interno cubano y su posterior recogida por el Estado cubano. Según nuestra impresión la piedra angular de este nuevo modelo que se intenta es el turismo. Nadie duda que el turismo promete convertirse en la base de la economía cubana, si no lo es ya. Geográficamente Cuba es un espacio ideal para el turismo de sol y playa y con el tiempo puede variar su oferta hacia otros tipos de turismo dado la riqueza natural de las áreas de montaña o la atracción que despierta la historia y el carácter de este país.

"Es tal su potencialidad que las empresas españolas o canadienses no dudan en saltarse el bloqueo y no temer a las sanciones a pesar de tener otros intereses económicos en USA (Sol Meliá o Iberia). Estas empresas cuentan con condiciones muy beneficiosas en Cuba aunque comunes a otros países, como unos salarios muy bajos de la mano de obra, combinados con unos precios europeos para los turistas. Así que la entrada de turistas de Europa y América del Norte propicia la entrada de dólares en el mercado. Para ello las tiendas dirigidas a los turistas (que son mucho más caras) cobran en dólares: hoteles, bares, restaurantes, taxis, transporte en general,...Estos negocios o son por completo propiedad estatal o compartida con una empresa extranjera.

"Parte de la población cubana empieza ha hacerse con dólares también a través de pequeños negocios privados (artesanía, textil, hostelería,...), bien negocios ilegales (jineteras, mercado negro de puros, ron,...taxis ilegales y un largo etc...) o bien dentro de los negocios del Estado robándole de múltiples formas para conseguir que parte de los dólares de los turistas se queden en sus bolsillos. Otra parte de los dólares provienen por supuesto de familiares emigrados a USA. por su parte el Estado en mayor o menor medida (menos con las jineteras y algunos otros) permite el invento, el grande y el chico. Estos dólares los recupera el Estado mediante un creciente número de comerciales (propiedad del Estado) dirigidos a los cubanos y con precios en dólares. Estas tiendas tienen una mayor variedad de artículos de consumo.

"Como la mayoría de los productos en dólares son importados y no absolutamente básicos, el gobierno encuentra aquí una buena fuente de beneficios, poniendo precios muy elevados que han de pagarse ya que no hay competencia. Además en muchos de estos productos solo son importadas las materias primas. Por ejemplo se compra el tomate, se embotella y se aliña en Cuba y se vende como salsa de tomate, se compra harina y se procesa en Cuba para hacer pasta, además estos productos se empaquetan también en el país, lo que demuestra un esfuerzo por dejar la mayor parte del valor añadido del producto en manos del Estado.

"Además de las desigualdades económicas el turismo tiene otros impactos negativos sobre los cubanos. Ya que el Estado, preocupado en proteger a los turistas con dólares, no duda en discriminar a su propia población, limitando su acceso a los hoteles, recintos turísticos, transportes; también es notable el opresivo control sobre los cubanos que se relacionan con extranjeros a través de identificaciones e interrogatorios indiscriminados.

En conclusión, dice Ibán

"La economía Cubana tocó fondo en el periodo 93-95 y desde entonces ha ido levantando el vuelo, las perspectivas son positivas y serán mejores cuando el sin sentido del bloqueo caiga por su propio peso. La economía cubana actual no puede definirse como "socialista" en el sentido marxista de la palabra, esto se queda más bien en la retórica del sistema. Cuba sin embargo si conserva políticas de corte social, poco comunes en el mundo sub-desarrollado, dignas de conservarse además de una independencia política forjada a través de siglos de lucha anti-imperialista, y esto sí que no es simple retórica. En este sentido hay conquistas en Cuba que merecen se conservadas, sin embargo la única forma de que soporten los cambios por venir es que la gente se sienta partícipe del sistema en una mayor grado de lo que lo es en la actualidad.

"Esto solo podrá conseguirlo aumentando y mejorando los cauces de participación política y promoviendo la autocrítica al sistema, prácticamente inexistente. Las desigualdades regionales adolecen de la excesiva planificación y rigidez del estado que también causa inconveniencias a la población. La desmotivación del sistema productivo natural de las economías de Estado probablemente mejoraría con la entrada del capitalismo salvaje, en perjuicio de los trabajadores por supuesto. Podría, sin embargo, buscarse con un poco de autocrítica, otras vías como el fomento del cooperativismo y el trabajo autónomo, haciendo al obrero más identificado con la producción. Si el Estado Cubano no consigue que la población se identifique con las victorias sociales de Cuba y con el sistema cubano, es muy probable que el capitalismo y los USA entren arrasando y Cuba pase a ser una país dependiente más."[31]

---

31. Notas de Ibán en su texto
1. Inventar es una palabra que se utiliza en Cuba refiriéndose al buscarse la vida de forma mas o menos ilegal. Muchos Cubanos optan por "inventar" antes que por tener un trabajo legal, ya que les permite ganarse la vida de forma mucho más fácil.
2. Socialista en la medida en que pudiera serlo la URSS. En este texto se utiliza la palabra socialismo en dos sentidos realmente. Por una parte para definir al sistema económico que desarrollaron los soviéticos, mas conocido como "socialismo de estado" o "socialismo real". Por otra, cuando hablamos de "políticas socialistas" son políticas sociales de subvención de ciertos productos o servicios que no son monopolio exclusivo de los estados socialistas, sino que son parte fundamental de los programas populistas o de la vieja social-democracia europea.
3. Cuando hablo de "necesidades" me refiero, evidentemente, a

Capítulo 3
Los orígenes de este modelo de socialismo

Evidentemente, son varios los factores que han gestado esta situación y permitido este modelo de socialismo. Pero no podemos decir, de ninguna manera, que sea puro resultado de un bloqueo. Yo, en lo personal, tengo la convicción de que el fundamento está en una errada concepción del socialismo, en una absurda política de centralización, y en una paranoica noción sobre lo privado.

Carlos Franqui nos relata en uno de sus libros cómo veía Fidel este asunto hace muchos años: "En marzo de 1968, Fidel Castro, en el discurso de la ofensiva revolucionaria, decide espectacularmente terminar cuanta propiedad privada, media, pequeña e individual quedaba en Cuba. Prohíbe cualquier tipo de iniciativa individual, ordena una ley seca, que pone fin a miles de bares, clubs nocturnos, cabarets, sitios de fiestas, cafés, en que la gente bailaba, bebía, se reunía o divertía. No sólo liquida el alcohol y las fiestas, el ron y la cerveza, también miles de puestos de guarapos de caña, de duros fríos, de fritas y chuchería en que decenas de miles de cubanos se ganaban la vida y permitía a la población refrescarse del calor tropical o de las necesidades del duro racionamiento oficial... En esa draconiana nacionalización, Cuba pasa a ser el país comunista con el más alto porcentaje de propiedad estatal, alrededor del 90 por ciento. Cientos de miles de personas afectadas por estas medidas perdieron sus negocios y trabajos; decenas de miles de establecimientos útiles fueron cerrados, miles nacionalizados, obligaron al estado a nombrar administradores incapaces, creando una mayor burocratización, agu-

---

aquellas fuera de las básicas de comida, vivienda, sanidad y educación que mas o menos garantiza el Estado.
4. "Jinetera" es una palabra que se ha popularizado bastante en España, a raíz de las noticias sobre Cuba y generalmente se utiliza para nombrar a las prostitutas.
5. CDR, Comité de Defensa de la Revolución.
6. UJC: Unión de Jóvenes Comunistas.
7. Por ejemplo las viviendas y núcleos aislados de las formaciones montañosas en las provincias de Guantánamo y Pinar del Rio.

dizando la crisis económica y el mal funcionamiento de la economía, agravados con la supresión de los bailes, de los sitios de fiestas, reunión y del consumo de la poca cerveza y el no mucho ron que antes había."[32]

Pero no hubo quien le recetara a Fidel un segundo tomo de El izquierdismo, enfermedad infantil del comunismo. O si lo hubo fue fusilado. Fidel no entendía la diferencia entre empresa y capitalismo, como tampoco pudo ver el abismo entre propiedad individual y propiedad privada. Cercenó la capacidad emprendedora y dejó un conjunto de instituciones que hasta la fecha han impedido que prospere el amor por el patrimonio material.

Como él no tuvo nunca casa —pues le arreglaban lugares dormitorios itinerantes para escapar de los atentados y las conjuras—, nunca se planteó que a un ciudadano normal le convenía y le gusta tener una casa, un hogar. Como él solo tenía que pedir lo que comía o lo que bebía, (y tenía la colección más grande de vinos que puede uno imaginar, inexistente en Palacio Nacional en México, o en la casa de muchos burgueses millonarios), no se pudo plantear jamás que el consumo individual debía ser una prioridad de gobierno. Pero su ignorancia y su confusión más importante estuvieron siempre en no comprender ni tener idea sobre las diferencias entre propiedad social y propiedad estatal, y, en consecuencia, entre el socialismo que se fundamenta en la propiedad social, y el capitalismo de estado o el régimen burocrático, que tiene su base en la propiedad y la hegemonía del Estado.

La lectura que yo he podido hacer de la realidad, que no de las fantasías voluntaristas, me hicieron ver que nací en un país, o mejor dicho en un lugar del mundo, donde no existía la propiedad plena, a menos que fuera por la fuerza y el capricho. Claro que cuando fui pequeño no lo entendía, y ni siquiera tenía noción clara de ello, pues lo vivía todos los días como hechos en los que se expresaba como actitud

---

32. Vida, aventuras y desastres de un hombre llamado Castro. Editorial Planeta. México 1989, pág. 210.

desdeñosa de toda apropiación, resultante de algo comunitario; pero me llevó muchos años ver la dimensión social y económica de esa actitud o hecho, y más tiempo todavía conocer su fundamento histórico y su expresión legal.

Desde niño fue para mí siempre una prioridad el tener un sitio seguro a dónde estar o llegar. La prisión política que padecí años más tarde (1967-1973) me dio consciencia también de lo que el espacio personal significa o puede representar. Tuve que aprender a concentrarme en mis lecturas o estudio mientras otros compañeros de celda veían televisión o discutían temas cotidianos. Y en ese contexto valoré la soledad. No como la condición de aislamiento o de separación de los demás, sino como el espacio personal necesario para pensar, para ordenar las cosas que no se comparten o que permiten el trabajo, la lectura, la escritura, la parte personal de la creación. Una de las cuestiones que más añoré o deseé, estando en prisión, fue esa soledad.

Cuando salí y viví con mi primera mujer en la libertad, el espacio de su biblioteca me parecía una especie de paraíso: nada sino libros, miles de libros en silencio en una calle cerrada, sin tráfico de vehículos, donde podía pasar horas y días investigando, leyendo, haciendo notas, lucubrando, planeando, esbozando. Llegué así a la conclusión de que el espacio personal no era pecado, no era indebido, no era superfluo, sino estrictamente necesario. Así que no me importó que algunos compañeros juzgaran mi necesidad o propensión al aislamiento o la soledad con los libros como un defecto o una debilidad burguesa. Si eso es burgués ni modo. Pensé que era una aportación que tenía que ser integrada a la conducta y forma de ser de un revolucionario.

Pero tiempo más tarde me encontré una definición más clara del tema: una cosa era la propiedad privada y otra la propiedad personal. La privada se refería a los medios de producción que permitían la contratación de mano de obra, siendo el propietario de los medios el que de esa manera se podía quedar, precisamente por detentar los medios de trabajo, con el excedente total del conjunto de trabajadores. La propiedad personal, en cambio, era apenas esa esfera del espacio que le permite a uno cumplir sus necesidades de estudio y trabajo, y a dónde uno guarda o atesora sus recursos individuales para funcionar. Junto con esta noción sentí que para poder ser colectivo había que consolidar la vida personal primero.

Fue una primera distinción entre formas de propiedad que establecí de manera tajante. Pero ya había sido testigo de varios combates y discusiones sobre la propiedad pública y los bienes de la nación.

Sin embargo algunas de las cosas que me tocó observar en mis años de formación fueron los cuestionamientos al uso o función que se asignaba a las empresas públicas. Algunos periodistas e intelectuales acusaban al gobierno de poner al servicio de los empresarios privados o de la gente de mayores ingresos, los programas públicos o las dependencias gubernamentales. Se hablaba de que las tarifas de electricidad privilegiaban a los industriales; se hablaba también de exenciones fiscales a los empresarios; se mencionaba que los trabajadores tenían que pagar proporcionalmente más en las zonas obreras por concepto de algunos servicios, que lo que pagaban los habitantes de los barrios residenciales. No me parecía extraño o difícil, pues un estado de clase, al servicio de los dueños del capital, no podía actuar de otra manera.

Sin embargo las cosas se me fueron presentando bajo una nueva óptica o perfil cuando los impugnadores o críticos del desempeño gubernamental se apoyaban, para fundar sus argumentos, en lo que debía ser u ocurrir según dictaba nuestra Constitución.

Así que llegué a preguntarme si un país dominado por el capitalismo podía tener una Constitución que consagrara derechos democráticos o justos en el terreno de la economía. Y tuve entonces que acercarme a la letra del texto y a conocer su origen y autoría.

Entonces cambió mi panorama. Esa clase enemiga que mis maestros habían caracterizado como burguesa, incluía a algunos defensores de un derecho que, en sentido estricto, no era burgués. No encajaba, no era consecuente o congruente esa existencia de sujetos que defendían la Constitución con ese interés o condición burguesa. Desde luego que para mis compañeros esto era una perpetua fuente de contradicciones: ¿cómo combatir un estado que estaba fundado en una Constitución que al mismo tiempo servía de inspiración o argumento para las cosas que queríamos? Era como sólo decir que el gobierno o el estado era inconsecuente en la aplicación del derecho constitucional, y que algunos de los opositores —esos sí—estaban dispuestos y en condiciones de hacer valer su espíritu y su letra.

Había leído a Zapata, y conocía también la larga lucha del ejido para consolidarse como forma de organización productiva del campo mexicano. Y francamente no me parecía burgués su carácter o su forma de trabajo. Y no me parecía burgués empezando porque su propiedad era inalienable, y porque constituía una propiedad colectiva del núcleo dotado de tierra. Lo que todavía no terminaba de ver es que había sido creado por el estado. Ciertamente sobre la base de la demanda o reclamo por la tierra, pero de cualquier forma a partir del Estado. De hecho, el estado mexicano surgido de la Revolución de 1910—1917 no se levantaba circunscrito a la idea o el interés de quienes lo impulsaron. Los triunfadores, desde Carranza y hasta Cárdenas, buscaban consolidar el poder en el sentido más concreto y banal que tiene. No como un proyecto histórico, sino como ejercicio de control y estabilidad de una sociedad que venía de una guerra civil con cientos de miles de muertos, y con una violencia como no se había visto en un siglo. Sin duda al final de ese periodo de consolidación se diseñaron instituciones y programas con visión de Estado y proyección a largo plazo. Pero el propósito central fue siempre el control y hegemonía del poder.

El estado surgido de la Revolución Mexicana no era una excepción en la historia universal, pero tampoco era ajeno a su entorno, a lo que la sociedad mexicana incluía, y a las instituciones culturales que venían de siglos o de otros procesos anteriores de cambio.

Para los divulgadores del marxismo de consumo en los años sesentas, una Revolución era un acto violento mediante el cual una clase o una alianza de clases derrocan a una clase dominante e instauran un nuevo dominio, habiendo destruido el estado del vencido. Es decir, habiendo sustituido sus instituciones y su fuerza pública con nuevas instituciones y un nuevo ejército. Sin embargo, yo veía en el ejido algo que trascendía, por su naturaleza y forma de propiedad, lo que un estado burgués podía haberse planteado. Y desde luego que yo veía una continuidad de siglos en la presencia de la comunidad, que había permanecido durante los trescientos años de la Colonia, y se había mantenido más o menos estable durante la Revolución de Independencia, resistiendo luego la creación del Estado centralizador del siglo XIX, y habiendo incluso podido sobrevivir al juarismo, que fuera el periodo más liberal en el sentido burgués y modernizador —con sus leyes de desamortización, que no sólo despojaban a la Iglesia como terrateniente que era, sino también se intentó aplicar a los indígenas—; pues Juárez quería que todo entrara al mercado y a la organización eficiente de la economía global. No había sido casualidad que la red ferroviaria fuera producto del Porfiriato. Era la forma más eficaz de conectar la economía rural al mercado global.

Ese esquema de la Revolución que lo destruía todo y lo recomponía no me parecía convincente, tenía que haber algo que me explicara por qué el ejido existía en un régimen burgués y por qué la ley consagraba formas de propiedad que no eran capitalistas. Los libros oficiales no arrojaban luz, pero tampoco los libros marxistas.

La lucha por la tierra había asumido en la Revolución la forma de una demanda por la restitución de la tierra a sus propietarios originales. Y la forma de tenencia que había provocado el liberalismo, establecido bajo Juárez a mediados del siglo XIX y que se prolongó hasta el Porfiriato en 1910, había sido la Hacienda, una unidad diversificada, de propiedad individual, que mantenía el trabajo forzado, producía buena parte de lo que necesitaba para su consumo y todavía podía vender excedentes en el mercado global. Burgués había sido entonces Juárez, pero no Carranza. Juárez había decretado las leyes de desamortización, y Carranza la ley del seis de enero apoyado por Luis Cabrera, con la cual se institucionalizaba la Reforma Agraria.

Todo se mostraba no sólo contradictorio sino además paradójico. Carranza había sido el asesino de Zapata, y al mismo tiempo quien recogiera su Programa y lo volviera ley. Interpretar ese hecho requería trascender los esquemas sobre lo que se decía que eran la Revolución y la propiedad. Era necesario volver al sentido común, que a veces queda impedido por el pensamiento teórico. Si Carranza convertía en institución el programa de Zapata era porque ello le debía dar legitimidad a la Revolución que éste estaba convirtiendo en instituciones, pero también porque era la única forma como podía controlar o limitar el alcance del reparto. Después de todo Carranza ya había sido gobernador, y su objetivo era la consolidación del poder, no la continuidad de la Revolución. Sin embargo él no era el único vencedor, pues otros militares estaban prontos a capitalizar su participación en la contienda, Álvaro Obregón al frente de ellos.

La ley del seis de enero tenía entonces una doble significación. Era la bandera campesina que llevaría la justicia al campo, y era la bandera del grupo gobernante para consolidar el control del proceso de reparto e institucionalizar una función tutelar del estado. Faltaba solamente definir el carácter de esa tutela.

Calles, que fue quien consolidó el Estado de la Revolución en México, no pudo borrar la historia y la tradición. Y la propiedad privada, que venía siendo cuestionada desde la conquista; y que venía siendo combatida por las llamadas Repúblicas de indios durante trescientos años, no correría mejor suerte. El medio siglo de juarismo y porfirismo no habían liquidado a la comunidad indígena. Y la Revolución había generalizado la restitución de tierras. Así que los planes de Calles encontraron valladar.

Los Constitucionalistas de 1917 habían sido sensibles a la influencia del anarquismo —que defendía el interés social por encima de todos los otros—, así que habían conceptuado el interés de la Nación como el más general y único primigenio u original. Pero más allá de ello, habían incluido algunos artículos que claramente indicaban el compromiso de servir poniendo por delante el interés colectivo.

La Constitución conceptúa entonces a los yacimientos minerales y petrolíferos, a los terrenos baldíos y nacionales, a las aguas nacionales; e incluso a los bienes de asociaciones o corporaciones religiosas, así como los bienes utilizados en la propaganda, administración y enseñanza de un culto religioso, como bienes públicos.

Estos bienes, de dominio directo de la Nación, quedaban inscritos en el texto como inalienables e imprescriptibles, que sólo mediante concesión del estado los particulares podían usar, aprovechar o explotar.

Además, en el espíritu de la Constitución se incluía a los bienes de uso común, que eran aquellos que pueden ser utilizados por todos los habitantes de la República, "de manera que el uso común que le dan los habitantes se constituye en la mejor garantía para evitar que cualquier persona se apropie de alguno de ellos".

Algunos bienes de uso común, por su propia condición física, ni siquiera podían ser o son susceptibles de apropiación privada en cantidades significativas, tales como el espacio aéreo, el mar territorial y las aguas marítimas interiores. Quedaban igualmente comprendidos como bienes de uso común los caminos, las carreteras y puentes que constituyen vías generales de comunicación; los puertos, bahías, radas y ensenadas; los diques, muelles, escolleras y malecones; los cauces de las corrientes y los vasos de los lagos, lagunas y esteros; los monumentos arqueológicos, históricos y artísticos; y las plazas, paseos y parques públicos construidos por el Gobierno Federal.

La confusión entre propiedad pública y propiedad estatal no era ni es solamente resultado del propósito interesado de la burocracia por disfrazar la forma como se apropiaban de un patrimonio nacional. Era también resultado de la esquemática difusión de lo que constituía el socialismo, pues para el marxismo vulgar, la propiedad estatal era sinónimo de economía bajo propiedad de todo el pueblo. Y en este sentido, Fidel era un representante de ese socialismo vulgar. Pues se sobreentendía que la economía estatizada en Rusia se organizaba acorde con un plan de interés colectivo.

Sin embargo ya en los años que yo nací, los marxistas disidentes y críticos del estalinismo habían iniciado la crítica de la economía burocrática. Entre los primeros había estado desde luego Rosa Luxemburgo, pero ella había gestado el desarrollo de una escuela, la de los austromarxistas, que procedieron a establecer una distinción entre propiedad común y propiedad estatal. Esta distinción dejaba claro que la propiedad estatal no suprimía la explotación de los obreros, y que ni siquiera eran ellos propietarios o usufructuarios bajo esa forma de propiedad. Sin embargo los marxistas de pacotilla que hegemonizaban a la izquierda en mi país y que se consolidaron en el gobierno cubano, no tenían ni noticia de estas reflexiones.

Anton Pannekoek había escrito un año antes de que yo naciera que "La propiedad pública es la propiedad, es decir, el derecho de disposición, de un cuerpo público que representa a la sociedad, del gobierno, el poder estatal o algún otro cuerpo político. Las personas que forman este cuerpo, los políticos, funcionarios, dirigentes, secretarios, gerentes, son los amos directos del aparato de producción; ellos dirigen y regulan el proceso de producción; ellos mandan a los obreros. La propiedad común es el derecho de disposición por los obreros mismos; la propia clase obrera —tomada en el sentido más amplio de todos los que comparten el trabajo realmente productivo, incluyendo a los empleados, campesinos, científicos— es el ama del aparato de producción, gestionando, dirigiendo y regulando el proceso de producción que es, de hecho, su trabajo común.

"Bajo la propiedad pública —agregaba Pannekoek— los obreros no son amos de su trabajo; pueden ser mejor tratados y sus salarios pueden ser más altos que bajo la propiedad privada; pero son todavía explotados. La explotación no significa simplemente que los obreros no reciben el pleno producto de su trabajo; pues una parte considerable debe siempre gastarse en el aparato de producción y para las secciones improductivas aunque necesarias de la sociedad. La explotación consiste en que otros, formando otra clase, disponen del producto y de su distribución; consiste en que ellos deciden qué parte se asignará a los obreros como salarios, qué parte retienen para ellos y para otros propósitos. Bajo la propiedad pública esto pertenece a la regulación del proceso de producción, que es la función de la burocracia. Así, en Rusia (o en Cuba, podemos agregar) la burocracia como clase dominante es la dueña de la producción y del producto, y los obreros rusos (o cubanos) son una clase explotada."[33]

En México, lo que Pannekoek llamaba la propiedad pública no era lo mismo, y hacía todavía más difícil la comprensión y caracterización del régimen y del estado. Pues aquí además de la propiedad estatal o de lo que se ha conocido como empresas descentralizadas y desconcentradas del Estado, teníamos, como ya hemos visto, una propiedad pública real.

La aportación de la propiedad estatal era un producto de la Revolución, y más precisamente del callismo; la propiedad pública era una herencia histórica. Pero nadie lo distinguió. Lo que sí ocurrió es que se combatiera la propiedad pública creyendo que se combatía el monopolio del estado. (De hecho eso es lo que le ocurrió trágicamente al fundador del PAN) Y lo que también ocurrió es que se confundiera como un objetivo del socialismo el establecimiento de la propiedad estatal como objetivo central. Terribles paradojas, pues en México la propiedad estatal devino en el fundamento del estado corporativo. Y en Cuba esa propiedad ha sido el fundamento de una dictadura socioeconómica.

---

33. Propiedad pública y propiedad común, publicado en Western Socialist 1947.

El artículo 25 de la Constitución Mexicana definía claramente la concurrencia de tres sectores, es decir de lo privado, lo social y lo público. Y definía además que el papel o responsabilidad del Estado era velar por el sano equilibrio entre ellos y por el apoyo a cada uno en función de su papel y potencial. Yo esperaba encontrar una formulación de estos hechos en una teoría o escuela sociológica mexicana. Sin embargo ningún sociólogo ni teórico del estado me dio gusto. Nadie explicó que la propiedad pública nos venía del estado azteca que se hacía responsable del abasto y las grandes obras, ajeno en esto al interés de la clase sacerdotal en cuanto a sus privilegios, y en todo caso solamente validador del dominio y conducción de la economía y sus intereses más generales. Nadie pudo diferenciar el interés del estado en cuanto a tal, como expresión de la burocracia que se apropiaba de esa maquinaria como detentadora o usufructuaria parcial de la misma.

La realidad del mundo ya nos lo venía mostrando, sobre todo a partir de la experiencia soviética. Pero resultaba invisible para todos los que veían en la Unión Soviética la esperanza o el horizonte de la historia universal, y no alcanzaban a ver a la claque que se había enseñoreado en sus instituciones, reduciendo la doctrina a una camiseta ideológica, y convirtiendo la maquinaria de la administración en una fuente de autoritarismo, hasta el extremo de haber generalizado el establecimiento del gulag como verdadero fundamento de la economía extractiva que surtía a las fábricas, al mismo tiempo que esa forma de "producción" "procesaba" y liquidaba al pensamiento crítico y a la disidencia.

Propiedad pública y propiedad estatal aparecían como lo mismo ante los ojos lerdos de mis contemporáneos, Fidel incluido. Como si el interés de la mayoría o de la Nación pudiera ser el mismo que el interés mezquino del grupo detentador y usufructuario de las instituciones. Pemex se había convertido en la principal propiedad estatal, en la medida que le aportaba a la administración la parte sustantiva de su presupuesto. Como en Cuba la industria turística.

Aunque se dijera que era una empresa de la Nación, y que el gobierno fuera su administrador, lo cierto es que se le había pervertido convirtiéndolo en la base de una burocracia sindical o estatal, y una clase beneficiaria de sus rentas.

No era el caso, sin embargo de la tierra, que mantuvo su carácter originario como propiedad de la Nación, y que no permitió nunca, ni siquiera en los días más vergonzosos del neoliberalismo, que ocurriera la propiedad privada plena. Siempre se mantuvo la última instancia según dictaba el texto de la Carta Magna mexicana, de que la "propiedad de la Nación", que es la "única originaria", podría adoptar "las modalidades", es decir, su carácter privado o social, según dictara "el interés público". Por lo que ninguna reforma, ni siquiera la de Carlos Salinas, consiguió terminar con la propiedad ejidal. Y en Cuba, como veremos en el siguiente apartado, tampoco fue estatal el cooperativismo rural. Pero no nos adelantemos.

Como Revolución que reivindica importantes derechos sociales, y que instituye constitucionalmente la propiedad pública, la Revolución Mexicana puede ostentarse entonces como la Primera Revolución social del Siglo XX. Como Revolución que crea al mismo tiempo los mecanismos corporativos de control para la estabilidad de un régimen, puede considerarse a la Revolución Mexicana como el más exitoso ejemplo del corporativismo fascista, bastante anterior al de Franco o Mussolini, y bastante más duradero. Como Revolución que garantiza la existencia y legitimidad de tres sectores de la economía, puede considerarse a la Revolución Mexicana como la primera revolución que instituye la economía mixta. Y como proceso histórico que incluye la defensa del interés público por encima de cualquier otro puede considerarse como un ejemplo pionero de la economía del futuro, donde el interés comunitario se extienda y generalice. Sin duda todo ello hizo difícil y complejo su caracterización y el diseño de políticas que se le opusieran de manera eficaz y legítima.

Cuba, por otra parte, como Nación en la que desapareció

toda propiedad privada e individual, y donde toda la producción fue administrada de manera central por una burocracia, no instituyó el socialismo, sino un estado burocrático con importantes programas sociales, conjugando la virtud de perseguir una distribución igualitaria de la renta, pero generando una clase burocrática ineficiente. Al mismo tiempo, al erradicar la libre iniciativa y el mercado, Cuba adoptó una dinámica de organización y funcionamiento que perpetuaría el atraso y la escasez haciendo que lo único realmente socializado fuera la pobreza.

Yo creía, pero no lo creía de manera voluntarista, sino junto con una parte considerable de los pueblos que componían estas naciones, que el socialismo podía ser recuperado en un proceso de participación masiva, porque además existían bases, había avances. En todos esos países se había establecido un sistema educativo laico, universal, gratuito, de gran calidad. En todos los países del socialismo real, incluido Cuba, se había conseguido darle a la economía alguna planeación, y el que los excedentes se estuvieran orientando de manera prioritaria a la industria militar y al consumo de la burocracia, no invalidaban o devaluaban el principio de planeación, sino que planteaban una necesaria orientación del excedente hacia el consumo y las necesidades básicas.

Un teórico polaco lo esclareció de manera notable antes de la caída del sistema. Su nombre era Wlodimierz Brus, quien con luminosas reflexiones de su antecesor[34] Kuron, lo planteaba explicando que es erróneo, es parte de una creencia equivocada, "el que el plan y el mercado son instituciones mutuamente excluyentes (pues) La planificación socialista es la asignación consciente de los recursos con el fin de lograr la máxima satisfacción de las necesidades sociales...(y) en determinadas circunstancias, un mecanismo de mercado regulado es una forma más apropiada (o al menos puede resultarlo en la práctica) para una economía planificada..."[35]

---

34. Wlodimierz Brus era mayor en edad que Jacek Kuron, pero el iniciador de la reflexión había sido Kuron
35. *Economía y política en el socialismo*. Amorrortu Editores, Buenos Aires

Haciendo una reflexión crítica de la experiencia histórica del socialismo en el Este, Brus postuló que la socialización no podía ser un acto repentino, y que en realidad constituía un proceso en el que los medios de producción eran asumidos progresivamente por los trabajadores, a través de un camino de creciente autogestión y descentralización.[36] Descentralización que debía ser, al mismo tiempo, un ejercicio de decisiones socioeconómicas.

En ese proceso, concluía nuestro autor, se confrontarían opciones, representadas por los mismos productores, y esas opciones definirían entonces el Plan de producción. [37]El no haber extraído esas lecciones de la inconformidad y las luchas obreras era lo que originaba la crisis política del estado[38] que sentó él.

Reseñando las luchas de 1970 en Polonia, enfatizaba: "las demandas giraron principalmente en torno de la democratización de las relaciones a nivel de fábrica, la modificación de los procedimientos electorales en ciertas organizaciones (incluido el Partido), una auténtica autonomía y un nuevo enfoque de los sindicatos, la difusión de la información sin deformaciones, una lucha efectiva contra la burocracia, la abolición de los privilegios inherentes a los cargos y de ciertas organizaciones privadas, etc. En la esfera económica, se plantearon numerosas demandas a favor de una mayor autonomía de las empresas, doblemente significativas: como fundamento de un empleo más amplio y eficaz de la capacidad productiva, y como base de una autogestión obrera real y no ficticia."

Y concluía entonces: "La clase obrera polaca demostró su madurez precisamente por su comprensión de las conexiones entre la economía y la política en el socialismo, evidenciando además un buen sentido de la realidad en cuanto a los alcances de sus demandas y los métodos para formularlas."[39]

1974. pág. 89.
36. Ibidem. Pág. 30,31, 43, Cosa en la que Maurice Dobb coincidía, según lo explica en el Prólogo del mismo libro.
37. Ibidem, pág. 21.
38. Ibídem, pág. 163.
39. Ibidem, pág. 172.

Ese sentido que demostraron los obreros polacos, que no iba encaminado a destruir todo camino al socialismo, es lo que no intuyó ni conoció Fidel, ni los miembros del Partido Comunista de Cuba.

Empezando por la herencia material del régimen fidelista burocrático, que no socialista, tenemos así ciudades ruinosas, con hacinamientos de población. Una industria en ruinas, que no puede transformar las materias primas de su propia economía. Una organización productiva ineficiente y poco rentable, que por lo mismo no puede retribuir a su personal de manera suficiente. Y una economía mixta, pero no de sector público y sector social, sino de mercado negro —bajo alimentación burocrática—y un sector estatal, completamente incapaz de atender la demanda de bienes básicos.

Si eso correspondiera a los primeros años de la Revolución sería explicable. Pero después de medio siglo, constituye un mentís al socialismo, y un fracaso total como modelo a seguir o como ejemplo a reproducir.

Capítulo 4
¿Por quién llorar, por Fidel o por sus víctimas?

A mi amiga Haydee que lloró por la muerte de Fidel, le escribí: "Yo no lloré ahora que murió Fidel, porque lloré cuando leí el libro de Franqui titulado *Retrato de familia*, y luego lloré cuando leí las memorias de Huber Matus, el que fuera también comandante de la Revolución, y quien, al discrepar de Fidel en el arranque del gobierno, fue encerrado veinte años en la cárcel. Y hasta tuve que suspender varias veces la lectura, porque el corazón se me estrujaba de angustia frente a cada revelación que este hombre dejó como testimonio. Tuve que aprender a tomarme las lecciones de Franqui, de Huber, de Camilo, de Padilla, de Haydee Santamaría, de Valladares, y tantos otros, con un dejo de distancia, en parte gracias a Yoani Sánchez, a su frialdad descriptiva y a su serena reflexión. Ya no me hizo llorar el libro de Franqui sobre la muerte de Camilo Cienfuegos. Y cuando escuché de nuevo algunos discursos de Fidel ya no sentí sinceridad en sus entonaciones, ni verdadera convicción, solo escuché al actor y manipulador profesional."

Algunos me preguntan por qué *Retrato de familia* es para llorar. Y les digo: recuerdan esa famosa foto donde está Lenin arengando a la multitud en la Revolución rusa, y luego cómo de esa foto que se mantuvo en la propaganda fue borrado León Trotski. Pues el libro de Franqui es un relato sobre cómo en la historia de Cuba se fue borrando a cada uno de sus protagonistas, hasta que sólo quedó Fidel. Franqui nos ilustra sobre la repetición de un ejercicio de falsificación histórica emprendido desde la ideología. Lo que además ocurre junto con el tránsito de una visión plural a una obsesión por una versión única, excluyente y absoluta.

El libro de Matus, que está escrito por un hombre que pasó veinte años de la historia de Cuba en las prisiones más terribles del Fidelato, mantiene un discurso sobrio, de sentimiento a flor de piel, de profunda sensibilidad, para relatarnos cómo uno por uno de los ideales con que esa revolución empezó, fueron cediendo ante la megalomanía y la pasión por el poder absoluto. Y como yo he visto eso entre mis compañeros, guardando las proporciones, y como también lo he vivido en el aparato oficial de la política, me pareció un testimonio atroz y terrible sobre la estulticia y la vanagloria, y sentí muchas veces que nadie tenía derecho a vitorear a un hombre que ha cometido tantos atropellos y que ha rebajado su condición hasta un nivel sólo comparable con los seres más viles. Y todo por megalomanía y fanatismo doctrinario.

Y cuando conocí a Fidel en la Habana, con motivo del 40 aniversario de la Reforma Agraria, como ya relaté, muchos mitos sobre su persona se cayeron en un solo día ante mis ojos. Y cuando se negó a sentarse conmigo a la mesa, porque dos días antes había yo expresado críticas a su gobierno, le tomé la medida, pues al contrario de lo que se dice, él nunca dialogó con la disidencia. Y cuando fui cavilando sobre sus motivos y sus verdaderas intenciones para mantener una hegemonía absoluta del poder, me quité un velo de los ojos. Y desde entonces me siento una conciencia libre, y me parece que mi obligación es desmitificar lo que no puede seguir siendo objeto de culto. Porque sueño, eso sí, sueño, con un futuro socialista donde no se tenga que asesinar a los mismos compañeros, ni encarcelar a los demócratas sinceros, ni convertir una revolución en un partido único, ni se machaque con los medios de comunicación un compromiso con una ideología, ni se le conduzca al pueblo a firmar un contrato compromiso con un conjunto de instituciones que no les conceden libertad. Para mí eso es Orwell y más. Y no, no abandono mi vocación libertaria.

Pero fueron mucho mayor motivo de tristeza y de llanto mis visitas al socialismo real. Muchos han ido a turistear o celebrar a Cuba fechas emblemáticas. A formar parte de los que llenan las plazas y vitoreaban al líder. Pero pocos han ido a observar y estudiar la realidad en Serbia, Ucrania, Siberia, varias ciudades de Rusia, a Crimea, a Polonia, a Berlín o el campo de la RDA, de Eslovaquia o de República checa, para constatar cómo se vivía después de cincuenta o sesenta años de socialismo. A mí no me inspiraron lágrimas las ideologías. Originalmente fui motivado por una teoría y una doctrina, y me jugué el pellejo impulsando una política clandestina de confrontación con el Estado mexicano, creyendo que podía impulsar aquí una revolución socialista, lucha que a mis compañeros y a mí nos llevó a pasar cerca de seis años en la cárcel. Me motivó el ideal y la teoría de una sociedad sin clases para mantenerme, todavía después, dentro de la militancia partidaria, durante más de otros treinta años. Pero a lo largo de todo ese tiempo siempre seguí estudiando, observando, investigando, porque no quería repetir errores, y porque quería ser parte de la organización o el equipo que pudiera efectivamente conducir a mis contemporáneos hacia una nueva sociedad y no a la miseria de la que había sido testigo. Y en esa observación y recorrido estuve en casas campesinas y de obreros en las localidades más lejanas de las capitales del socialismo real, y ví las limitaciones económicas que padecían, y la insuficiencia de su ingreso para cubrir las necesidades más elementales, y entonces me pregunté por qué tantos años de socialismo, o de supuesto socialismo, no habían podido dar a esos pueblos cuando menos la condición clasemediera que yo había tenido. Y en lugar de seguir vitoreando los discursos de Brezhnev, o Honnecker, o Fidel, me puse a estudiar sus economías, su planeación, sus partidos, su agricultura, su educación.

Y aprendí a amar la gesta popular, el sacrificio y la fuerza espiritual con que cada uno de esos pueblos entregó su sangre, y estuvo dispuesto a mantener vivos sus ideales persiguiendo un objetivo que todavía hoy no han podido alcanzar, mientras sus adversarios, sin ofrecer nada más que la libertad, habían llegado a la sociedad de consumo, aunque se mantuvieran las desigualdades. Aprendí que es posible organizar empresas eficientes, pero que cada una de estas sociedades topó con una clase social que no permitía la participación de los productores o los ciudadanos en la definición de las prioridades o la producción, y que para conservar su control de la vida social, había conculcado las libertades de organización y de propuesta.

Y aquí, en mi país, trabajé, también al mismo tiempo, en la administración pública. Cerca del poder, y en el cuerpo legislativo, perfeccionando leyes de orientación social que allá, en el socialismo real, no habían mejorado. Así que no solo he visto de lejos al Estado y al socialismo, ni he sido ajeno a lo que es ser parte del gobierno. He sido cercano de tres gobernadores, y de tres secretarios de Estado y un presidente. Y si hablo sobre lo que un gobierno puede hacer, lo hago con cierto dominio del oficio y con la experiencia de cuarenta años de servicio público.

Cuando recorrí los países del socialismo, hacía ya mucho tiempo que había leído con el corazón en la mano y la respiración agitada las páginas del testimonio de Jean Valtin, *La noche quedó atrás*. Hacía mucho tiempo también que había tratado de explicarme cómo un hombre que ha sido acusado de traición (por Stalin) a la causa podía gritar ante el pelotón de fusilamiento: *¡Recuerden camaradas, que en la bandera roja que portaréis hasta el socialismo lleváis una gota de mi sangre!* No podía comprender el gulag, no podía asimilar el suicidio de Haydee Santamaría tras una reprimenda de Fidel. No podía concebir el aislamiento y cerco de Ernesto Guevara después de batallas y escaramuzas exitosas en África. No podía aceptar el "accidente" en que fallecieran Camilo Cienfuegos o Lin Piao, o la larga enfermedad no atendida de Chou En Lai que le costara la vida. Yo mismo había sido amenazado por uno de mis propios compañeros de ser muerto si revelaba cómo algunos de nuestros dirigentes se habían presentado a declarar ante la policía contra nosotros.

En la larga historia del socialismo real —gobernante o no—, y no del socialismo visto de lejitos, o como escenografía, había elementos que simplemente no cuadraban. No coincidían con el ideal, o con los principios de solidaridad, de entrega y devoción al prójimo. Y tuve que aceptar, que en esta religión —porque nuestra propuesta y militancia había devenido en un rito y una conducta perfectamente definibles como un culto y una parafernalia correspondientes a una fé—existía un proceso comparable al, y soterrado como, aquél antes vivido dentro del cristianismo o la filosofía de Mahoma, en donde unos no reconocían a los otros como parte de lo mismo, simplemente porque planteaban algo semejante pero no igual, con algún matiz o cierto procedimiento que lo modificaba, representando una forma distinta de concretar la utopía, o un camino más abierto.

Asumiendo la necesidad de construir algo plural, que recogiera toda la riqueza política que genera la realidad, en algún momento tuve que aprender a ser inclusivo, es decir, a esforzarme por mantener unido lo que era diferente y no necesariamente antagónico, para ser más fuerte o llegar más lejos. Incluso en la cárcel creo que salvamos la vida porque aprendimos a plantear una posición común, que dejaba atrás nuestras insuperables diferencias, para presentar una demanda, o una propuesta, en la que cabíamos todos. Y llegué a la final conclusión de que no es posible, pero tampoco deseable, una sociedad donde sólo prevalezca una perspectiva o un horizonte, y que la sociedad y la vida son como un árbol, que extiende sus ramas en diversas direcciones, sin que eso represente un abandono o ruptura con el tronco común.

Y desde entonces observo cómo en la política siguen apareciendo y permaneciendo los insulsos que sólo creen en su verdad, o que quieren tomar decisiones en el nombre de todos o de la supuesta mayoría que ellos consideran representar. Y ahí están, no solo Fidel o Stalin, también Cuauhtémoc, Andrés Manuel, Salinas, o el idiota de Calderón. Sin que su vocación autoritaria pertenezca o tenga filiación de izquierda o de derecha, pues lo único que realmente exhibe es autoritarismo, por más que se lo envuelva en discursos justicieros o en programas de salvación nacional.

Con esa actitud fue que Fidel, en 1961 decide la política de vivienda, que va a generalizarse a toda la economía. Cuando el país atravesaba por un rígido racionamiento, y dado que toda revolución nace con una fuerte sentimiento de justicia social y de igualdad, como nos recuerda Franqui (ibídem pág. 234) "en aquella locura económica fidelista y tropical, como bien decía con su lógica Raúl Chibás, lo más loco fue la ley de alquileres: Una rebaja del cincuenta por ciento, un parto precipitado, no pensado, cuyo mayor beneficiario no fue el pobre, que pagaba cinco, diez o veinte pesos de alquiler al mes; fueron la clase media, los profesionales, los más pudientes. Y la rebaja significó para esa minoría veinticinco, cincuenta, cien o más pesos mensuales. No se tuvo en cuenta (Fidel no tuvo en cuenta) la diferencia entre el pequeño propietario de apartamento y el gran propietario. Se los midió con la misma vara. Esto de la vivienda será una de las más absurdas realidades de la política de Castro, que ya en 1960 ordenó, con la ley de reforma urbana, dar la propiedad de la casa en forma privada al inquilino. Esta medida terminó con el mercado de la construcción y con el alquiler. Dio a inquilinos buenos apartamentos, repartió casas en pequeña medida a los que no tenían y a los revolucionarios, dejó a la mayoría para siempre en su mala vivienda en el campo y la ciudad, y como esa decisión no fue acompañada de una política de construcción de nuevas viviendas, a pesar del millón de exiliados, las nuevas generaciones han sufrido más que nada el no tener una casa, o el tener que vivir con sus padres cuando se casan. Otro error fue el no dar mantenimiento a las casas, y una gran parte están cayéndose... "

Veinte años más tarde, cuando la población ha vivido bajo racionamiento, con salarios de menos de setenta dólares al mes, sin posibilidad alguna de comprar o construir casa, o de tener coche o bicicleta, el pueblo quiere huir de su país. Miles, cientos de miles, sobre todo aquellos que antes de la revolución habían tenido mejor nivel de vida, o los clasemedieros que no podían mejorar por más que se esforzaran, piden permiso para abandonar Cuba. Y en lugar de comprender su predicamento, se los etiqueta, se los condena, se los expulsa como si fueran enemigos. En 1980, nos cuenta también Franqui, "con acontecimientos traumáticos, parecidos por su violencia a la Revolución Cultural china, con una diferencia grande, pues aquella —aun en su locura— iba dirigida contra la burocracia y la nueva élite del poder chino, que se había convertido en una nueva clase explotadora del pueblo, y contra ellos dirigía Mao esa revolución —lo que no justificaba sus crímenes, ni niega las verdades, las causas que la produjeron. En la misma época, en los mismos días, en la Habana bandas porristas de la Seguridad y de los comités de defensa (de la revolución) golpeaban a los que se querían ir del país, a los que se habían refugiado en la Embajada del Perú. Una violencia multitudinaria que, a gritos, piedras, palos, huevos, asediaba casas, perseguía ancianos, niños, mujeres, hería, asesinaba. Generalizando una insoportable violencia que obligaba a la gente a incorporarse, gritar y tirar contra su vecino, so pena de sufrir ellos, si no la apoyaban, la misma violencia que los que habían pedido salida."(Franqui, ibídem. Pág. 366)

Uno no podría poner en duda la intención justiciera de Fidel al regalar las casas y los departamentos a sus inquilinos. Tampoco al bajar a la mitad las rentas. Ni siquiera podría uno sino confirmar su vocación social al liquidar toda propiedad. Pero por desgracia no se puede gobernar por mera inspiración ni despliegue ferviente de principios, pues sin conocimiento de las leyes económicas, y peor aún, sin disposición para escuchar o aprender de quienes tienen el conocimiento, sólo pueden crearse problemas históricos, de tan larga duración como el mismo régimen que los Castro han impuesto.

Y nadie de los dirigentes cubanos que quedaron estaba exento de ese voluntarismo subjetivo. NI siquiera el Ché. Cubanos me contaron cómo Ernesto Guevara había decretado el trabajo voluntario, las jornadas de trabajo voluntario, a las que ciertamente él era el primero en acudir. Jornadas que miles emprendieron convencidos de la justeza que tenían para arrancar una nueva economía. Pero cuando transcurrió un año y no se vieron resultados, la gente empezó a dudar de su necesidad o de su validez. Y fueron cada vez menos. Y el Ché seguía, pero quedándose solo. Aunque escribiera sobre la formación del hombre socialista. ¿Y por qué no se veían resultados? ¿Por qué no aumentaba la riqueza? ¿Por qué parecían infructuosos los sacrificios?

Desde luego que cuando una economía es superavitaria el organismo que redistribuye el presupuesto recabado puede reasignar los recursos acorde con las necesidades. Pero Fidel, y varios más, que estaban convencidos de que el socialismo no era la abundancia sino una serie de compromisos y de fidelidades al dogma, no solamente no redistribuyeron ni permitieron que otros redistribuyan el presupuesto ajustándolo a la satisfacción de las necesidades, sino para cumplir con la vocación de pelea y lucha contra el imperialismo.

Él mismo le había dicho a un mandatario que cuando le hiciera falta el apoyo militar se los dijera pues podrían ser malos para la economía pero eran muy buenos para la guerra. Y eso sí que no lo ponemos en duda. Como lo describe el militar que publicó en la revista Proceso número 2092, del 4 de diciembre de 2016, "sin el juego de ajedrez que Fidel supo jugar en contra del imperialismo, la Cuba revolucionaria no hubiera sobrevivido". Lo único lamentable, en ese caso, fue que el financiamiento no se lo consiguió él, sino que se lo impuso al pueblo de Cuba, que debió postergar sus derechos al bienestar, a la vivienda digna, a la alimentación y a la libertad, para que el militarismo cubano pudiera desplegarse con toda libertad.

Tampoco podría uno condenar ese militarismo per se, pues gracias a la intervención cubana en África, el resultado geopolítico fue favorable al interés de la negritud y contra el régimen del apartheid, a favor de cierta independencia de Namibia y de Angola, además de haber contribuido a la democratización de toda Sudáfrica.

Aun así, uno se pregunta si haber mantenido a trescientos mil cubanos involucrados en el conflicto a lo largo de quince años, incluyendo una división de tanques, una flota de aviones Mig, equipo pesado de artillería y miles de fusiles con parque, no fue justamente lo que no permitió fundar un programa de vivienda, ni reconstruir la Habana que sigue en ruinas, ni tecnificar la producción en las granjas estatales de la agricultura, ni fundar una verdadera planta industrial.

En un artículo publicado el nueve de diciembre de este año de 2016, un historiador cubano dijo "Paradójicamente, esta situación hace que el país llegue a ser en algunos aspectos monstruoso, porque no logra desarrollar todo. Teniendo la mayor reserva de níquel del mundo y la segunda de hierro, no pudimos ser una potencia ni en la producción de níquel ni de acero. Eso quiere decir que es mentira que cuando un país tiene recursos lo tiene todo, porque depende de cosas que no tienen que ver con sus recursos, sino con el capitalismo mundial, que fue lo que a nosotros nos lo impidió y por eso seguimos vendiendo azúcar." (Fernando Martínez, La Jornada 10 de dic.)

¿O no les parece a ustedes, compañeros lectores, que tener la primera reserva de niquel y la segunda de hierro no les permitió desarrollar la industria en más de medio siglo? ¿O que el único culpable era el imperialismo?

También nos preguntamos si esa guerra, que los cubanos libraron con verdadera devoción y heroísmo, y que los condujo a ser los verdaderos liberadores de tres naciones africanas, —a diferencia del ejército soviético en los mismos años (que no pudieron derrotar a la oposición ni en Afganistán, ni en ningún otro frente donde intervinieron)—, era la mejor opción para el presupuesto, o si simplemente fue lo que sabían hacer, y en vista de su ineptitud para crear riqueza y dirigir una economía, optaron por hacer la guerra.

"Pese a ser la mayor confrontación del África Subsahariana y durar 25 años, este conflicto resulta prácticamente desconocido para la mayoría de los países; al contrario de otros de la misma o menor intensidad contemporáneos suyos, como puede ser la Guerra civil del Líbano o la guerrilla de los Contras en Nicaragua; excepto para los contendientes, pues tanto en Cuba como en Sudáfrica existe bibliografía sobre el mismo y expresiones coloquiales que tienen origen en esta guerra.

"La información llegada desde el cono sur africano fue muy escasa, restringiéndose a noticias puntuales, como la Batalla de Cuito Cuanavale. Y posteriormente, los medios de comunicación prestaron más atención al proceso de paz por ser la primera vez que se realizaba un envío de cascos azules tras la última misión a Katanga en los sesenta. Al mismo, para países como España aquella constituía la primera vez que sus tropas podían lucir los casos azules y salir en misión internacional, resultando ser la primera de una larga lista."

"El 16 de diciembre de 1961 sería el verdadero comienzo para van Engeland y Rudolph (2007, p. 18) o Cherry (2011, p. 14) al ser el año en que Umkhonto we Sizwe inició su actividad guerrillero/terrorista. La violencia contra el estado sudafricano había comenzado antes de realizar el PLAN sus primeras acciones. El 21 de marzo de 1960 la policía sudafricana cometió la Matanza de Sharpeville,37 tras la cual, pese a la divergencia de opiniones, varios sudafricanos afiliados a distintas organizaciones, especialmente el Congreso Nacional Africano o CNA, decidieron emprender la lucha armada contra el régimen del Apartheid formando el Umkhonto we Sizwe, o MK, a finales de 1961. Publicaron un manifiesto el 16 de diciembre de 1961 en el que afirmaban: "llega un momento en la vida de toda nación en que sólo quedan dos opciones: someterse o luchar". 38 Para mandar el Umkhonto we Sizwe, que se traduciría del sosa por "Lanza de la nación", fue nombrado el joven abogado Nelson Mandela.39 El MK con el tiempo recibiría entrenamiento y apoyo de otros países y movimientos, llegando a reunir los suficientes efectivos y material como para realizar ataques en el interior de Sudáfrica y los territorios administrados por ella desde su cuartel general en Zambia y las bases que instalaría en Tanzania y Angola.[40]

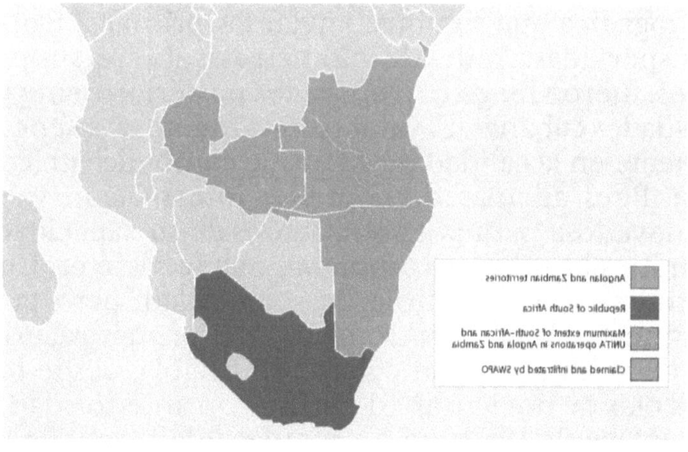

---

40. Guerra de la frontera de Sudáfrica, Wikidata, Wikileaks.

¿Era ese el mejor escenario para Cuba? Creo que vale la pena y es pertinente hacernos la pregunta. Porque no fue el único caso en la historia. Por ejemplo en la antigüedad fue Creta, una isla, la cuna de la civilización helénica. Y es una isla más pequeña que Cuba. Y fue de Creta que partieron hacia el continente para llevar la nueva civilización. Y otra isla, siglos más tarde, vivió un periodo de aislamiento. Sin contacto con el exterior tuvo que aprender a producir todos sus satisfactores y sentar las bases para un desarrollo autónomo. Y si bien se vio luego involucrada en guerras de conquista, lo hizo hasta que había consolidado su economía interna. Me refiero evidentemente a Japón, que durante el periodo Meiji sentó las bases de su alta producción y productividad agrícola, consolidó sus oficios, desarrollo sus fundamentos tecnológicos y, sobre todo, hizo de la organización social la más sólida de sus instituciones. No tuvo comercio ni recibió apoyo de nadie. No necesitó petróleo. Simplemente organizó sus propios recursos para crear la base de su autosuficiencia. Pero es evidente que Fidel, además de ignorar por completo la economía, tampoco estudiaba Historia.

García Márquez narra lo que los cubanos le contaron de la guerra en África, y empezamos citándolo a él para que se aprecie que no buscamos fuentes descalificadoras. Esos hechos, relatados por este premio Nobel, como la peripecia logística que significó enviar las primeras tropas aerotransportadas a miles de kilómetros, solo con sus propios medios, fueron luego corroborados posteriormente por las autoridades cubanas. El valor de esta fuente no se encuentra solamente en la calidad de su prosa, como dice un comentarista. Pues además de contener información valiosa y muy novedosa para la época, sobresale su capacidad para transmitir el verdadero ambiente que se vivió en Cuba en esos momentos. Un clima de solidaridad, pero también de extrañeza. Este texto constituyó el primer relato detallado de la intervención cubana en Angola, desde los primeros días de noviembre de 1975 y con anterioridad, hasta el desenlace de la primera retirada sudafricana de marzo del 76. En su momento resultó una absoluta sorpresa para muchos pobladores de la isla que ignoraban la dimensión de la empresa cubana en Angola.

En lo que se refiere a esa intervención en Angola, nunca se habló públicamente del hecho, y menos se pidió opinión a nadie. Ni cuando se lanzó la Operación Carlota a finales de 1975, a causa de la necesidad de mantener un secreto que, como diría Gabriel García Márquez, era guardado celosamente por 8 millones de personas (o sea por la población total de Cuba); ni durante los momentos más duros del periodo especial, a principios de los 90. Nunca se trató en profundidad el tema o se difundió internamente más que otros aspectos de su intensa política exterior.[41] O sea que la dirección o los titulares del Estado cubano, no consultaron al pueblo, no lo informaron siquiera, y sin embargo estuvieron enviando y repatriando remesas de soldados, de cinco, diez, quince mil o treinta mil, durante quince años. Sin que la ciudadanía de aquél país pudiera opinar, cuestionar, comentar, impugnar o pedir noticia, para no decir exigir una rendición de cuentas. ¿Es eso democracia? ¿Eso es lo que debemos aceptar como socialismo?

Y si ese belicismo revolucionario se suspendió, ojo, no fue probablemente por apaciguamiento de afanes subversivos o reivindicadores, sino porque la Glasnost y la Perestroika se presentaron con recortes de la ayuda a Cuba, y porque durante el régimen de Yeltsin simplemente la ayuda con petróleo y otros bienes fue totalmente suspendida. Y si aún después se pudo mantener a los miles de médicos itinerantes en varios países de América, no solo ha sido y viene siendo posible porque la ley les obliga a los egresados de la medicina en Cuba a prestar servicios al Estado durante los siguientes cinco años posteriores a su graduación, con el salario que el Estado determine, sino también porque México les condonó una deuda de más de cuatrocientos millones de dólares en petróleo, y porque Venezuela siguió

---

41. García Márquez, Gabriel: []Los cubanos en Angola (I): Operación Carlota, Triunfo, Año XXXI, n. 730, 22 de enero de 1977 [En línea, consulta:15 de marzo de 2015, disponible en Repositorio Documental de la Universidad de Salamanca: http://hdl.handle.net/10366/65513], p. 23

subsidiándolos hasta la fecha. O dicho en otras palabras, no porque fueran tan eficientes que podían darse el lujo de brindar su solidaridad, sino porque han estado manteniendo esa solidaridad con el sacrificio de los galenos formados en la isla, y con diversos financiamientos externos, además de contar con el sacrificio de la población toda, que, en ese fervor revolucionario que machacan los altavoces y los discursos, todavía mantiene el espíritu de un socialismo mal entendido, pero que como no tiene sustento en logros materiales o de bienestar, va a durar poco. Voluntarismo de Fidel y su flota, y sacrificio del pueblo como sustento. Ni más ni menos.

Los relatos de los soldados que participaron en la guerra en África son diversos. Como también la actitud y la visión de los cubanos que han podido salir a prestar sus servicios en el exterior, o que han sido enviados a hacerlo. Por mi casa han pasado varios en esta capital mexicana. Pero cito a continuación algunos testimonios:

Fernando Muñiz, septiembre 24, 2014

"Yo estuve en el grupo táctico 85° rodobaldo días Fadraga coronel de tropas especiales al mando recibía instrucciones directamente desde cuba llegamos a Luanda en vuelos de Aeroflot y nos transportaron hasta el puerto de lobito.desde tiempos mis claves en la web son dos enclaves en Angola en Angola cahama rocanak estuve en el grupo de infiltración en rocanak, tengo infinidades de anécdotas de la corrupción de los mandos cubanos"

Osmani Armas, mayo 22, 2013

"lo ultimo q recuerdo son los habitantes de la ciudad de Huambo abucheando a las tropas cubanas q íbamos de cumplimiento rumbo al aeropuerto. en aquel momento tenía 20 años y no lo entendía. hoy 43 y estoy convencido q jamás debimos pisar suelo angolano ni ningún otro país en son de guerra."

Pedro, abril 4, 2012

"Soy veterano y en los años que estuve allí pude apreciar con mis propios hijos las circunstancias de muchos combates"

"Según esta historia que arriba se encuentra muy fantasiosa en cada combate perdían la vida 50 cubanos y solo eran herido dos sudafricanos, que basura de narración y no tiene sentido alguno ,,bajas hubo par ambas partes y bastante .

"En realidad han pasado muchos años y en esta guerra no gano nadie

"solo destrucción y pérdidas de vidas fue el triunfo de la misma.

"Ahora si puedo decir en los combates que tuvimos, donde teníamos prisioneros sudafricanos y de otras nacionalidad que puedo mencionar sin problema , tuvimos solo dos bajas y cogimos como 12 prisioneros así como también las bajas que le hicimos al ejército sudafricano, esto fue exacto en el año 1980 -1982, aquí en la leyenda que esta al comienzo de la página dice lo contrario y es inaceptable esta leyenda.

"no quiero entrar en discusión ni ofender a nadie , pero es una basura , ahora si hubo bajas y pérdidas de vidas por ambas partes que son irreparables e incalculables ,ya que nadie dice la verdad , la verdadera verdad"

Manuel Moreira Pinheiro, mayo 27, 2011

"Fue muy mala la presencia cubana en Angola, en realidad no era necesaria. Hasta que Angola era más desarrollada que Cuba, fue una lástima esta intervención, que postergo la reconciliación entre los angolanos, que Cuba no deseaba dado sus intereses en suministro de Petróleo de Angola y de otros recursos."

Pedro, Abril 4, 2012

"Si es tu opinión te la acepto, pero gracias a los cubanos hoy Angola es libre y soberana, Namibia y Sudáfrica, allí apartamos nuestro grano de tierra y gratuitamente sin recibir un centavo por tu País y con muchas pérdidas de vida de Cubanos que dejaron en cuba hijos mujeres y familia.

"ahora no sé de qué época eres, por lo mismo no te puedo responder con más precisión, Su país estaba en una guerra como un triángulo que ustedes mismos nunca podrían ver salido del mismo ...de todas formas gracias por tu opinión y saludos cordiales"

Carlos Cruz, noviembre 27, 2013

"amigo, parece que se le ha olvidado que su país (Angola) no era respetado por nadie en la región y que los surafricanos jugaban con ustedes, entraban y salían de su territorio cuando se les antojaba y que en el mismo 1975, gracias a las unidades cubanas fue que se pudo garantizar la independencia de su país. ¡RECUERDE!!!!... Y todo eso se hizo de forma estrictamente filantrópica, sin exigir, ni esperar nada a cambio. Los ayudamos con maestros, enfermeros, médicos, ingenieros, constructores; y esa ayuda se mantiene en la actualidad.... Si egoístamente mi país hubiera invertido todos esos recursos en Cuba. sin dudas estaríamos en mejores condiciones económicas. ¿No le parece a usted?????.... Pero seguimos ayudándolos y solo se ayuda al necesitado.... Gloria para su pueblo."

Diego, enero 31, 2011

"La cronología de la batalla de Cuito C. me parece más q acotada, y siempre más favorable a los sudafricanos; además cada vez q atacaron y sus tanques se "atascan", no parece q hubieran perdido esas batallas; sin embargo el régimen del Apartheid se caía a pedazos y necesitaba negociar para parar esa guerra q no podía ganar; tampoco se menciona en absoluto la superioridad aérea cubana con sus MIG q fue determinante en este asunto; por tanto señorita del blog, creo q vale su esfuerzo pero parece insuficiente la rigurosidad de la cronología -no ya académica- sino informativa. Muchas gracias"

FXaldo, marzo 3, 2011

"estoy de acuerdo contigo, nosotros los sentamos a negociar a ellos no ellos a nosotros. yo estuve en racuana cuando negociaban y namibia hoy es independiente gracias a los cubanos. sin ánimos ideológicos, solo me remito a la disciplina y valor de los que estuvimos allá."

loco47, octubre 9, 2010

"Lo cierto es que con el che y sawinbi hay muchos mitos, pero una cosa es cierta nunca se conocieron, en la época en que el che estuvo en África está documentado que sawinbi estaba en Europa, lo cierto es que el che tuvo contacto con el grupo CNA, CONGRESO NACIONAL AFRICANO, muy posterior a estas fechas llegaron diferentes miembros de diferentes movimientos de liberación de África a Cuba para ser entrenados en el cacho y la rosa el de mayor presencia en la isla y favorito de Fidel fue el de SWAPO NAMINBIA EN LA REUNION DEL CAIRO NO RECUERDO EL ANO SE EFECTUO LA SEPARACION DEL MPLA DE ANGOLA POR DIFERENTES PUNTOS DE VISTA DE SUS DIRIGENTES AGHOTINO NETO Y JONAS SAWINBI Y OLDEN ROBERT, SIENDO AGHOTINO NETO AMIGO PERSONAL DE CASTRO Y LA ANTIGUA URRS a lo mejor tengo fallas de memoria por que no e consultado ninguna nota ahí ustedes me corrigen en ANGOLA ME LLAMABAN el MUERTO O ROCANAK DE LA COLUMNA CAMILO CIENFUEGO O DEL GRUPO TACTICO 85"

Karamchand, marzo 15, 2010

"ME parece que la cronología debiera comenzar en 1965 con la aventura del Che; Sawinbi fue entrenado por el gobierno cubano, luego el gobierno cubano se decantó por Neto, más dócil."

Puppy Castelló, agosto 22, 2014

"Manuel Moreira, no sé quién eres. De todas formas, te aclaro: Los cubanos lucharon en Angola por petición de su gobierno al cubano. Defendieron ese territorio como propio y no como mercenarios. Estuve en Angola durante la guerra y en Luanda, su capital la casi totalidad de sus calles no estaban asfaltadas, escasa agua potable y precarios hospitales. Apenas disponía de profesionales de la salud, ingenieros técnicos, obreros calificados y desarrollo industrial. En esa época Cuba era cantera de profesionales en todas las esferas y con un desarrollo importante en la salud pública, la técnica y el arte. En la década del 80, envió un cosmonauta al espacio y evidenciaba un respetable desarrollo militar. Centenares de unidades en la Marina, Mercante y de pesca por citar solo algunos ejemplos. Para ser una pequeña isla del tercer mundo, no creo que pueda establecerse una comparación con la República Popular de Angola."

Como puede constatarse en estos testimonios, en la conciencia del pueblo cubano hay reflexiones de fondo, pero es difícil todavía que puedan hacer un balance de lo que han conseguido y de lo que han debido sacrificar para mantener la guerra.

Mientras se mantuvo el control informativo y las sanciones de cárcel para la crítica fue muy difícil que el pueblo se enterara de todo esto. Con la lenta superación de la escasez a partir de 2002, la situación ha ido cambiando.

El Tiempo, periódico de Colombia, decía en un reportaje del 3 de febrero de 2007:

"Televisión pirata

"Contrario a lo que suele pensarse, eso de que los cubanos no saben lo que pasa afuera de la isla porque tienen prohibida la televisión por cable, cientos de casas hacinadas sí reciben señal de canales internacionales. Se trata de otra práctica ilegal, pero en todo caso común.

"Uno le paga a un compañero que baja la señal por computador en su casa y se liga con cable escondido por ahí", explica José, un vendedor de golosinas, también con el bigote y los dientes manchados de nicotina. Desde la calle, los cables que van y vienen son invisibles. La gente se las ingenia para tirarlos por los techos, atrás de las paredes, debajo de las materas, entre los pliegues de madera de los zarzos , incluso por los tubos del agua.

"Sólo hay una condición: que el cable pueda retirarse de un jalón si la Policía llegara a revisar. Las redadas parecen frecuentes. Según José, todo se debe al temor del Gobierno de que la televisión internacional termine contaminando a la población, "haciéndole creer cosas alienantes", dice.

Los canales de la isla, entre ellos Cubavisión y Telerebelde, de cobertura nacional, son propiedad del Estado y sus contenidos, antes de cada emisión, pasan por una revisión ideológica."

Por fortuna hoy las reformas a la economía están creando las condiciones para superar el marco legal y la inercia del régimen, avanzando hacia una economía de mercado, que como ya expusimos en el capítulo anterior, es la única manera de construir un socialismo democrático.

Como comentaba un reportaje del Clarín de Buenos Aires el 4 de enero de 2015, "el proceso de reformas económicas y sociales iniciado por el presidente, Raúl Castro, ha visto su mayor impulso en 2014. El impacto de las medidas, como el levantamiento de antiguas prohibiciones: comprar y vender casas y autos; hacer cooperativas no agropecuarias; viajar sin necesidad de permiso de salida y repatriarse a cubanos que residen en el exterior, comienza a ser visible en la vida cotidiana. No hay estadísticas que confirmen todas estas aseveraciones. Pero, La Habana —recién declarada entre las siete ciudades maravillas, según una encuesta de la fundación suiza New7Wonder Cities— devela los signos, como la reparación de casas derruidas, fundamentalmente en las zonas de El Vedado y La Habana Vieja, ambos espacios predilectos por el turismo internacional interesado en la ciudad, la gente, la historia y también el que busca sexo. En el hervidero de locales y cubanos de toda la isla en busca de mejores oportunidades, como en cualquier capital, es indudable la avalancha de turistas internacionales, que rompió el récord de 3 millones de visitantes, según anunció el Ministerio de Turismo. La actividad es la segunda fuente de ingresos del país. La visita de 2,8 millones de turistas internacionales en 2013 reportó ingresos de 1.804 millones de dólares."

Un reportaje de Clarín, periódico de Buenos Aires, continúa describiéndonos estos cambios recientes: "Además, cifras oficiales destacan en 2014 la "creación de 498 cooperativas no agropecuarias", de las cuales "329 están constituidas"; mientras, en "fase de evaluación", reconocen otras 300 propuestas, sin que se precisen los sectores a los que pertenecen, más allá de las grandes categorías de "industrial" y "de servicios".

"Consultado por Clarín, uno de los miembros directivos de una cooperativa de construcción prefirió no dar declaraciones sobre la gestión de la iniciativa colectiva en 2014. Si bien, uno de sus obreros, que elige el anonimato, confirma que "económicamente me va bien y tenemos mucho trabajo porque somos serios en lo que hacemos".

"No obstante, Alejandro González Vivero, periodista de Sagua La Grande, a 314 kilómetros al este de La Habana, destaca que "las reformas hasta ahora no han conseguido estimular la producción ostensiblemente. Acaso por prudentes, no tienen aún una repercusión tangible en la calidad de vida de los cubanos comunes".

"Clara Velázquez —entrevistada por Clarín— se presenta como una "alegal" vendedora ambulante de productos para la limpieza del hogar. Para ella, la "clave" estará en la "anunciada unificación monetaria", que prevé la sustitución del CUC (uno es aproximadamente 1.17 dólares estadounidenses) por el CUP (24 pesos cubanos son 1 CUC). En este sentido, el gobierno de la isla certifica que trabajar en la creación de condiciones para eliminar la doble circulación monetaria está entre sus prioridades.

"La agricultura no cañera de Cuba —continúa ese diario—, que ha asistido al aumento de productos de la canasta básica en los últimos años, ha crecido entre cinco y seis por ciento, aunque este indicador y el aumento de la oferta en los mercados no incidan aún en la disminución de los precios, alertan expertos. González Vivero explica que "a pesar del encarecimiento de productos y artículos básicos, ha sido un mal necesario, que debemos asumir como una situación transitoria".

Mientras, la cubana de 38 años piensa que otra solución es que se legalice su actividad y pueda formar parte de las más de 476.000 personas acogidas al trabajo por cuenta propia, a fines de septiembre de 2014. Las cifras dan 20.423 personas más que al cierre de febrero último, cuando 57.776 se dedicaban a la "elaboración y venta de alimentos"; 47.733 al "transporte de carga y pasajeros" y 29.952 al "arrendamiento de viviendas, habitaciones y espacios".

"Tengo esperanzas de que algún día pueda recuperar mi inversión y vivir bien de mi negocio", comenta el dueño de una céntrica cafetería habanera con menos de un año de abierta. Él y muchos pequeños y medianos inversores privados confían en los vaticinios de analistas que calculan que si Washington levanta algunas prohibiciones la cifra de visitantes estadounidenses a la isla podría ser de 3 millones anuales. En su pesimismo, González Reinoso, opina que "el cambio más importante es la democratización de la sociedad cubana".

Pero debemos subrayar que todas y cada una de estas medidas han sido decisión o logro a partir de que Fidel dejó de gobernar, y de que Raúl ha tomado el parecer de muchas otras personas.

El treinta de marzo de 2014, el periódico La Jornada de

México daba la noticia de los cambios a la legislación sobre el capital extranjero en la isla.

"La Asamblea Popular de Cuba aprobó hoy por unanimidad la nueva ley de inversión extranjera, la cual permitirá acceder a capital foráneo, tecnologías y nuevos mercados, así como insertar productos y servicios nacionales en cadenas internacionales. Raúl Castro acudió a la votación, en la que se eligió a dos nuevos miembros del Consejo de Estado. Se trata de Ulises Guilarte, secretario general de la Central de Trabajadores de Cuba, y de Rafael Ramón, nuevo presidente de la Asociación de Agricultores de la isla.

"La ley ofrece agresivas ventajas tributarias a los inversionistas, como una reducción de 50 por ciento del impuesto a la ganancia y años de moratoria. Además, otorga garantías de que los capitales no serán expropiados. La sesión, que duró menos de cuatro horas, fue encabezada por el presidente Raúl Castro.

"La nueva norma garantiza la plena protección y seguridad al inversionista. Sus recursos no podrán ser expropiados, salvo por motivos de utilidad pública o interés social y con una indemnización, dijo al Parlamento el ministro de Comercio Exterior, Rodrigo Malmierca.

"Esta es la primera sesión extraordinaria en cuatro años del Parlamento —en el que no hay ningún opositor entre sus 612 diputados— continúa la nota de La Jornada—, la cual fue convocada especialmente para aprobar dicha norma, que sustituyó una dictada en 1995 por el entonces presidente Fidel Castro en la peor fase de la crisis económica en Cuba tras el colapso de la Unión Soviética.

La nota concluye diciendo: "Desde hace unos días, como parte de las reformas económicas de Cuba, comenzaron cursos para capacitar a quienes gestionan las cooperativas no agropecuarias incorporadas hace un año al escenario económico cubano. Dichos cursos son impartidos por la Asociación Nacional de Economistas y Contadores de Cuba.

Capítulo 5
La verdadera organización del poder

El 19 de abril de 2015, una nota de la agencia AFP decía literalmente; "Más de ocho millones de cubanos mayores de 16 años (en una población de 11.1 millones), están convocados a elegir 12 mil 589 concejales de una nómina de unos 30 mil candidatos propuestos a mano alzada en asambleas de barrios. La Comisión Electoral Nacional llamó a defender, con esta "acción de genuina democracia" el "derecho que tienen los cubanos de edificar una sociedad más justa, sin injerencias ni tutelas de ningún tipo", en un comunicado leído por televisión que precedió la apertura de los colegios electorales a las 07:00 horas tiempo local. "Es un momento en que todos debemos reafirmar más que nunca (...) ese compromiso con la revolución", declaró a la televisión la vicepresidenta del Consejo de Estado, Mercedes López Acea, subrayando que la jornada de 11 horas coincide con la conmemoración del 54 aniversario de la "victoria del pueblo" sobre la invasión mercenaria de Bahía de Cochinos en 1961. En un hecho inédito que no ha sido reflejado por la prensa local, toda bajo control del Estado, dos opositores, el abogado y periodista independiente Hildebrando Chaviano, de 65 años, y el informático empírico Yuniel López, figuran en la nómina de candidatos en dos municipios de La Habana. "Esto es un mensaje que está recibiendo el gobierno", aseguró este domingo a la AFP Chaviano, quien no considera que su postulación y la de López signifiquen que el gobierno "haya aflojado las tuercas del poder". "Sencillamente nos colamos por la rendija que dejaron abierta y esto los ha tomado por sorpresa. Ya el pueblo votó (postuló) y no pueden dar marcha atrás", agregó. En Cuba el voto no es obligatorio, pero los simpatizantes del gobierno llaman a todos a participar, mientras que los medios mantienen una intensa campaña convocando a las urnas. Las autoridades defienden el sistema electoral, establecido en 1976, como el "más democrático y transparente", pero los disidentes lo descalifican asegurando que si bien el gobernante Partido Comunista (único) no postula candidatos, sí supervisa el proceso y se asegura, con su influencia y el voto de sus militantes y simpatizantes, que ningún disidente resulte elegido. Los opositores cubanos, tildados por el gobierno de "mercenarios" al servicio de Estados Unidos, llaman tradicionalmente a la abstención, votar en blanco o a escribir consignas antigubernamentales en las boletas, para que sean anuladas. Los comicios del domingo, que se celebran cada dos años y medio, son la antesala de las elecciones para las asambleas provinciales y la asamblea nacional (Parlamento), que deben realizarse en 2018.

Datos todos que nos permiten decir que, si bien no existe la democracia en Cuba, aunque se efectúa un complejo proceso para legitimar al poder público y acotar la participación popular, el pueblo cubano no tiene signos de conformidad, ni es de pensarse que seguirá sometido a la simulación electoral. De hecho así ha sido en Rusia, donde Putin se reelige ya por cuarta vez. O en China, donde las elecciones reales las toman todavía hoy en el politburó, o en el Comité Central. Y no es de esperar que en Cuba se pueda reproducir ese tipo de gobierno, no solo porque existe el imperialismo y la sociedad de consumo a menos de doscientos kilómetros, con su televisión y su propaganda, sino que probablemente importe más la comunicación entre los exiliados y los habitantes de la isla, importe también más la identidad cultural e histórica con América Latina, e importe incluso la relativa tolerancia que el gobierno de Raúl Castro ha dejado ver.

La salida de Fidel del gobierno no fue un hecho de salud, así como la muerte de Fidel tampoco ha sido un desenlace biológico.

Fidel sale del poder porque su esquema ha colapsado y el sistema ya no podía funcionar más. Si eso coincide con una enfermedad de vertículos en el intestino, o si realmente existió una sincronía con el agotamiento del modelo de gobierno, probablemente no lo sabremos nunca, o acaso sean los de la siguiente generación los que desempolven los archivos secretos del Partido Comunista y nos entreguen la verdad.

En Rusia fue hasta el XX Congreso del Partido Comunista que Nikita Jrushev se atrevió, en su informe secreto, a iniciar el reconocimiento de los crímenes de Stalin e iniciar una rendija hacia la democratización. En Cuba, por antipático que nos pueda resultar Raúl, y aun por su anticlímax discursivo, no puede uno dejar de reconocer que ha iniciado la apertura de esas rendijas. Y Fidel, simplemente fue preparado para encontrarle una fecha para morir. Es decir, una fecha en la que su muerte no llegara de golpe, y se hubiera preparado al pueblo para dos cosas. Primero para aceptar el deceso como algo que no alteraría los acontecimientos, y segundo para que no abriera la puerta de los cambios sin control.

Incluso nos atrevemos a pensar que acaso Fidel muriera hace una década. Y que el Estado cubano no hubiera juzgado oportuno revelarlo. De hecho en aquél año recibimos por correo electrónico en México, la siguiente foto de alguien que decía estar presente siendo testigo:

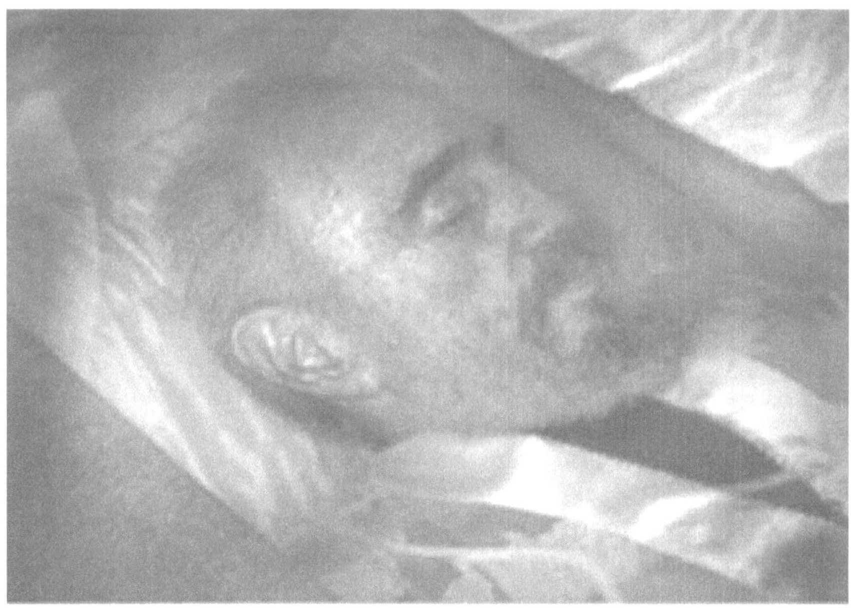

Foto de la que un médico comentó que es notable que en la foto se observa un rigor mortis de unas 10 a 12 horas. Y que se nota sobre todo en la boca, con una posición normal como cuando es sellada y puesto algodón. Se observan además, detalles que harían dudar que sea un montaje. Unos 6 a 12 milímetros de barba se observa sobresalido en la vestimenta. Efecto que sería difícil de hacer si fuera montaje. El peinado característico, todo hacia atrás. Barba muy cuidada. La posición de la cabeza con respecto al cuerpo, siendo la línea que sigue directa y no dejando ver desviaciones en el eje. Por lo demás, la luz permanece inalterada, cosa muy evidente en los montajes. No existen gestos en su cara ni señal nerviosa que pueda alterar un músculo facial. Y el vidrio del ataúd se ve reflejado encima de su cara.

Por supuesto, decía el envío de la foto: "como dicen muchos, hay que verlo para creerlo. Pero, recordemos que este personaje hizo historia, aunque sea mala, a nivel mundial; y es el ícono de los cubanos y del comunismo de antaño, así que dar una noticia así de buenas a primeras sobre su muerte no sería buena idea para los que quedan".

El futuro de Cuba no debe depender del Partido Comunista

El 21 de marzo de 2016, leímos una nota de cibercuba noticias, en la que un analista de nombre Arnaldo Ramos Lauzurique hacía pormenorizada crónica del Congreso del Partido Comunista y del contexto. Reproducimos su nota a continuación porque contiene un diagnóstico de las dificultades económicas que sufre la isla y de las posiciones que tienen los funcionarios a cargo de la economía.

> "LA HABANA, Cuba.- Cuando faltan apenas 3 meses para que se inicie el VII Congreso del Partido Comunista de Cuba (PCC), vale la pena recordar que Raúl Castro, en su Informe Central al sexto cónclave, celebrado en abril de 2011, expresó: "Lo que aprobemos en este Congreso no puede sufrir la misma suerte que los acuerdos de los anteriores, casi todos olvidados sin haberse cumplido", y agregó que

se le caía la cara de vergüenza por ello (Periódico Granma, 17 de abril de 2011), entonces se abre la interrogante sobre el modo en que enfrentará los casi unánimes incumplimientos de los cinco años transcurridos.

"En el XIII Pleno del Comité Central del PCC —celebrado el 15 de enero de 2016— se informó que se había realizado una evaluación de los resultados de la implementación de los Lineamientos de la Política Económica y Social del Partido y la Revolución y se indicó que en los cinco años transcurridos, de los 313 lineamientos que contiene, solo el 21%, se habían implementado y que se encontraban en proceso el 77%, lo que se puede interpretar como un incumplimiento de las tres cuartas partes de lo acordado.

"Es de presumir que, en el evento de abril, el Primer Secretario salga del atolladero utilizando un lenguaje macarrónico, para lo que brinda la oportunidad el hecho de que ningún lineamiento tiene cuantificación, ni fecha de culminación; pero nada podrá ocultar el no alcanzar un cúmulo de metas importantes que se habían divulgado para el período. La primera se refiere al crecimiento global de la economía, que se había fijado en un incremento promedio anual del Producto Interno Bruto (PIB) de 5,1%, que no se alcanzó en ninguno de los años del quinquenio y cuyo nivel más alto fue el milagroso 4,0% de 2015, antecedido por el pálido 1,0% de 2014 y seguido de la insignificante aspiración de lograr un 2,0% en 2016. Este importantísimo incumplimiento disminuyó los volúmenes de recursos que se podían destinar al consumo y a la inversión, ahondando el deterioro del nivel de vida y retardando la posibilidad de alcanzar la aspiración anunciada por el ministro de Economía y Planificación, Marino Murillo, de lograr un 7% de crecimiento anual que posibilite el desarrollo del país.

En el período se hizo evidente el deterioro del nivel de vida, lo cual se puede deducir de la disminución del volumen de la circulación mercantil minorista, que se redujo de 30 979 millones de pesos en 2010 a 29 894 en 2014, un 3,5%, que resulta mucho mayor al considerar que esas cifras tienen incorporado el ilegal Impuesto de Circulación, que grava onerosamente el costo de adquisición de los productos y servicios de consumo. El Impuesto de Circulación es una muestra de cómo las autoridades de la nación actúan al margen de la ley. Lina Pedraza, ministra de Finanzas y Precios (MFP), declaró en la sesión de la Asamblea Nacional del Poder Popular (ANPP) de diciembre de 2010, sin disimulo alguno: "El Impuesto de Circulación no quedó aprobado en la ley que hoy está vigente (...) Se quedó ese impuesto sin que estuviera aprobado en la nueva ley, por la capacidad recaudatoria que tiene" (Periódico Granma, 16 de diciembre de 2010), es decir, se mantuvo para otorgar la facilidad de sustraerles parte de los ingresos a la población sin nada a cambio.

Sobre el nivel de vida, vale la pena comentar la asombrosa declaración de Marino Murillo en mayo de 2015 cuando expresó: "Se ha comprobado que el 75% de los ingresos de la población se emplea en el agro" (Periódico Juventud Rebelde, 16 de mayo de 2015); no obstante el presidente del Banco Mundial Robert B. Zoeltick sostuvo: "los más vulnerables en el mundo gastan más de la mitad de sus ingresos en comida", lo que coloca a la mayoría de la población cubana entre los parias de la humanidad. Otro incumplimiento destacable es el de la construcción de viviendas. Durante el proceso de discusión de los Lineamientos, Marino Murillo expresó: "Hay en Cuba un déficit de más de 500 mil viviendas", y añadió que "Todavía en el 2015 debe quedar un déficit en el orden de 200 mil" (Periódico Granma, 18 de diciembre de 2010), por lo que podía deducirse que se concebía construir la diferencia en el período y solo se llegó a 133 093. El incumplimiento fue del 55%. Aunque estas cifras no reflejan a cabalidad la situación alarmante de ese renglón, por ser en realidad la necesidad superior al millón de inmuebles, por esa fecha las que estaban en regular y mal estado ascendían a 1 303 491 según cifras oficiales, y como es comprobable —a ojos vista— no han dejado de deteriorarse en estos años, además de ocurrir eventos meteorológicos devastadores como el huracán Sandy en 2012.

Se puede destacar que las viviendas terminadas en 2007 ascendieron a 52 607 y al año siguiente fueron 44 775. En cambio para todo el período 2011-2015 se construyeron como promedio anual 26 619, una disminución considerable. De capital importancia también es el sueldo, del cual dependen dos tercios de la población y, pese a que el Salario Medio Mensual creció modestamente desde 448 pesos (17,92 dólares) en 2010 a 600 (24 dólares en 2015), el propio Raúl Castro en sus conclusiones al XX Congreso de la CTC (Central de Trabajadores de Cuba) confesó: "No satisface todas las necesidades del trabajador y su familia , lo que genera desmotivación y apatía hacia el trabajo", pero contradictoriamente se negó a proceder a un incremento generalizado de los mismos.

Mientras tanto, el segundo secretario del PCC, José Ramón Machado Ventura, se queja de forma reiterada del aumento de los precios agropecuarios, olvidando que ello guarda relación en buena parte con los elevados costos de los insumos para esta producción; y amenaza una y otra vez a los intermediarios con eliminarlos, ignorando que nunca van a estar a tono con los modestísimos ingresos de los trabajadores. Sin embargo no tiene en cuenta -porque no quiere hacerlo- la existencia de los abusivos precios en las Tiendas de Recaudación de divisas (TRD), varias veces por encima de su costo de adquisición y donde no se puede culpar a ningún intermediario sino al propio Estado, que es el que los fija; tampoco considera las ofertas del Estado en CUP, gravadas por el Impuesto de Circulación, que provoca que los precios se eleven muy por encima del costo de producción o adquisición. A esa campaña de Machado Ventura se sumó Raúl Castro en la última sesión de la ANPP, cuando los calificó como un grupo de pillos que se enriquecen todos los días y con los cuales habrá que tomar medidas.

Hay otro aspecto incumplido y es la incorporación al trabajo no estatal que la ministra de Finanzas y Precios, Lina Pedraza cifró en la sesión de la ANPP de diciembre de 2010, cuando informó: "Hasta el año 2015 se incorporarán al sector no estatal aproximadamente 1,8 millones de personas en las nuevas formas de gestión", pero lo cierto es que los trabajadores no estatales solo se incrementaron hasta 2014 en 472 100. En alguna medida ha pesado también que a 43 000 usufructuarios, el 21,5% de los que se les habían entregado parcelas, se les rescindió ese derecho, según planteó Marino Murillo en el XI Congreso de la Asociación Nacional de Agricultores Pequeños (ANAP); Machado Ventura amenazó con continuar retirándoselas si lo encontraban necesario.

El pasado 24 de enero se pudo apreciar, en el Noticiero de Televisión, una reunión con representantes de usufructuarios de Artemisa, que forma parte de un proceso que se desarrolla en todo el país para conocer qué produce cada uno y el destino de esas producciones, Machado Ventura dijo que no había la intención de quitarle la tierra a nadie, "pero al que no cumpla se le quita y no hay que perder mucho tiempo para eso", agregando que toda la tierra era estatal, un aporte abusivo al concepto de propiedad. Al día siguiente el diario Granma introdujo algunas variaciones a lo que se pudo ver y oír por televisión, donde se indicó que Machado Ventura dijo que la tierra era en su mayoría propiedad del Estado. Existen otros incumplimientos, como el de la progresiva eliminación del racionamiento que se ha detenido por razones obvias, ya que ante el incuestionable deterioro del nivel de vida de la población, sin tomar otras medidas necesarias —de rebajas de precios e incrementos de salarios—, se desencadenaría una situación más tensa aún.

Es posible que en el VII Congreso no se traten estos asuntos, como ocurrió en el VI, cuando se silenció lo ocurrido con la Resolución Económica del evento anterior, llena de incumplimientos. Así se escamotea la realidad como es ya costumbre de este régimen.

Ojo, compañeros que estamos citando testimonios de discusión internos de los titulares de las áreas de administración que son todos miembros del Partido Comunista de Cuba. Pero a pesar del panorama tan terrible que describen, tienen estos testimonios una gran virtud: reconocen su falta de capacidad para sacar adelante la economía, salvo el caso del Sr. Machado Ventura, que se llega a plantear el quitarles la tierra a los campesinos que no cumplan con las indicaciones del Estado, que en esa declaración no dice cual es pero que sabemos se refiere a la entrega de sus cosechas al Estado al precio que el Estado define.

Ese sí que es un riesgo mortal para el régimen. Pueden tardarse incluso unos años más en realizar los cambios que sean necesarios para elevar el ritmo de la producción y aumentar la riqueza que mejore los índices de bienestar. Pero lo que podría dar al traste con todo el modelo y colapsar la economía serían cambios en la agricultura que no respetaran a las cooperativas o disminuyeran su libertad de gestión o de mercado.

Raúl parecía comprenderlo al haber aumentado el porcentaje de cosecha que podían vender los campesinos libremente en el mercado hace apenas dos años. Pero Machado Ventura habla por el ala ortodoxa del régimen y desconocemos la correlación de fuerzas. Aunque sabemos que el partido impuso una marcha atrás en las autorizaciones de mercantilización. Sin duda esta facción es la que busca la imposición de un modelo de inspiración china, es decir, en el que todo se mantenga bajo estricto control del partido y ponga un alto al desarrollo de los mercados.

Y eso nos obliga a redondear este diagnóstico con una reseña escueta de lo que fue la reforma agraria en Cuba y del modelo que José Gutiérrez Cruz diseñó e impulsó para sacar adelante el campo. Porque ojo, el campo fue, probablemente un caso excepcional en la economía de Cuba. Tan excepcional que no lo dirigió Fidel, salvo en casos específicos como la locura de producir diez millones de toneladas de azúcar en el año 1970.

Hoy, nos recuerda Wikipedia: "En ese año, con el objetivo declarado de mejorar la situación financiera de la isla, el gobierno dedicó todos los recursos y todos los esfuerzos del país a conseguir la producción de 10 millones de toneladas de azúcar. Para lograr dicho objetivo se llevó a cabo la demolición extensiva de grandes cantidades de tierras para la siembra de caña, se movilizó a la zafra la mayor cantidad de personas, incluyendo la participación activa de las fuerzas armadas. A pesar de todos los esfuerzos, y de prácticamente paralizar al resto de las industrias del país, no se logró conseguir la meta planificada, produciendo poco más de 8 millones de toneladas."

Enzensberger, que vivió en Cuba alrededor de un año, y que pudo platicar largo con diversos testigos, nos relata "Al principio la Revolución quiso poner fin a ese monocultivo. La producción se redujo, cosechándose sólo entre 6,7 y 3,8 millones de toneladas en el periodo de 1960 a 1969, al tiempo que el precio en los mercados internacionales caía. ¡Marcha atrás!, gritó el "comandante en jefe" en octubre de 1969 para proclamar sin empacho: "El año que viene Cuba será el mayor productor de azúcar del mundo" De pronto, la cosecha debía aumentar hasta los diez millones de toneladas, convirtiéndose en la zafra de las zafras....El proyecto se saldó con el que fue tal vez el mayor fracaso económico que el omnisciente deparó a su país. En los años 1969 y 1970 la economía cubana quedó prácticamente parada. Escuelas, universidades, fábricas y oficinas cerraron durante meses. Todos tuvieron que apuntarse como voluntarios a la recogida de la sacarosa. Divisiones enteras del ejército se pusieron en marcha. No sólo iban a trabajar al campo, sino también debían de imponer una disciplina militar. ....El ministro responsable de la industria azucarera le expuso al comandante en jefe que su objetivo no podía alcanzarse. Le demostró que la capacidad física del conjunto de molinos no bastaba para procesar tales cantidades. Las viejas máquinas solo podían operar al cuarenta o sesenta por ciento porque había que repararlas continuamente y porque faltan piezas de recambio. Además, no se disponía de trenes para el transporte, sino solo de carromatos tirados por bueyes. El jefe se disgustó y preguntó a los presentes —¿Qué revolucionario tiene coraje suficiente para sustituir a este pusilánime y asumir la tarea?" Enseguida algunos inmunes a los hechos, levantaron la mano, y el fracasado fue destituido en el acto. Sabía de qué hablaba y acabaría teniendo razón... El ministro cesado me lo contó en persona. Naturalmente, la zafra fue un desastre...Nunca se ha recuperado de aquella prueba de fuerza..."[42]

Pero por fortuna Fidel no dirigió ni la reforma agraria ni la producción del campo. Y aunque repitió la hazaña del azúcar con el caso del café, dejó en manos del Secretario del ramo y del organizador de los campesinos, que fue Pepe Ramírez Cruz, la conducción del campo.

Tuve la dicha y fortuna de compartir con Pepe unos días, de recorrer con él, como parte de una Delegación de mi país, también algunas cooperativas y centros de investigación en el medio rural, cuando ya había yo visto el museo de la historia agraria de Cuba, y dormido algunas noches en el centro de capacitación de la ANAP (Asociación Nacional de Agricultores Pequeños). Y debo confesar que salvo mi estancia en el campo de la República Democrática Alemana, veinte años antes, nada de la obra del socialismo real me había impactado más.

Pero Pepe era otra cosa. A diferencia de Fidel, se conducía con una inusual humildad, hablaba con el carácter más afable y al mismo tiempo didáctico. Ilustraba cada afirmación con ejemplos concretos, se apoyaba en preceptos morales y reiteraba principios de respeto hacia la opinión e interés del interlocutor, y el orgullo, que sin duda sentía por los logros en la agricultura, no le hacía perder de vista los retos del momento y los peligros del futuro.

Él nos explicó que su ideal era conseguir una colectivización total, pero que cuando vio el rechazo que sentían los

---

42. Tumulto. Malpaso, Barcelona, México, Buenos Aires. Sept 2015. Páginas 157-158.

mambíes hacia la creación de grandes unidades de producción de propiedad estatal y conoció la expresa petición de repartimiento, pudo comprender que llegar a las granjas estatales debía ser un proceso. Así que planteó y consiguió que se repartiera la tierra en forma individual y luego propuso organizarlos en cooperativas. Y fue él, entendí entonces, el que salvó al campo de ser otro desastre como el sector industrial o urbano, donde el voluntarismo de Guevara y de Fidel había impedido el despegue.

Pero veamos en sus propias palabras el asunto. Cito a continuación del libro *La Revolución y su extensión*,[43] donde el Partido Socialista de los Trabajadores de Australia reproduce un discurso de Pepe:

> "Pepe prometió que ningún campesino sería obligado a unirse para formar parte de una cooperativa, y que ese principio iba a mantenerse de manera estricta... pero también señaló al final de su exposición que ese principio se había mantenido de manera escrupulosa", comenta el libro citado y cita a continuación el discurso de Pepe del 29 de mayo de 1962:

> "Yo no era un creyente fervoroso de las cooperativas. Siempre que hablaba de formas superiores de producción pensaba, y sigo pensando, en empresas estatales que son lo mejor. Siempre he tenido la idea de conseguir el desarrollo agrícola en forma semejante a lo que se hace en la industria y en tener obreros agrícolas semejantes a los obreros industriales. Un obrero industrial no es propietario de la industria o de la producción, excepto en la medida que es parte del pueblo, pues es el pueblo quien detenta la propiedad de la industria y la producción.

43. Pathfinder Press Australia 1984. ISBN 0-909196-21-4 –23 Abercromble St Chipperdale. 2008. Naturalmente en fuentes cubanas este testimonio ha sido borrado, pues en la historiografía cubana aparece Fidel como único director e inspiración de todo lo que se ha hecho en el campo. Pero el discurso de Pepe está también en el número 130 del diario Granma del 30 de mayo de 1982.

"Siempre he preferido esa forma como la mejor, pero no era lo más realista. Y la forma más realista, dado que lo más realista es también lo más revolucionario, para los agricultores y su tierra, fue ellos mantuvieran el 20 o el 25 por ciento de la tierra, debía seguir dos métodos, bien la propiedad estatal o bien las cooperativas.

"Obtuvimos un avance en 1977, pues según reporte de Pepe existían ya 44 cooperativas, que sumaban 6052 hectáreas. Lo que en un principio parecía lento. Y parecía que nos iba a representar una gran cantidad de trabajo, para que cuajara la idea de las cooperativas; pero concluimos que no debía de presionarse o apresurar a los campesinos, que debíamos permitir que se convencieran gradualmente por sí mismos de las ventajas ofrecidas por las cooperativas. Y así fue como el movimiento comenzó.

"Solía yo pensar — y creo que todavía pienso— que este movimiento tendrá que mantenerse todavía otros ocho o diez años, hasta que una forma superior de producción pueda ser introducida en la mayor parte de la tierra que hoy es de propiedad individual. Pienso que nuestra agricultura tiene un gran futuro, y tengo la convicción de que ese día va a llegar, y que con las empresas estatales y las cooperativas nuestra agricultura conseguirá ser una agricultura altamente desarrollada, no solo respecto de Latinoamérica, donde de por sí ya nos encontramos al frente, sino también respecto de otros países, donde debemos estar considerados como una de las agriculturas más desarrolladas del mundo (aplausos) y al mismo tiempo una de las reformas agrarias más exitosas jamás realizadas (aplausos), pues no habremos recurrido a la violencia, sin haber ejercido coerción, y con el más absoluto y estricto respeto para el sentir y deseos de nuestros trabajadores agrícolas y campesinos."

> "Para mayo de 1984 el movimiento cooperativo había conseguido buenos resultados, pues ya existían 1457 cooperativas, nos dice el libro citado, cubriendo el 56 por ciento de la tierra en manos de los pequeños campesinos. "Dejando claro que las lecciones de esta experiencia habían enriquecido la comprensión marxista de las relaciones entre el proletariado y los campesinos viviendo bajo un gobierno de obreros y campesinos bajo la dictadura del proletariado."

Conociendo yo la tragedia del campo soviético, y cómo en China también se habían impulsado las cooperativas (en ese caso comprendidas y aceptadas por el mismo Mao Tsetung desde el primer año de su gobierno), yo no ví la experiencia cubana como ejemplo de la alianza obrero campesina, ni como parte de la dictadura proletaria, pues para mí ambos conceptos se apartaban de la realidad, como decía Pepe, pero sí pude darme cuenta que ese proceder, esa flexibilidad, habían salvado a Cuba del hambre total. Y si ha existido racionamiento y si aún hoy no ha sido posible alcanzar un desarrollo pleno o satisfactorio del medio rural, no es por la existencia de las cooperativas sino por el rezago y la inercia de las empresas estatales impuestas en el campo.

Y tengo la convicción de que ésta ha sido la gran virtud de la Revolución cubana, y si el régimen ha sobrevivido no es gracias a Fidel sino a la Reforma agraria. Y sin Pepe no habría habido democracia en el reparto ni en la organización del campo.

Lo increíble es que Pepe haya sobrevivido a las purgas y haya podido mantener la conducción del proceso hasta cerca de su muerte, ocurrida el 8 de enero de 2014 a los 91 años. Probablemente después del fallecimiento de Fidel, y con un año más de productiva vida.

Pero la inconformidad en Cuba no distingue entre Fidel y Pepe. Los fervorosos de la revolución han conseguido la suficiente lucidez para comprender que le deben todo, o mucho de lo que son y lo poco que tienen, a ese proceso.

Pero los que juzgan que todo ha sido injusto, que no son pocos, o que debían conseguirse las libertades de un golpe y sin dilación, que tampoco son pocos, aunque no hayan salido a las calles tras el anuncio o reconocimiento final del deceso del tirano, podrían desatar un proceso violento de cambios, en donde no se alcance a distinguir la herencia sagrada de su liberación que contiene el germen de su bienestar futuro, y se destruya todo.

Así pasó ya en Rusia, en Alemania, y más lamentable todavía, en Serbia, donde había mercado y se había instituido una autogestión obrera en el nivel de empresa. Esas son otra historia, pero juzgue cada uno el ánimo de estos disidentes e inconformes leyendo estos juicios publicados por críticos cubanos hace dos años, cuando murió el gran José Gutiérrez Cruz:

"Hijo de campesinos pobres, inició el duro trabajo agrícola desde los nueve años de edad. Comenzó su actividad revolucionaria en el año 1938 y, desde entonces, fue un incansable dirigente de las luchas campesinas en diversas regiones de la antigua provincia de Oriente, por lo que sufrió prisión en varias ocasiones. En 1943 ingresó al Partido Unión Revolucionaria Comunista, más tarde Partido Socialista Popular. Se incorporó a la lucha insurreccional en el Segundo Frente Oriental Frank País en abril de 1958, fecha en la que el entonces Comandante Raúl Castro Ruz le asignó la tarea de reorganizar las asociaciones campesinas de la zona y de crear otras donde no existieran. Fue uno de los principales coordinadores del Congreso Campesino en Armas celebrado en Soledad de Mayarí Arriba el 21 de septiembre de 1958, ocasión en que resultó elegido Secretario Organizador del Comité Regional Campesino de ese Frente guerrillero. Al finalizar la guerra, en 1959 trabajó en la preparación y desarrollo del Congreso Campesino en la provincia de Oriente y participó en la formación de las Milicias Campesinas. Presidió la Asociación Nacional de Agricultores Pequeños (ANAP) desde su fundación, el 17 de mayo de 1961, y resultó ratificado, sucesivamente, en ese cargo hasta que fue liberado en 1987 por razones de salud." (Revista Bohemia enero de 2014)

Capítulo 6
Deslindar a Fidel del futuro del socialismo

El biógrafo de Suleimán, Harold Lamb, trató de concluir, una vez reconstruida la vida de aquél creador del imperio otomano, lo que este gran reformador había contribuido al bienestar y la grandeza de su pueblo. Y ciertamente hubo elementos rescatados en la educación, la organización social y hasta en la oposición al proceso europeo occidental de expansión. De alguna manera el imperio austro húngaro es resultado parcial de las conquistas otomanas, como lo son también las composiciones de Kalman, y ciertos rasgos de la arquitectura que hoy vemos como rusa, Lamentablemente ese imperio duró lo que la vida de un hombre, y no ofreció al mundo un modelo replicable. Sólo representó una fusión entre culturas. Resultaría pueril, sin embargo, decir que una de las contribuciones importantes de los turcos a la cultura eslava fue enseñarlos a bañarse. Y eso, que sin duda ha contribuido a la salud, no es lo que podemos destacar de la creación del imperio otomano, pues era un hecho que respondía simple y elementalmente a una necesidad, como tampoco podemos aceptar o considerar como contribución innovadora el que los revolucionarios cubanos se atrevieran a realizar una revolución en la frontera del imperio. Pues eso era ineludible también, como lo ha sido para todo pueblo sometido en la historia del mundo, pues no es la mucha distancia lo que hace posible la lucha y liberación, sino la necesidad la que impulsa a emprender los desafíos. Al fin sofisma, erigir lo obvio en virtud, sofisma no gramatical sino semántico.

También Isaac Deutscher, el gran historiador del socialismo, describe el largo gobierno/dominio de Stalin como un proceso de educación del pueblo ruso, y de industrialización importante.

Sin embargo, ambos biógrafos están lejos de justificar la violencia que acompañó a los dos gobernantes, o de exonerarlos por sus crímenes. Suleimán queda retratado como el asesino de su propio hijo, y Stalin como el verdugo de la mayoría de los bolcheviques. Deutscher, que es probablemente el más importante de los biógrafos de los líderes de la revolución rusa, incluso dice que todo lo bueno que él impulsó podía haberse cumplido sin la violencia que impuso. Y en su balance de la revolución rusa todavía afirma que a la estatización de la economía le faltaba todavía socializar al estado. Queriendo decir que el interés de la sociedad toda no estaba necesariamente presente en el carácter del Estado. Y cuando escribió eso corría el año 1966. Es decir, ¡que han pasado cincuenta años! Y sigue habiendo elogios incondicionales para estos desgraciados.

Después del periodo de Stalin conocimos y hasta padecimos la veneración de Mao Tsetung en los años sesenta, el culto y hasta el endiosamiento de Kim il Sung o de Enver Hoxa. Para llegar, en los años setenta, al horror de Pol Pot.

Pero muy pocos historiadores han dicho de manera clara y explícita que el socialismo del Siglo XX se ha caracterizado por su carácter antidemocrático y excluyente. Y justo de eso se trata, no de abandonar el ideal socialista, sino de deslindarlo de los tiranos del Siglo XX. Eso me parece más importante que seguir echándole loas a Fidel. Como si se tratara de ondear banderitas, pues no andamos de manifestación de apoyo. Estamos ante el deceso de uno de los últimos representantes de esa política y forma de gobierno. Y qué jodido sería que lo único que se nos ocurriera es exaltarlo y mencionar sus méritos, como si estuviera exento o fuera ajeno a ese perfil. Es necesario afirmar esto porque existe la tendencia o actitud superficial de minimizar los grandes defectos y crímenes, como asunto secundario. Así, se ha dicho que Pol Pot era una desviación, y que Lenin era bueno. Se han reconocido los crímenes de Stalin, pero se los ha deslindado de Lenin, de Marx y desde luego de Fidel. Lo más que se ha hecho es decir que el cerco del enemigo que rodeaba a la URSS obligaba a la unidad nacional o a la disciplina y a un férreo control. Tal y como hoy se atribuye al cerco imperialista todo lo malo que pueda decirse del régimen en Cuba. Es un pretexto viejo. Ya veo a Robespierre justificando la guillotina en el hecho de que Francia estaba rodeada por Alemania, Italia, Bélgica, España e Inglaterra.

Sobran los ejemplos históricos de prosperidad y desarrollo en el aislamiento. Empezando por la mayor parte de las naciones de la antigüedad. Sin embargo, esa actitud o, mejor dicho, esa ideología exculpadora, ha conseguido que los gobiernos socialistas, o supuestamente socialistas, dejen de ser cuestionados o analizados críticamente; o que la crítica hacia ellos se descarte alegando que todos los críticos son aliados del imperialismo o de la reacción.

Se inicia la cargada a favor del célebre difunto

En estos días (11 de dic. de 2016) leí en el diario La Jornada un libelo firmado por Tatiana Coll, en el que asocia a los críticos de Cuba con Reagan, desmiente que no exista democracia y afirma que en Cuba las elecciones ni siquiera tienen que darse por medio de los partidos, pues son directas, y hasta por dos veces, para que los representantes populares sean confirmados; dice también que tan existen libertades que los cubanos "son los ciudadanos más informados del mundo", etc., etc., cuando sabemos que en Cuba no existe ni libertad de imprenta ni de circulación de cualquier material impreso, como sí es posible en México. Creyendo esta persona que, con afirmar siete falacias, o falsos silogismos, ya derrotó la crítica y reivindicó a toda esa caterva de explotadores y opresores del pueblo. Y todavía después ha circulado en las redes un video donde se extiende la misma Tatiana, haciendo una descripción del tal proceso electoral "democrático" y abundando en sus bondades. Ignoro, en este caso, si ella ha sido testigo de lo que describe (que lo pongo en duda) o si lo defiende por lecturas o por oídas, o peor aún, por pedido. Pero yo tengo testimonios de gente que afirma que si bien no son los partidos los que proponen los candidatos, sí es el partido comunista el que tiene que dar su visto bueno para que un candidato pase. ¿O cómo me explicaría Tatiana que Yoani Sánchez y otros disidentes no hayan pasado los filtros a pesar de su popularidad?

Ciertamente ese procedimiento o estructura de representación sin partidos puede ser una base para la construcción o el establecimiento de una democracia más avanzada, siempre y cuando primero se desmantele la dictadura que ejerce en Cuba el Partido Comunista, y se deje a la ciudadanía en libertad de organizarse, sin prisiones políticas ni la amenaza de los Comités de Defensa de la Revolución, que con el pretexto de cumplir lo que dice su nombre, estigmatizan cualquier disidencia y la exhiben como si fuera enemiga. Creo que en México tenemos algunos ejemplos más auténticos de democracia, como en Cherán, en el Estado de Michoacán, o en Tosepan, en Coetzalan, Estado de Puebla.

Ya ví esa falsa democracia del socialismo real, y lo fui a constatar también, no solamente en Cuba en 1999, sino también en lo que fuera Yugoeslavia en los primeros años de este siglo. Pues yo no entendía cómo si ese había sido el país más cooperativizado del mundo, no quedara nada unos años después de la muerte de Tito. Y es que, si bien existía autogestión en cada empresa, y si bien el plan general de la economía no se iniciaba a nivel central, sino que era la suma de la producción de todas las unidades gobernadas localmente, aun así, era la Liga de los comunistas quien ponía a los administradores y quien daba el visto bueno o vetaba a los candidatos a cargos de representación. Además, para poder ascender socialmente se requería ser miembro de la Liga de los comunistas, tal y como ocurre hoy en Cuba. Lo cual termina instaurando de alguna manera el mismo control o dictadura.

Lo que sí puedo afirmar en sentido contrario, es que tiene pocos años (cuatro o cinco tal vez) de que el líder de los demócratas cristianos de Cuba murió en un inexplicable "accidente" automovilístico.

No incluyo en esta categoría de miserables que vengo denunciando a todos los que militan en el partido cubano, o en otros partidos comunistas[44], pues he conocido algunos

---

44. Comparto lo que relata Svetlana Alexievich de sus testimonios del hombre soviético en su laureado relato. De hecho, me siento retratado

militantes de absoluta integridad y verdadera convicción. Empezando por José Gutiérrez Cruz, el líder de los agricultores pequeños, que ya cité en un capítulo anterior. Pero no tengo el mapa de las tendencias, y no creo tampoco que bastaría con fortalecer una corriente para que todo pudiera remediarse. El mismo Raúl, que no es una perita en dulce y a quien el mismo pueblo cubano a endilgado el mote de Sr. Odio, ha tenido que ceder ante otros más conservadores que él. Y estoy seguro de que si no es capaz de consolidar la apertura que han buscado algunas de sus reformas e iniciativas, después del 2018 sólo veríamos una clara decadencia. Y eso es lo que deberíamos prevenir.

Nos hemos ocupado de cada uno de los puntos positivos que Tatiana trata en su artículo, así como de los aspectos positivos que otros articulistas han ilustrado, sin dejar de reconocer, explícitamente, que son méritos del pueblo cubano, y en los que han participado varios dirigentes, y no sólo Fidel. Pero decimos al mismo tiempo que en el curso de los años, Fidel cometió enormes crímenes, además de errores muy graves, que han costado, a esa nación no conocer las libertades, no tener un sector industrial, no haber podido producir suficientes alimentos en más de medio siglo de revolución, no contar con suficientes viviendas, y vivir en el temor al poder y con coraje por la injusticia; padeciendo todavía los más una escasez que es anterior a la sociedad capitalista, sin que hubiera necesidad y sin que faltaran recursos, y explicándose muchos de esos problemas no por bloqueos del imperio, sino por megalomanía voluntarista, antidemocracia y un sostenido proceso de concentración del poder y las decisiones en la persona de Fidel, lo que al mismo tiempo lo ha llevado a deshacerse de muchos de los revolucionarios que lo cuestionaron, bien matándolos o encarcelándolos.

Pero esto no son solo afirmaciones mías, de las que he sido directa o indirectamente testigo, sino también de los pocos especialistas económicos que han publicado sobre Cuba,

---

en el segundo capítulo, y padezco la misma sensación de la compañera que retrata.

y de los que han podido escribir tras la prisión o desde el exilio. Justo también en estos días se han difundido fragmentos del libro de Carmelo Mesa Lago (Proceso Número 2093 del lunes 12 de dic. de 2016), en donde se afirma, literalmente, entre otras cosas, que "la causa fundamental de los problemas económicos de Cuba ha sido una política basada en la centralización de casi toda la economía, en permanentes cambios de la estrategia de desarrollo y en la virtual eliminación del incentivo individual..."

El fracaso económico y la simulación política

Mesa Lugo explica, nos refiere la revista Proceso, que Cuba contó con una enorme ayuda de la Unión Soviética (de unos 65 mil millones de dólares, entre 1960 y 1990, y que en los años recientes su Producto Bruto llegó a depender en 20% de su relación con Venezuela, "pero a pesar de ello, Cuba no trasformó su estructura productiva, no logró la autosuficiencia alimentaria ni genera suficientes exportaciones para pagar por sus importaciones"

Mesa Lugo no titubea en afirmar que el legado económico de Castro es negativo. Y yo agrego que su legado político es nefasto. Podríamos extendernos mucho en la enumeración de todas las ineficiencias económicas y hacer al mismo tiempo un recuento de los crímenes. Pero eso rebasaría las dimensiones de este artículo. Quien entienda el sentido que estudie. Que se informe. Esta no es una biografía sino una toma de posición. Pero un país que importa el 84 por ciento de sus alimentos básicos, como lo hizo Cuba en el 2008, manteniendo esa tendencia deficitaria hasta la fecha, está peor que México, que hoy importa la mitad del maíz, del trigo, del arroz, del frijol que nos comemos. Y eso que el régimen mexicano es de los peores que hemos tenido desde hace ya más de cinco sexenios.

Y no citamos todo esto porque queramos defender el capitalismo, como Tatiana y otros fidelistas pretenden, sino justo porque creemos que quienes mienten, por padecer una ideología enceguecedora, o por tener un carácter mercenario, le hacen un flaco favor al ideal del socialismo, y se erigen en peones del poder despótico del comunismo leninista, maoísta, polpotiano o fidelista, que, durante todo un siglo, ha oprimido a los pueblos y ha instaurado dictaduras, disfrazadas o no, que han impedido o limitado las libertades ciudadanas, una plena justicia, y una eficiente economía.

Y porque quienes siguen defendiendo el modelo impuesto por los partidos comunistas herederos del stalinismo, o de la burocracia china, lo hacen casi siempre por interés, porque están siendo subsidiados o pagados por esos comunistas; pues no me van a decir que los artículos firmados por Fidel y que han aparecido durante años y años en la Jornada, no han sido pagados. Tan han sido pagados que en parte con ese ingreso es que Carlos Payán, el director fundador del diario La Jornada, a de poder llegar a su finca en Tlayacapan trasladándose en helicóptero.

Cuando estuve en Alemania democrática, hace ya muchos años, Willy Shäffer y otros altos funcionarios del Partido alemán me contaron cómo y cuánto habían aportado ellos, los del Partido alemán, para el proyecto editorial que les presentó nuestro compañero Arturo Martínez Nateras, y cómo la imprenta con la que se fundó luego la Jornada había sido parcialmente financiada de esa manera. Y yo no me opongo a la solidaridad internacional. La celebro. Pero no estoy de acuerdo que hoy se haya convertido en un periodismo que combina la labor de información con una actividad mercenaria al servicio de mitos y dictaduras.

Ya antes del artículo de Tatiana me habían llamado la atención varios artículos más que elogiaban a Fidel en el mismo periódico, como si ese diario tuviera muchos fidelistas. Por lo que me puse a revisar un mes completo de artículos, desde el día del deceso y hasta hoy que termina el año. Y expondré párrafos adelante lo que esa constante me ha hecho pensar.

Todos estos izquierdistas de la red set, que hoy detentan los medios de información de la izquierda institucional, o que forman parte del establishment "plural", son, según mi criterio, cómplices de la mentira con que nos han vendido un socialismo rabón y excluyente. Y si queremos volver a levantar el elán y el amor a la utopía, no podemos seguir defendiendo lo que constituye el fracaso del autoritarismo y una monstruosa deformación del ideal original.

Se trata de descorrer el velo de ocultamientos, y mostrar los errores que se han cometido y que se han tolerado, o peor aún, que se han mistificado para presentarlos como virtudes. Porque presentar a Cuba como ejemplo no es más que presentar una economía, hasta hoy fracasada en cuestiones fundamentales, como algo que debemos celebrar. Ni que fuéramos partidarios de autoflagelarnos. Aunque algunos, con tal de cobrar bien, son capaces de embellecer el infierno.

Cuando pasé unos días en la región minera de Ucrania, después de la caída del socialismo, y me hospedé en casa de una obrera industrial donde se comía carne cada quince días, y no se había dado mantenimiento al edificio construido desde la época stalinista, lloré. Lloré porque no podía concebir que una potencia que había colocado en órbita a Gagarin, y que había mantenido la guerra de Afganistán con tan altos costos, no pudiera otorgar a una obrera de la rama industrial más rentable, un ingreso digno. Y eso mismo ocurre hoy en Cuba.

El asesinato de Ernesto Guevara

La peor de las mistificaciones o tergiversaciones probablemente sea la muerte de Ernesto Guevara. Al régimen político cubano le favoreció enormemente la muerte del Ché. No solo porque con su gloria y su ausencia, Fidel capitalizaba su imagen y su autoridad. Sino también porque permitía darle final a lo que hasta antes de su asesinato seguía siendo una diferencia sobre qué hacer, no solo a nivel continental, sino también dentro de Cuba. Y si el Ché hubiera podido consolidar un nuevo frente entonces sí que su voz hubiera opacado la de Fidel.

El Ché creía en la industria, aunque hubiera tropezado al impulsarla, Fidel no. El Ché creía en la solidaridad y en revertir el cerco que padecía Cuba con una lucha generalizada que le abriera al imperialismo varios focos de conflicto. Fidel no aceptaba aumentar el riesgo de confrontación en América Latina, y por ello prefirió irse a África a proseguir sus actividades revolucionarias. El Ché creía en el hombre nuevo, por más que estuviera ese ideal envuelto en voluntarismo y fé, pero Fidel sólo ha creído en el burócrata eficiente. El Ché postulaba y ostentaba una alta moral y un compromiso ético que se sobreponían a sus errores. Fidel, en cambio, desplegaba y mantuvo hasta el final un pragmatismo del poder total. Los que admiran al Ché que se informen. ¡Existen tantos testimonios sobre la pelea y las diferencias entre ellos! A mi no me cabe duda de que Fidel lo quería muerto.

Por eso no es descabellado sostener que la habilidad y cuidadosa planeación de los movimientos militares en África contrastan burdamente con la aventura en Bolivia. Algunos cronistas o historiadores dicen incluso que el agente de la CÍA que influyó para meter al Ché en la región donde fue aniquilado, era también agente de Fidel Castro. Y son varios los testimonios que hoy se encuentran diciendo que los partidos comunistas no solo se hicieron de oídos sordos a los llamados del Ché, sino incluso contribuyeron a su final aislamiento, para que pudiera ser fácilmente aniquilado.

En su *Historia de la Revolución*[45] revela Carlos Franqui, por citar un ejemplo autorizado, que tras la muerte de Guevara "primero recuperaron su mano, que por orden de la CIA le habían cortado, y que fue entregada por el ministro Arguedas a Tuttino, mensajero de Piñeiro. El ambiguo Arguedas, ministro de Barrientos, agente de la CIA y de Fidel Castro, había sido quien indicara el territorio inicial donde operaría la guerrilla, el que proporcionó el diario del Che al comandante..."

---

45. *Cuba, la Revolución: ¿Mito o realidad?* Editorial Península, Barcelona, 2006. Probablemente su último libro. Pág. 318.

Yo, que he vivido toda mi vida en la frontera del poder, y que he visto cómo se ejerce, la mayor parte del tiempo, con frialdad y sin moral, tengo la convicción de que el Ché murió ciertamente por demasiado voluntarismo y falta de rigor en la vinculación con el pueblo, pero al mismo tiempo, que esa omisión trágica fue aprovechada por sus adversarios, que supieron convertir sus errores en una circunstancia propicia para deshacerse de él.

Y lo digo con la autoridad de haber protestado por la muerte de Guevara, y de haber formado parte del grupo —del único grupo que, en este país, puso una bomba en la embajada de Bolivia— como protesta por su asesinato. Mientras los cubanos armaban toda una parafernalia para hacer del héroe un patrimonio explotable.

No soy fidelista, pero debe quedarles claro a todos estos sicofantes que me reclamo defensor de la doctrina social. Para mí el Ché sigue siendo un paladín de la lucha, pese a sus errores. Pero en Fidel pesan más sus crímenes que su permanencia al frente del Estado. Y si alguna autorización se requiere para decirlo, ahí están mis credenciales para quien tenga capacidad de análisis: cincuenta años de militancia, años de prisión, años de trabajo como repartidor agrario, redactor de leyes sociales, esfuerzos y conceptuación de la convergencia y los gobiernos de coalición. Ahí están mis escritos al acceso de cualquier lector, y mi inalterable compromiso con la modesta labor de organización y educación, para mostrar que hablo desde el pueblo, y no desde un pueblo que brinde pleitesía a los caudillos o las camarillas, sino como parte de un pueblo consciente que quiere construir una democracia donde todos participen y no se impida ni la crítica ni la libertad.

Y no me paga nadie por lo que digo. Es más, soy de los que mantuvieron con su ingreso a la vieja izquierda, cuando el Estado no otorgaba ni canonjías ni cargos de representación, y por eso, entre otras razones, me han excluido del diario Excélsior, pues ahí defendí posiciones plurales, del periódico El Financiero por escribir a favor de los zapatistas, del diario Uno más Uno por criticar al partido oficial, y me han cerrado las puertas de casi todas las editoriales por no comulgar con ninguna de las capillas donde se rinde algún culto o se solapa alguna chingadera.

Yo no cambié, como otros, mi manual de Brecht sobre cómo decir la verdad, por el manual de Göbels para engañar a la opinión pública.

Empecé mi vida política en la extrema izquierda, y mantengo la posición actual de impulsar policías comunitarias, grupos de autodefensa, la autogestión, la economía solidaria y cooperativa, y la organización independiente de todo poder. Y desde aquí les digo: No queremos un socialismo en el que Fidel venga a la toma de posesión de Carlos Salinas, o lo reciba después como invitado especial en la isla, al mismo tiempo que se deshaga de Camilo Cienfuegos o encarcele a Huber Matus. No queremos que se fusile a quienes han servido fielmente a la revolución, como al General Ochoa, para ocultar las culpabilidades del mismo Fidel, que es quien ordena el fusilamiento y antes organiza el narcotráfico. Y no queremos que se reescriba la historia para convertir, a un solo sujeto, en demiurgo y autor de la epopeya.

La Real Politik, o su forma tropical como pragmatismo fidelista

En 1968 la embajada de Cuba en México publicó un comentario firmado por uno de sus representantes, de nombre Carlos Rafael Rodríguez, comparando la Revolución Mexicana con la de Cuba, y haciendo elogio del régimen de Díaz Ordaz. Yo estaba preso y reaccioné escribiéndole a ese compañero que no me parecía que fuera válido comparar ambos procesos, pues acá teníamos un régimen opresivo y pro capitalista. Y su respuesta me desconcertó, pues yo esperaba que diera marcha atrás o matizara sus afirmaciones, pero las justificó. Y yo necesité mucho tiempo para entender lo que ha sido la Real Politik. Pero viene al caso el recuerdo, porque Olga Pellicer, lúcida mexicana que ha representado a México ante Naciones Unidas, y que mantiene una cátedra sobre relaciones internacionales desde hace muchos años, recién ha escrito, casi medio siglo después de mi intercambio epistolar con Carlos Rafael, que "el mantenimiento de relaciones con Cuba, contribuyó a la estabilidad política interna de México. A diferencia de lo ocurrido en otros países latinoamericanos, el entendimiento con Fidel tuvo como una de sus consecuencias que no hubiese apoyo cubano a movimientos guerrilleros en México. Y que, por lo contrario, Fidel fue hasta finales del Siglo XX un amigo solidario de los gobiernos del PRI. Y así lo hizo sentir en momentos críticos políticamente como fue la tragedia de Tlatelolco en 1968, o las acusaciones de fraude en las elecciones presidenciales de 1988. A pesar de fuertes polémicas respecto a la legitimidad del triunfo priísta, Fidel asistió a la toma de posesión de Carlos Salinas..."

¿Quién pone pues en peligro el socialismo, la crítica o los elogios a Fidel?

Cuba, los logros de su revolución, están en peligro, pero el peligro es mayor si nos obstinamos en defender una claque que no reconoce la necesidad de cambios en la conducción de la política y la economía. Y si no se abre la discusión para hacer de ese sistema uno participativo, con respeto a la disidencia y a la actividad empresarial desplegada en forma independiente y en un mercado regulado pero que permita a cualquier productor ofrecer el objeto de su esfuerzo. Y lo digo porque además de tener claro que el socialismo con monopolio estatista fracasó, en estos momentos se está limitando en Cuba el registro de las cooperativas, y se está amenazando a las cooperativas agrícolas con confiscarles la tierra si no acatan la entrega de su producción a los canales de distribución del Estado.

Pero está también en peligro el ideal de una sociedad nueva en la que no exista la explotación del hombre por el hombre, porque defender a Cuba sin decir que el mercado negro que ahí existe está sostenido por funcionarios corruptos del mismo Estado y el Partido Comunista (que roban al gobierno para vender a precios más altos), es contribuir a que se consolide un régimen como el que hoy existe en China, con una burocracia que impide las libertades bajo el pretexto de que visten una camiseta "comunista", ya que el beneficio es concentrado desde el poder, y porque no hace falta que los medios de producción sean de propiedad privada —como ya se estableció en Rusia— si bajo la administración del Estado los burócratas chinos o cubanos disponen igual del excedente. Instaurando otra forma de tomar la plusvalía.

Hace cuarenta y seis años, o cuarenta y siete años, protestamos por el encarcelamiento de Kuron y Modzelewski en Polonia. José Revueltas, Carlos Sevilla y yo, firmamos un documento en defensa de aquellos presos políticos del régimen de Gomulka. También Revueltas firmó en esos años una protesta del Pen Club internacional para defender al poeta Padilla reprimido en Cuba. Defendimos luego al poeta Valladares; y yo he exaltado y encomiado el libro de Eliseo Alberto en el que denuncia que le pidieron en Cuba que se enjuiciara a sí mismo. Leímos y defendimos a Solzhenitsin, a Ota Sik, a Dubcek, a Kosik —a quien le confiscaron su obra y lo condenaron a trabajar de jardinero hasta el final de sus días. Y hoy, ¿quién de esos izquierdistas de la red set vociferante protesta por la represión o los intentos por silenciar en Cuba a Yoani Sánchez? ¿Quién de ellos cita los libros de Carlos Franqui? ¿Quién de ellos protestó por los veinte años de prisión para Huber Matus? No, ¿cómo?, ¿quién le pagaría su fidelidad a la causa? Que no es la causa del socialismo ni la libertad, sino la de los burócratas encaramados en una revolución que se pasmó y que todavía quieren enjaretarnos como ejemplo a seguir.

Aquí mismo, entre nosotros, tuvimos persecución o calumnia hacia varios compañeros. Se calumnió a Jorge Poo, ex guerrillero, que vivió en Cuba, y que por haber vivido en Cuba y ser testigo de lo que ahí pasaba, decidió criticar al régimen. Se calumnió, y cuando digo se calumnió digo que el gobierno cubano dijo, difundió, que Alberto Sánchez, quien junto con otros compañeros de un comando llevó un avión a Cuba para salvar la vida de una compañera, y luego fue esposo de la hija de Ernesto Guevara, y padre del nieto del Ché, era agente de la CIA. Imagínense ustedes, Fidel no ha tenido límite. Cualquiera ha podido ser acusado de ser agente de la CÍA. Igual que lo hizo Stalin, acusando a Radek, a Zinoviev, a Kámenev, a Bujarin, a Trotsky, a cientos de miles más. Los que conocemos a Alberto, y hemos compartido y departido con él, y sabemos de su convicción y de su compromiso, ciertamente más cercano al ideal socialista que el de los burócratas que lo trataron de estigmatizar por discrepar del régimen y criticar a Fidel, no podemos callarnos en esta hora de cuentas. De sacar las cuentas.

No compañeros, yo no marcho con ese coro de ignominia. O en ese conjunto extraviado de la ideología (porque sin duda no todos los que escriben loas a Fidel lo hacen por encargo y embute). A esos extraviados les digo que la política del futuro no podrá cumplirse sin romper con la enajenación; y la enajenación no solamente está en la defensa del capital que sólo busca la utilidad privada, ni solo en el imperialismo que hoy impone la globalidad que concentra el ingreso, también lo está en la defensa del poder iluminado de los caudillos y los hombres omniscientes que conducen bajo su mando único, incuestionable, incompartible, indisputable, los destinos de la mayoría. La enajenación también está en esa idea del socialismo que acepta el racionamiento durante medio siglo sin reconocer la ineptitud para producir alimentos. La enajenación es parte de una incapacidad para desarrollar un sector industrial en un territorio que tiene las primeras reservas de zinc y las segundas de hierro.

El socialismo es más que un buen sentimiento

Ternura y tristeza me inspiran los compañeros honestos, que más allá de los sentimientos a flor de piel, no hacen esfuerzo alguno por mirar lo que se esconde en la propaganda y la parafernalia. Se los dice quien fue testigo en la Alemania, así llamada democrática, donde tenían preso domiciliario al tres veces laureado Robert Havemann —declarado demente— porque él se había atrevido a sostener que la unidad de Alemania era previsible sobre la base de la historia, la cultura y el horizonte político. Se los dice quien fue testigo del reparto del patrimonio del pueblo soviético entre los burócratas bajo el régimen de Yeltsin (porque yo ví, yo viví cómo las mafias del partido comunista se fueron distribuyendo las empresas, de armas, de petróleo, de minería, de construcción, de cerveza, etc.)[46]. Se los dice quien fue huésped del régimen cubano hace diecisiete años. No hablo de oídas ni solo de lecturas. Lo que ví y lo que estaba mal lo documenté, y se los dije sin miramientos a miembros del Comité Central, en cada caso, así como a altos funcionarios del Estado. Y por eso no formo parte del establishment de ese "socialismo".

Quiero, como dije en la primera entrega de esta serie, deslindar a Fidel del futuro del socialismo. Quiero contribuir a restaurar el ideal para las generaciones venideras, que no deben ni podrán asociar el socialismo con miseria, con mezquindad, con simulación o autoritarismo.

En la mayoría de los países donde ha caído el sistema del que hablamos ha sido la falta de libertades lo que desesperó a la población, y esta no hizo distingos al borrar o tirar al sistema, aunque ello implicara tirar al niño junto con el agua sucia. Y lo han tenido que lamentar después. Pues los estallidos no tienen lugar bajo una dirección consciente y programada, sino que obedecen, casi siempre, al hartazgo y la desesperación. Nuestras reflexiones van encaminadas entonces a establecer una diferencia entre lo malo y lo rescatable, entre lo que oprime y constriñe, y lo que puede ser cimiento de una nueva sociedad, y que por tanto debe conservarse.

Hoy la población cubana vive atemorizada y aparentemente conforme. La gente en la calle, al ser preguntada por su apego o fidelidad al sistema, responde que llevan tres generaciones viviendo de la misma manera, y que no conciben otra, y que ni siquiera tienen punto de com-

---

46. Pues yo estuve meses en Alemania Democrática por un intercambio académico, y años después en Rusia, enviado por el gobierno mexicano como observador para dar mi versión sobre la caída del socialismo, y siendo, al mismo tiempo, en ambas ocasiones, militante de la Cuarta Internacional.

paración. Pero el aislamiento en que han mantenido a la población se está terminando. Hoy no pueden detener ya las redes sociales ni el internet. Esa actividad pionera que inició Yoani Sánchez, se está generalizando. Y es obvio que el pueblo cubano cambiará su actitud y su disposición conforme el turismo de decuplique y traiga noticias frescas del mundo y la libertad.

Concluiremos pues con el análisis de las posiciones que se han expresado en torno a este evento mortuorio y esta coyuntura histórica que se ha inaugurado con él, cerrando después la exposición con un punteo sobre lo que nos parece que podría ser la herencia de la Revolución Cubana. Es lo que algunos vemos tras cincuenta años de militancia, y sesenta años de estudio. Sin que nadie nos pague por decirlo. Y sin esperar ninguna retribución a cambio, como muchos de estos que hoy defienden a Fidel recibiendo buena paga.

La apología criminal del socialismo impuesto a patadas

Se fue el último grande del Siglo XX, Cabeceó La Jornada el 26 de nov. Y publicó los siguientes artículos contextuales o complementarios:

Adiós Fidel Castro

El líder cubano sorteó con éxito 638 intentos de asesinato

Un referente del Siglo XX

Las notas de la jornada citan como fuente www.fidelcastro. cu y Afp

Instauró un gobierno socialista a 150 km de Estados Unidos

En este último artículo dice literalmente:

> Al amanecer del primero de enero de 1959, Fidel Castro derrota de manera definitiva, con el respaldo de una huelga general revolucionaria, acatada por todos los trabajadores, la dictadura de Batista. Entró victorioso ese mismo día en Santiago de Cuba y

arribó a La Habana el 8 de enero. La versión oficial deformada de la historia, pues Fidel no llegó solo, ni tampoco el primero.

Como bien consigna Wikipedia, "En la madrugada del 1 de enero de 1959, las tropas del Segundo Frente Nacional del Escambray comandadas por Eloy Gutiérrez Menoyo entraron a La Habana, que hasta entonces era la capital. Al día siguiente llegaron las tropas del Movimiento 26 de Julio comandadas por Camilo Cienfuegos y el Che Guevara, tomando sin resistencia el regimiento de Campo Columbia y la Fortaleza de San Carlos de la Cabaña, respectivamente. Al entrar a Campo Columbia, Cienfuegos excluyó del mando al Coronel Barquín y detuvo al General Cantillo. Poco después las tropas del Directorio Revolucionario, al mando de Faure Chomón, ocuparon el Palacio Presidencial...Simultáneamente, el mismo 1 de enero, Fidel Castro entró triunfante a Santiago de Cuba, declarándola capital provisional del país y proclamando al magistrado Manuel Urrutia como presidente de la nación. Por el momento, el gobierno de Estados Unidos reconoció al gobierno revolucionario." O sea que Fidel no tomó la capital, no fue el primero en llegar y ni siquiera entró en ella. Fidel entró a la Habana una semana más tarde. Pero ya había formulado su primer decreto para aumentar su protagonismo. Hagan de cuenta que don Miguel Hidalgo toma Guadalajara y lo primero que hace en la guerra de independencia es declararla capital de México.

Luego, el 27 de noviembre de este pasado 2016, cuando se habían decretado en Cuba nueve días de duelo, donde se hace el siguiente resumen:

> Fidel Castro, bajo cuya revolución nacieron 70 por ciento de los 11.1 millones de cubanos, sobrevivió a 11 presidentes estadunidenses, la invasión de Bahía de Cochinos en 1961, la crisis de los misiles en 1962, el bloqueo estadunidense, su exclusión de la Organización de Estados Americanos y las penurias de

la crisis del periodo especial en que se sumió Cuba a comienzos de los años 1990 tras la debacle de la Unión Soviética.

La primera campaña de alfabetización y la derrota de los mercenarios organizados por la Agencia Central de Inteligencia estadunidense que incursionaron en Bahía de Cochinos permitieron consolidar la Revolución Cubana. Declarada socialista en 1961, la revolución puso fin a la dictadura de Fulgencio Batista, nacionalizó propiedades, hizo una reforma agraria —8 por ciento de los propietarios poseía más de 70 por ciento de las tierras—, llevó salud a los rincones apartados de la isla y erradicó el analfabetismo, que alcanzaba 40 por ciento en 1959.

Cuba cuenta actualmente con índices de salud de primer mundo: mortalidad infantil de 4.2 por cada mil nacidos vivos —similar a la de Canadá y mejor que la de Estados Unidos—, una esperanza de vida de 78 años en los hombres y 80 años las mujeres. El sistema educativo tiene una cobertura de 100 por ciento y es obligatorio hasta noveno grado. La revolución de Fidel Castro puso la cultura al alcance popular y desarrolló el deporte, logrando destacar en competencias mundiales; aunque muchas de sus estrellas desertaron y se afincaron en el extranjero.

Y en el mismo ejemplar del diario aparecieron los siguientes artículos

Uno de Ignacio Ramonet, en el que se reprodujo un panegírico de hacía años, otro de Emir Sader, titulado *Fidel, sinónimo de Revolución*. Uno más de Guillermo Almeyra, bajo el título de *El mayor estadista de los últimos cincuenta años*; uno más de José Steinsleger sobre el nuevo difunto; además de la editorial, titulada *El símbolo y el porvenir*, y de una declaración de AMLO, comparando a Fidel con Mandela.

En el artículo de Emir Sader se dice: Fidel encarnó la revolución en América Latina y en todo el mundo, porque

Cuba levantó de nuevo la idea del socialismo, cuando éste se había vuelto algo aparentemente petrificado, postergado. ...Conocí cómo un dirigente se interesa por todo lo cotidiano de un país y del mundo; pronunciarse sobre todos los problemas, ser el crítico más radical de la revolución, señalando problemas, implacable con los errores, pero siempre proponiendo alternativas y despertando esperanzas....Fidel fue sinónimo de revolución durante más de 50 años. Para quien quisiera saber sobre ésta y sobre socialismo, bastaba dirigir su mirada hacia él.

Él y el Che señalaron para muchas generaciones el horizonte del socialismo, de la revolucion y del compromiso militante. Fidel fue la personificación de la revolución y del socialismo. Su vida y sus palabras han sonado siempre como la voz más fuerte, más digna, más vibrante, con más esperanza y más coraje que la historia ha conocido.

La editorial decía:

> "Quienes han alcanzado la condición de símbolo no necesitan de la vida para proyectar su influencia. Los postulados que por voz de Fidel Castro dieron forma a la Revolución Cubana (que pueden sintetizarse en la noción de una búsqueda generalizada de justicia) siguen siendo recuperados, con las adaptaciones de la época, por un sector de las generaciones jóvenes en América Latina y en el orbe, y no desaparecerán como su autor.

> "No se puede, sin embargo, omitir el contenido simbólico de esta muerte: la extinción física de este gran líder de la izquierda latinoamericana e internacional (y no cuentan a estos efectos las distintas evaluaciones que existen sobre su desempeño político) se produce justamente cuando la marea del oscurantismo social y político gana terreno, impugnando y satanizando las ideas que, con variada suerte y sin concretarlas nunca del todo, los sectores progresistas impulsaron en buen número de países.

El último gran estadista surgido de América Latina."

En el artículo de Almeida se adelantaba una importante reflexión: Sobre el cadáver de Fidel Castro se van a volcar toneladas de insultos con el objetivo de disminuir su obra y de preparar el asalto final contra Cuba, para volver a colonizarla y reconstruir en ella burdeles y casas de juego. Pero también lloverán las asquerosas descargas de moralina conservadora y de lambisconería necrofílica de los oportunistas de siempre o los elogios de sinceros simpatizantes de la Revolución Cubana, fieles y fidelistas que no saben distinguir entre la revolución de un pueblo y las virtudes y los límites de sus dirigentes.

Y todavía agregaba: Como estadista se guió por lo que creía útil para Cuba, no por lo que ayuda a la liberación social, e identificó los Estados y gobiernos con los pueblos (fue el primero en saludar el fraudulento triunfo de Salinas en 1988). Esos errores tuvieron un costo enorme, pero Cuba no es ya la de 1959. Fidel Castro será recordado siempre como revolucionario antiimperialista.

Y aclaró de paso: fueron numerosos y enormes los errores de Fidel derivados de su falta de formación socialista y de las necesidades tácticas de la alianza con la burocracia mundialmente contrarrevolucionaria que dirigía la Unión Soviética.

El 28 de noviembre se publicaron varios nuevos artículos. Uno de Heriberto Galindo Quiñones, titulado *Pensar y recordar a Fidel Castro*; otro de José Blanco titulado *Fidel y la libertad*; uno más de Luis Hernández Navarro con el título *Fidel, el camarada Alejandro*; otro de Pedro Salmerón Sanginés, titulado escuetamente *Fidel*; y uno más de Teresa del Conde, con el título *Fidel y el dueño del yate Granma*.

Galindo Quiñones había sido el embajador de México en Cuba durante la administración de Ernesto Zedillo. En su artículo destacan las siguientes líneas: Considero que Fidel Castro fue una historia viviente, que hizo todo lo que pudo por su pueblo, que tuvo aciertos y desaciertos, pero siempre actuó de buena fe, con honradez, verticalidad y las mejores intenciones. Era un hombre grande, muy grande, no solamente por su estatura física, sino por lo moral e intelectual y por sus dotes y dones esenciales, al ser un hombre a carta cabal, de carácter fuerte y de conducta incorruptible, de reciedumbre y de claras determinaciones, que sabía llamar a las cosas por su nombre y era indomable para sus adversarios y enemigos.

José Blanco, por su parte, en su artículo pone los siguientes juicios: Fidel ha sido un gran libertador: Fidel brindó un apoyo decisivo para la consolidación de la revolución en Argelia, derrotando al colonialismo francés en su último bastión; Fidel estuvo junto a Vietnam desde el primer momento, y su cooperación resultó de ser de enorme valor para ese pueblo sometido al genocidio estadunidense; Fidel estuvo siempre junto a los palestinos y jamás dudó acerca de cuál era el lado correcto en el conflicto árabe-israelí; Fidel fue decisivo, según Nelson Mandela, para redefinir el mapa sociopolítico del sur del continente africano y acabar con el apartheid, y es preciso sumar el apoyo que dio a numerosos grupos latinoamericanos que buscaban de veras la libertad inspirados por la teoría del foco. Fidel fue también un estratega sin par en política internacional: a 120 kilómetros del imperio, Cuba permanece. Pero Fidel fue también un caudillo que todo lo decidía. Y ahí donde un caudillo manda, la justicia social entra en conflicto insuperable con la libertad.

Y por su parte, Pedro Salmerón descalifica a todas las voces críticas de Fidel con las siguientes afirmaciones:

> ¡Dictador!, se llenan aquí la boca los de la democracia ficticia del haiga sido como haiga sido; allá, los de la estirpe de Kissinger y las dictaduras militares. ¡Asesino!, gritan aquí quienes han permitido la tragedia de 150 mil muertos en 10 años; allá, quienes defienden la sangrienta política imperial y el bloqueo contra la revolución cubana. Las reacciones de Felipe Calderón o Jorge G. Castañeda aquí; las de Donald Trump o las damas de blanco allá, lo reflejan claramente. Pero la ofensiva mediática es feroz y

mis alumnos, los amigos de mis hijos no entienden nada. Si les dijeron siempre que era un dictador decrépito y sanguinario, ¿por qué el pesar de tantos?

El 30 de noviembre, de Juan Manuel Karg *El mayor legado de Fidel*; y de Bernardo Barranco *Fidel Castro y la religión.*

El politólogo Juan Manuel Karg afirma: En síntesis: el mayor legado de Fidel es la reivindicación de la política como herramienta de transformación de la vida de las mayorías. Ni más ni menos. Fidel, lejos de ser un voluntarista utópico, siempre tuvo claro que la política podía transformar, modificar lo establecido. Que se podía torcer el destino manifiesto que decía que Cuba tenía que ser una isla satélite de la principal potencia mundial.

Y en otros párrafos sentencia: Fidel puso a Cuba en el mapa mundial, le guste a quien le guste, y le pese a quien le pese. Fue un destacado global player: dotó a una isla pequeña de una entidad superlativa en el escenario global…. Sus ideas, tal como él lo hizo saber en el último congreso del Partido Comunista de Cuba —que fungió casi como una despedida pública— quedarán vivas en millones de personas del mundo entero que hoy lo lloran…

El 1° de diciembre, además de un artículo de Rodríguez Araujo sobre su estancia en Cuba, se publican dos más: de Alfredo Serrano Mancilla: *Fidel, siempre puntual* y de Ángel Guerra Cabrera: *Fidel es ya millones.*

En el artículo de Guerra Cabrera se afirma: Fidel se ausenta físicamente para multiplicarse en las dolidas y fervorosas multitudes de niños y jóvenes, de hombres y mujeres cubanos de todas las edades, que la noche del martes proclaman ¡yo soy Fidel! en la Plaza de la Revolución y en todos los rincones de Cuba. Pero igual podían haber sido venezolanos, bolivianos, ecuatorianos, argentinos, brasileños, nicaragüenses, salvadoreños, mexicanos, caribeños.

El dos de diciembre de 2016, Cuauhtémoc Cárdenas publica una nota breve bajo el título: *Se ha ido un luchador.*

Y ese mismo día aparece un artículo de Gilberto López y Rivas sobre *La congruencia ética de Fidel*.

Cárdenas se lamenta por la pérdida con las siguientes palabras: Una pérdida para Cuba y su pueblo; una pérdida también para la humanidad y en particular para los pueblos de América Latina.

Y luego agrega: Se ha ido un luchador. Queda un ejemplo.

El antropólogo Gilberto López, por su parte, arenga así: En el caso de la revolución cubana, el factor ético esta presente desde la lucha contra la dictadura de Batista y ha sido recurrente a lo largo de los más de 50 años de su triunfo. Para la generación de aspirantes a revolucionarios que nacimos en los años 40 del siglo pasado, Fidel Castro se constituyó en un guía, pero no a la manera del Gran Timonel, o de los dirigentes religiosamente venerados de Corea del Norte, sino como un pedagogo de la revolución triunfante, del antimperialismo, de la soberanía recobrada frente a Estados Unidos, del rescate de una nación desde lo popular, del internacionalismo practicante y, sobre todo, de la coherencia ética.

El día tres de diciembre Marcos Roitman Rosenmann publica *La revolución cubana, Fidel y Europa*.

El día ocho aparecen dos artículos más. Uno de John Saxe Fernández: *Fidel, revolución y riesgos existenciales*, y otro de Ángel Guerra Cabrera: *Hay Fidel para rato*.

En el artículo de John Saxe se afirma: Esa gesta revolucionaria adquiere un peso todavía mayor ante los grandes retos que se perfilan en las dos primeras décadas del Siglo XXI: la experiencia histórica de construcción social alternativa liderada por Fidel Castro adquiere una importancia y significación del más alto nivel ante la actual devastación humana, ecológica y económica del llamado neoliberalismo...

Y en el de Ángel Guerra se agrega: Fidel está en la mente, el corazón y el proyecto nacional de millones de cubanos. Pero hemos descubierto que está de un modo muy especial en los de esos jóvenes de quienes emanó el clamoroso Yo soy Fidel en el acto de homenaje al comandante en jefe celebrado en la Plaza de la Revolución, extendido a millones de voces en todo el país y rápidamente en América Latina y el Caribe.... Hace un papel muy ridículo quien diga que algo tan auténtico pueda lograrse mediante mecanismos de movilización y control social como balbuceó desde Miami un comentarista estelar de CNN en español, lo contrario a lo mostrado por las imágenes que la misma emisora acababa de difundir del acto de homenaje a Fidel... El popular dúo Buena Fe en su página de Facebook resume la época que inicia: ¡Gloria eterna a Fidel! Historia, ¡abre los portones! No pudieron detenerlo cuando era de carne y hueso. Ahora es invencible.

El día nueve Doris Musalem publica *Castro y Palestina*, y en primera plana se publica, de Ignacio Ramonet el artículo *Caro pagué por dar voz a Fidel Castro*, donde Ramonet hace recuento de la represión de que fue objeto en Europa por su artículo entrevista a Fidel.

El día once Tatiana Coll publica: *Siete afirmaciones equivocadas sobre Cuba y Fidel*, artículo al que ya nos hemos referido.

Capítulo 7
Remontándonos al origen de las deformaciones

El proceso de transformación de una gesta revolucionaria en un aparato burocrático es un asunto recurrente en la historia de los países donde se ha emprendido un camino socialista. Incluso cuando murió Stalin los anuncios de su canonización fueron mayores, y la parafernalia decuplicó lo que hoy se ha visto por Castro. Y ahí está lo que vino después. Bastó que Jrushev destapara la cloaca en el XX Congreso del PCUS para que el mundo descubriera que el padrecito de los pueblos había sido un gran asesino.

Y por desgracia, esto de los panegiristas y alabadores es un asunto en que una y otra vez se han reiterado errores muy semejantes. Primero ocurrió en la Rusia soviética, luego en Europa oriental, después en China, Albania, Yugoeslavia, Vietnam y Camboya. Y yo mismo no estuve curado del mismo mal, pues me atreví a reivindicar el papel revolucionario de Mao como algo que estaba muy por encima de su carácter represor. Pero el problema hoy es que los voceros oficiales del izquierdismo institucional carecen de memoria histórica. Sólo padecen una ideología atemporal. Y el problema no está en ver los logros que tiene Cuba, y ni siquiera en tener claro que necesariamente hubo un grupo revolucionario al frente. ¡Qué tiempos aquellos en que quien escribía en la prensa revolucionaria había pasado por una educación política y tenía idea de la historia social del mundo!

El socialismo sigue pendiente, como hasta reconoce Almeyra. Esto es, seguimos emplazados a demostrar que es posible un régimen económico social donde se planifiquen los sectores fundamentales de la economía y se otorgue prioridad al mejoramiento de las condiciones de vida y convivencia. Pero no creo que vaya a ser una meta realista si en lugar de revisar los errores y fracasos, nos empeñamos en echarle flores a quienes precisamente han sido causa central de los problemas.

Ni Lenin, ni Mao, ni siquiera Ho Chi Minh han sido infalibles. Pero Fidel, por favor. Esa 99% retórica y 1% capacidad económica. Bajo los gobiernos de Lenin y Mao se gestaron los errores estratégicos e ideológicos que crecieron hasta colapsar lo que ellos habían levantado. Verlo con espíritu crítico y disposición para enmendar lo que se hizo mal, es una responsabilidad ineludible. Y en el caso de Cuba, contra todo lo que anuncian los apologistas de hoy, estamos ante un escenario próximo en el que se descubra que el tal socialismo no solo no existe, sino que la realidad es bastante más jodida que varios capitalismos de América Latina. Porque ni la educación que hoy existe en la isla, ni eso y el servicio médico, compensarán nunca la ausencia de libertades, ni la falta de un proyecto económico que saque a la isla de la escasez y la ausencia de sector industrial.

Ilustraré, para concluir este punto central sobre el modelo

a seguir, cómo en la Rusia soviética se impidió la constitución de un gobierno plural, donde pudieran incorporarse todas las fuerzas anticapitalistas, y se impuso un modelo excluyente que terminó por consolidar a la burocracia. Ese proceso no se inició bajo el gobierno de Stalin, tras la muerte de Lenin, sino al segundo y tercer año de la dictadura bolchevique. En ese entonces participaba toda una pléyade de revolucionarios ilustrados y experimentados. Y no solamente en el Partido Bolchevique, sino en varios destacamentos. Entre otros en el anarcosindicalismo (semejante al de Ricardo Flores Magón de México), en el Partido anarquista de Néstor Makhno, y en el Partido Socialista Revolucionario, que era el más numeroso de Rusia y que conducía Víctor Chernov.

Por desgracia los acontecimientos confrontaron a estas fuerzas que habían coincidido en el derrocamiento del zarismo y en la defensa contra los invasores. Tras un comienzo que parecía necesitarlos a todos aparecieron las diferencias sobre qué socialismo construir, y en los bolcheviques no hubo jamás la disposición para mantener una alianza duradera, o plantear una metodología de la convergencia. Pero dejaré que se ilustre este punto en las palabras de uno de los principales voceros bolcheviques de aquél entonces. Su nombre era Evgueni Preobrashenski.

Yo admiro muchísimo a Evgueni, pues su contribución al estudio de la ley del valor y a los principios de planeación fueron el fundamento de una economía nueva, y seguirán siendo fuente de inspiración para muchos años de construcción de sociedades más justas. Pero vean lo que escribió para justificar la represión del pueblo cosaco y el exilio que terminó por representar la expulsión de más de un millón de personas de esa región a Siberia:

o

> "Veamos detalladamente, cómo se explica el refuerzo de la agitación anarquista y socialrevolucionaria pequeñoburguesa en la primavera de 1921, qué consignas lanzaban los anarquistas y quiénes eran sus aliados temporales en este periodo y, por último, a dónde podía llevar al país y a la revolu-

ción, la victoria de la contrarrevolución socialrevolucionaria-anarquista... La agitación anarquista encontraba apoyo no solamente entre los bandidos, sino también entre los campesinos y entre la parte atrasada del proletariado...Entre el campesinado el descontento existía, principalmente, a causa del impuesto en especie, el cual durante el año 1920 era especialmente pesado para la aldea. El campesinado no era contrario al Estado que le había dado la tierra y que la había defendido con la ayuda del Ejército Rojo contra los terratenientes y capitalistas. Pero estaba contra el Estado que llevaba a la práctica el sistema de impuestos en especie, no dejándole aun al campesinado los productos necesarios. Esto explica la simpatía de determinadas capas de campesinos respecto al movimiento anarcosocialrevolucionario en el Volga y en el Sureste, es decir, en las regiones del trigo..."

"En lo que respecta a los obreros, el descontento hacia el gobierno soviético de la parte atrasada del proletariado en la primavera del año 1921, parece completamente incomprensible a primera vista..... La causa del descontento de los obreros no puede ser la misma que la del descontento de los campesinos, por cuanto el aumento del impuesto en especie sobre el campesino supone un aumento del abastecimiento para los obreros...este descontento era por el mismo impuesto en especie y por la falta de libertad de comercio."

"Pero el descontento general de la clase obrera debido a la lentitud de los éxitos de la edificación económica sobre nuevas bases, debe existir durante un periodo bastante prolongado, y los anarquistas podrían tener después del año 1921 buen terreno para el desarrollo experimental de su demagogia."

"...No es extraño que se encuentren elementos que aplauden a los anarquistas, aunque estos aplausos son, desde el punto de vista de la situación de la lucha de clases, solo un grito de desesperación y un lamento de cansancio. Por último, las masas obreras sufren indiscutiblemente la acción del burocratismo del aparato soviético, de su inmovilidad para la satisfacción de las necesidades cotidianas del obrero, así como los débiles resultados en la lucha contra estas deficiencias. Y en estos momentos es cuando el anarquista se acerca a todos los descontentos con las consignas "Abajo el Estado", "Abajo el Gobierno soviético". "Vivan los soviets libres e independientes.". La simpatía hacia los anarquistas en este punto también existe."

"...En el terreno económico, los anarquistas exigían la destrucción de la administración centralizada de la industria y, o bien la transferencia de esa administración a los sindicatos, o bien la entrega de cada fábrica a los obreros que en ella trabajen (fábricas comunas). En el terreno de la distribución estaban contra el monopolio del pan y de las materias primas, contra el impuesto en especie y por el libre cambio entre los obreros y campesinos de los productos de su trabajo."

"...No es la igualdad en la distribución lo que nos conviene económicamente. Somos demasiado pobres para permitirnos el lujo de la igualdad.... el enorme trabajo iniciado en la obra de la reconstrucción económica y las enormes conquistas para los trabajadores y, por último, el hecho mismo de la existencia durante tres años y medio del poder obrero en un enorme país, representan un factor de tal importancia en la historia de la humanidad, que todos los defectos indicados, aun multiplicados por dos y por tres, deben semejar en comparación con lo alcanzado, una boñiga insignificante ante el pie de una alta montaña."

Hasta ahí Preobrashenski. Repasemos.

1. Evgueni reconoce que el descontento contra el bolchevismo es de obreros y campesinos, si bien los califica de atrasados.

2. Descalifica a los socialistas revolucionarios y anarquistas porque proponen la descentralización de la economía y el establecimiento de comunas libres o de propiedad social de los grupos que comercien libremente sus productos.

3. Explica indirectamente que eso no es posible, como tampoco es posible la igualdad pues se trata de una sociedad pobre, donde la escasez obliga a una distribución central.

4. Reconoce que esa forma de gobierno bolchevique puede calificarse de defectuosa, pero afirma que aun cuando esos defectos de centralización del poder fueran tres veces mayores solo representarían una boñiga (minucia) ante el enorme logro de la revolución y el poder soviético.

5. Caracteriza a los oposicionistas, que pueden tener base social en medio de la situación, como demagogos, pequeñoburgueses y objetivamente contrarrevolucionarios.

Y 6. Anuncia que las medidas adoptadas por el partido bolchevique cubrirán un periodo largo.

Preobrashenski admitía que los anarquistas, anarcosindicalista y socialrevolucionarios eran parte de las fuerzas que habían tirado al zarismo y buscaban una sociedad más justa y libre. Sin embargo, repito, los acusa de atrasados, demagogos, y objetivamente contrarrevolucionarios por oponerse al centralismo bolchevique. De hecho, si él y Bujarin se habían tomado el tiempo de redactar dos libros contra el anarquismo, era, sin duda, porque sentían indispensable dejar claras sus razones o justificaciones para sostener la dictadura bolchevique. Eso revela ciertamente algún escrúpulo, o si se lo mira moralmente, una necesidad de justificar su proceder. No tenían duda de que su política general era la que se tenía que mantener para iniciar la reconstrucción de la economía tras la devastación de la guerra. Pero lo que no alcanzaron a ver fue su impacto social en el largo plazo, y el peligro de su institucionalización. Es decir, el que tales medidas adquirieran un carácter permanente.

De los remordimientos a la mentira y el cinismo

En la Historia turbia del socialismo realmente existente hemos transitado de la consciencia con remordimientos, o de la justificación de medidas transitorias, a un descarado cinismo. Preobrashenski ya empezaba a referirse a los socialistas revolucionarios y los anarquistas con una carga de desprecio. Lo de los remordimientos era una expresión que escuché en viejos militantes rusos, a quienes traté durante el primer gobierno de Putin. Las primeras represiones, que eran ya injustificables en la Rusia revolucionaria, se dieron bajo el gobierno de Lenin. La más conocida la masacre de Kronstadt, donde miles fueron muertos por oponerse al monopolio absoluto de los bolcheviques. Y la más grave de todas, en esos primeros años en los que todavía estaban presentes Lenin y Trotski, en la región tártara cosaca, donde después de que el ejército de Néstor Makhno jugara un papel central en la derrota de la invasión alemana, éste fuera traicionado por el gobierno bolchevique por reclamar libertad de comercio, como ya nos refirió Evgueni. En esa ocasión Makhno, el Pancho Villa eslavo, tendría que huir para salvar su vida, pues los bolcheviques habían decretado su muerte. Pero muchos de sus mandos medios y superiores serían fusilados por órdenes de Trotsky y Lenin. Para que luego el gran economista Evgueni Preobrashenski justificara en su libro esa represión.[47] Sin que fuera el único, pues Bujarin, como ya dijimos, escribiría un libelo con el mismo título. Y Trotski haría un tercer volumen.

Evgueni sostenía, con cierta lógica, ya lo vimos, que los anarquistas y socialistas revolucionarios no proponían una política que garantizara el abasto de alimentos para los habitantes urbanos y los obreros industriales, y que el gobierno bolchevique no podía otorgar prioridad a la demo-

---

47. *Anarquismo o comunismo*. Evgueni Preobrashenski. Editado por el Centro de estudios socialistas Carlos Marx. México 2011. www.centromarx.org

cracia cuando lo más importante era consolidar el poder revolucionario, para lo que requerían alimentos y control de la distribución. Con sus argumentos Evgueni establecía sin embargo parte de los fundamentos de la Real Politik que normaría el poder. No el poder soviético, sino el poder, que terminaría siendo el de la burocracia, la misma que lo desaparecería a él unos años más tarde, que fusilaría a Bujarin, que asesinaría a Trotski.

Rosa Luxemburgo, comunista alemana, que tenía claro el escenario, había escrito desde el año 1918 que era un gran peligro el erigir la necesidad de la dictadura en virtud. Que los bolcheviques tenían que decir, explícitamente, que se trataba de medidas transitorias, pues de convertirse en un régimen regular, lo que se pretendía tener de dictadura obrera y campesina se trocaría en ficción, y el partido substituiría a la clase, para que luego el Comité Central sustituyera al partido, y se culminara con la sustitución de todos por el Secretario General, que terminaría tomando todas las decisiones. Tal y como sucedió.

De manera completamente distinta, Rosa se negó a tomar el poder por un golpe de estado, como lo habían hecho los bolcheviques, porque tenía la convicción de que el poder sólo se justificaba cuando era consenso de la amplia mayoría. Y prefirió un destino trágico antes que infringir ese principio, lo que lamentablemente ocurrió, pues el gobierno "socialista" de Noske y Scheideman la asesinó cuando vieron que la Rosa consecuente y principista era un peligro para la hegemonía socialdemócrata que apoyaba la guerra mundial.

En los siguientes años, los comunistas oficiales que habían condenado a los anarquistas y socialrevolucionarios, ya tenían la coartada: cualquier crítico solo tenía que ser acusado de ser enemigo del socialismo o del poder soviético para que pudiera ser muerto o encarcelado, o de pérdida condenado al ostracismo. Y se procedió entonces contra intelectuales y líderes políticos, luego contra sectores de la población, hasta abarcar segmentos completos de la sociedad rusa, o china o camboyana, o cubana. Sumando en la ex unión soviética millones de deportados a Siberia a los trabajos forzados, y miles a la pena de muerte. Y repitiéndose el procedimiento en cada uno de los países del socialismo de inspiración marxista, incluyendo naturalmente a Cuba.

Explica Pierre Golendorf, en el libro de versos del poeta Armando Valladares (Prisionero de Castro) que, desde los primeros años de la revolución, pero solo después de que se declarara socialista, se instauraron campos de trabajo forzado y tortura en Cuba. Y no fueron menos siniestros estos centros de reclusión de lo que fue la mayor parte del Gulag soviético, pues el régimen interno era militar, y los presos que se resistían eran castigados privándolos de los alimentos, como al mismo Valladares, quien padecería una secuela de mala salud con parálisis en las piernas por el prolongado ayuno impuesto.

Cito a continuación del Prólogo de ese autor al libro de Valladares un enlistado de prisiones y campos de trabajo forzado que se fundaron a partir de 1959:

Provincia Pinar del Río; Combinado del Este y el Morro, Melena, Valle del Perú, Guanajuay, Valle de la Picadura, Nuevo Amanecer, San Juan, Pedro Pi, Jaruco, Pedro Betancourt, Aguica, Jicarita, El Mamey, Santa Rita, Güira, todas en la Provincia de la Habana. Y en la Provincia de Matanzas San Severino, Aguica, Caballero, Milián, Canasi. En la Provincia de Las Villas Santa Clara, Nieves Morejón, G2 de las Villas, Ariza, tres Palmas, Palma Sola, Los Mangos, Santa Isabel de las Lajas. En la Provincia de Camagüey Kilo Siete, El Mambí, Chambas, La Masera, Florida, La Matilde, Jatibonico, Martí. En la Provincia de Oriente, Provincial de Santiago de Cuba, de la Seguridad del Estado, Boniato, Prisión de Holguín, de Baracoa, de Guantánamo, Palmas Altas de Manzanilla, San Ramón, El Mijial, La Caboba, Santa Lucía, Playa Manteca, El Caney, El Brujo, Fernando Chenique, La Manga, La Mojasa, Manatí, de Baragua, Yatigua. Y como dicen los autores, esa lista no es exhaustiva, porque fue escrita de memoria, y porque se ha tratado de ocultar hasta a la población cubana el número y la dimensión de esas prisiones.

Como testimonia Carlos Franqui, "El sistema carcelario

cubano no tiene fin. Se pasa de una prisión a un campo de trabajo, a breves periodos de libertad condicional y se vuelve a campamentos militares, según la opinión policial. El opositor es un enfermo y el policía es su médico. El prisionero será libre cuando inspire confianza al policía. Si no acepta la cura el tiempo no cuenta. El inocente debe declararse culpable. Revolucionarios, socialistas, comunistas, detenidos arbitrariamente, se pudren y mueren en prisión."[48]

Según denuncian el francés Pierre Golendorf y el ruso Leonid Pliuchtch, quienes prologan y escriben el epílogo del libro de poemas de Valladares, "considerando una cifra media y mínima de cien prisioneros políticos por centro de concentración (prisión, granja, frente), y estimando en doscientos, como mínimo, el número de estos centros, (están escribiendo en 1979) se obtiene un total de veinte mil prisioneros políticos del plan de rehabilitación, que llevan uniforme azul y de esa forma se confunden intencionadamente con la masa de los delincuentes." (pág. 20)

Ciertamente entre todos estos ha habido contrarrevolucionarios, hombres, que como dicen estos mismos autores, provenían de grupos como Alfa 66, formados en Florida, que se infiltraron en territorio cubano por cuenta del imperialismo, pero eran pocos, porque lo que se hacía con ese tipo de detenidos era fusilarlos. Pero "la gran mayoría está formada por prisioneros políticos revolucionarios que provienen del Movto. 26 de julio, del Directorio revolucionario, del Partido Comunista, de los combatientes de la clandestinidad, de la Sierra Maestra, de la gente del Partido Ortodoxo, de los guiteristas, de los miembros del Movimiento obrero, estudiantes, campesinos, intelectuales" (Franqui, Cambio 16 23 de abril de 1974).

La calificación de todos estos como contrarrevolucionarios la acuñó Fidel Castro, para quien todo aquél que se mantenga fiel a los ideales de la sierra, o que cuestione la dictadura personal que él ejerce, adquiere esa condición.

---

48. Diario de la Revolución cubana.

En algunos de los juicios ha sido el mismo Fidel o su hermano Raúl, quienes comparecen como fiscales, y quienes argumentan contra toda evidencia, hasta que se dictan sentencias de diez, quince y hasta treinta años de prisión, cuando no se les asesina.

Un año antes de la publicación del libro de Valladares Fidel concedió una entrevista a la conocida articulista y entrevistadora Barbara Waters, quien le preguntó por los presos políticos y de conciencia. Fidel Reconoció solamente unos tres mil presos, pero la atribuyó a la actividad de los Estados Unidos. Dijo incluso que en algún momento los presos llegaron a ser quince mil, pero aseguró que sólo el veinte por ciento seguían detenidos. (Mayo de 1977).

Sin embargo, según nota aparecida en la prensa internacional el 3 de abril de 2013, que cita al Centro Internacional para Estudios de Penitenciarios, de la Universidad inglesa de Essex, Cuba tiene la sexta tasa de población penal más alta del mundo, con 510 presos por cada 100.000 habitantes, teniendo en cuenta los datos oficiales, que organizaciones de derechos humanos rechazan. Es decir, que, si la población es de once millones, los prisioneros suman entonces más de cincuenta mil. La misma fuente asegura que Cuba está entre los países con un sistema penitenciario "al límite" debido a la población total de reclusos y el número de presos por cada 100.000 habitantes, informa el sitio en internet Esglobal, antes Foreign Policy en Español.

El Gulag tropical

El régimen de los hermanos Castro, que desde hace décadas no permite que organizaciones internacionales como la Cruz Roja Internacional y Amnistía Internacional visiten las cárceles cubanas, publicó en mayo de 2012 que el número de reclusos existentes en Cuba era de 57.337. Sin embargo, la Comisión Cubana de Derechos Humanos y Reconciliación Nacional (CCDHRN) consideran que la real de presos está entre 70.000 y 80.000.

Los presos cubanos son utilizados como mano de obra casi gratuita. La mayoría de la población penal cubana está formada por negros y mestizos, según denuncias de activistas contra la discriminación racial. Según el Comité de Naciones Unidas contra la Tortura, en 2010 murieron en prisión 44 reos cubanos y otros 69 fallecieron en hospitales; en 2011 perdieron la vida en la cárcel 29 prisioneros y 60 mientras recibían atención médica. La CCDHRN señaló en febrero de este año que al menos una veintena de reclusos habían muerto en las prisiones cubanas en los anteriores cinco meses. "La situación de las cárceles en un país suele reflejar las virtudes y, demasiado a menudo, los defectos del Estado que las gestiona y de su sistema de justicia", advierte Esblogal, editado por la Fundación española para las Relaciones Internacionales y el Diálogo Exterior (FRIDE).

Antes de ver los tratos crueles, inhumanos y degradantes que sufren los presos políticos en la Cuba de Fidel Castro, véanse las buenas condiciones que tuvo Castro cuando estuvo encarcelado veintidós meses en el Presidio Modelo de Isla de Pinos, por la condena a quince años por el asalto al Cuartel Moncada. Cito a continuación la compilación que con motivo de la difusión del libro de Pierre Golendorf, militante del Partido Comunista francés, pero disidente del stalinismo, aparece en internet (https://es.pinterest.com/pin/572590540095014413/). El libro se titula *7 años en Cuba. 38 meses en las prisiones de Fidel Castro.*. Su contenido recoge los testimonios de decenas de disidentes, presos y muertos. Pierre había estado poco más de tres años preso, acusado de ser agente de la CIA por defender a otros prisioneros y acusar al régimen de autoritarismo. El texto dice:

"Centenares de miles de cubanos han estado internados en estas prisiones, sufriendo todo tipo de torturas. Sin embargo, Bruno Rodríguez, ministro de Relaciones Exteriores de Fidel Castro, afirmó que el sistema carcelario cubano es "el más humano del planeta". ¡Qué cinismo! El 12 de junio de 2010 obtuvo la libertad condicional el preso de conciencia Ariel Sigler Amaya, que estaba paralizado de la cintura hacia abajo desde el 23 de septiembre de 2008, cuando estaba en la prisión de Ariza, Cienfuegos....

"En junio de 2012, la Alianza Democrática Oriental -coalición de organizaciones opositoras en las cinco provincias orientales de Cuba-, dio a conocer un documental donde se denuncia la violación a los derechos humanos -entre ellos, la tortura y los tratos crueles, inhumanos y degradantes en las prisiones cubanas- con el testimonio de cuatro ex prisioneros políticos cubanos: José Daniel Ferrer García, Jorge Luis García Pérez 'Antúnez', Isael Poveda Silva y Rodolfo Barthelemy Cobas, que viven y luchan por el cambio democrático en Cuba. El documental fue realizado en Cuba, burlando la represión castrista. Y se cita a continuación una nota de la prensa europea:

"MADRID, 22 Ene. (EUROPA PRESS) - La Comisión Cubana de Derechos Humanos y Reconciliación Nacional (CCDHRN) ha denunciado que el número de presos políticos en las cárceles de Cuba se ha duplicado en los últimos diez meses, al pasar de 45 en marzo de 2012 a los actuales 90. La Comisión, una organización ilegal, aunque tolerada por el régimen de la isla, ha hecho público este martes un balance en el que ha admitido que no cuenta con todos los datos. Su informe, ha explicado en un comunicado, "no incluye el cien por cien de los prisioneros cubanos por motivaciones políticas debido al carácter cerrado del régimen totalitario". Sin embargo, la cifra obtenida "resulta elocuente", según la CCDHRN, que ha confirmado la existencia de al menos 90 presos políticos y de 16 personas beneficiadas de la denominada Licencia Extrapenal, por la cual el Gobierno accedió a la salida de la cárcel de decenas de opositores. La comisión ha alertado de que, a tenor de estas cifras, "por lo menos se ha duplicado" el número de personas encarceladas por motivos políticos. En marzo de 2012, había 45 presos y 18 condenados que habían regresado a sus casas gracias a la Licencia Extrapenal. La tendencia "constituye un hecho negativo y reafirma al Gobierno de Cuba en el primer lugar, en el hemisferio occidental y en la mayor parte del mundo, por el número de personas condenadas por razones políticas", ha añadido en su nota la organización. Según la Comisión, en Cuba se produjeron en 2012 una media mensual de 550 arrestos de corta duración o procesamientos contra disidentes, por encima de los 343 de 2011 y los 172 de 2010. La CCDHRN ha subrayado que el Gobierno de Raúl Castro mantiene su "táctica represiva", pese a haber cambiado las largas condenas contra opositores por una represión "de baja intensidad", es decir, "miles de detenciones anuales de corta duración".

El código penal en vigor, continúa la página de Golendorf, sanciona con privación de libertad a quienes posean y distribuyan lo que las autoridades califican de "propaganda enemiga". Las penas para los infractores oscilan entre uno y ocho años y llegan a alcanzar hasta quince si a alguien se le ocurre divulgarlas a través de los medios de difusión masiva. En 1999, la Asamblea Nacional del Poder Popular aprobó la Ley 88 de Protección de la Independencia Nacional y la Economía de Cuba, "ley mordaza", para penalizar a quienes divulguen información contraria a los intereses del gobierno. En realidad, las leyes son bien severas cuando se trata de expresiones, artísticas o no, que cuestionan la línea de pensamiento oficial. La misma Constitución de 1992 se encarga en los artículos treinta y nueve y cincuenta y tres de limitar las opiniones y el contenido de las obras, respaldando exclusivamente aquéllas que alaban el régimen. Se trata de un permiso jurídico para aplaudir pero no para disentir. ...el balance represivo en más de medio siglo resulta abrumador, aún sin considerar los casos de discriminación, hostilidad y abusos cometidos contra miles de ciudadanos por la mera razón de no sumarse a las consignas ni a las tareas exigidas por el partido único. Me refiero a los campesinos desplazados de una provincia a otra (de Las Villas a Pinar del Río) para anular la base de apoyo a las guerrillas del Escambray ("Plan Sandino"); los obreros y empleados separados de sus puestos de trabajo tan pronto manifestaban intenciones de abandonar el país; los estudiantes purgados de escuelas y universidades porque sus conductas políticas o sexuales no se ajustaban a la moral revolucionaria; los escritores y artistas condenados al ostracismo por no estar suficientemente comprometidos.

"Fuera de Castro y de su entorno más íntimo, nadie sabe a ciencia cierta cuántas personas han sido fusiladas en Cuba durante los pasados cuarenta y ocho años. A los lectores incrédulos, los invito a revisar diferentes códigos penales de Cuba, los de 1979 y 1987, para que comprueben cómo la pena de muerte abunda en los llamados delitos contra la seguridad del estado en comparación con los comunes. Los cálculos más discretos sobre la cantidad de fusilados siempre oscilan entre dos y cinco mil. En algún momento del futuro, cuando sea posible el acceso a los archivos secretos, podrá conocerse la verdadera cifra. ...a diferencia de las dictaduras de derecha, en Cuba no hay "desaparecidos" en el sentido en que ese término se aplicó a las víctimas asesinadas por juntas militares. Las violaciones de los derechos humanos tienen lugar en el marco de la titulada "legalidad socialista", donde policías, jueces, carceleros y sepultureros tienen un mismo empleador. Tal es la diferencia entre gobiernos autoritarios y totalitarios. En Cuba, sin embargo, no hace falta lanzar un cadáver al mar ni arrojarlo al abismo desde un helicóptero. Existen las fosas comunes para los sancionados a muerte y, si son "contrarrevolucionarios", ni seña de la tumba donde se hallan los restos. En la apariencia de acatamiento a las "leyes socialistas" vigentes, el policía, el guardia de prisiones y los soldados del pelotón de fusilamiento no tienen necesidad de desaparecer los cuerpos.

"Ni qué decir de los medios de información (radio, televisión, prensa plana y ahora la red de internet e incluso las computadoras), sometidos a la vigilancia y a la censura. Ese poder vertical y rigurosamente manejado asegura que los reos de la policía política sean siempre presentados a la opinión pública como "lacayos del imperialismo yanqui, soldados de fortuna de los intereses más espurios y fabricantes de grupúsculos integrados por cuatro gatos a los que el pueblo debe aplastar como cucarachas". En ese contexto, nadie debe asombrarse de que en todos los juicios se les halle culpables y sean sancionados sin piedad. En las prisiones los abusos cometidos por los guardias son estimulados por el poder político. Basta repetir que Castro, en sus intervenciones públicas sobre el tema, siempre se jacta al decir que nunca ha habido una sola violación de los Derechos Humanos."

¡Sería tanto lo que podría agregar ilustrando el verdadero

rostro del régimen cubano! Por fortuna el pueblo cubano lo asumirá pronto. Tal vez antes de que todos estos articulistas se den cuenta de su error o lamenten haber caído en la fila de los apologistas.

Quiero solamente cerrar con dos citas. Una sobre quién era Huber Matus, y la otra de él mismo en torno al juicio al que lo sometió personalmente Fidel Castro.

Dice Wikipedia al respecto: "En julio de 1959, Matos denunció la dirección que estaba tomando la revolución dando discursos abiertamente anticomunistas en Camagüey. Esto puso en marcha una disputa de meses de duración entre él y Castro, entonces Primer Ministro de Cuba, cuando Castro reemplazó al presidente Manuel Urrutia con el más radical Osvaldo Dorticós Torrado, Matos presentó su renuncia en una carta a Castro.3 El 26 de julio, Castro y Matos se reunieron en el Hotel Hilton de La Habana, donde, según Matos, Castro le dijo:.. "Su renuncia no es aceptable en este punto. Todavía nos queda mucho trabajo por hacer. Admito que Raúl [Castro] y el Che [Guevara] están coqueteando con el marxismo... pero tienes la situación bajo control... Olvídate de renunciar ... Pero si en un tiempo tú crees que la situación no está cambiando, tienes el derecho a renunciar. En septiembre de 1959, Matos escribió: "La influencia comunista en el gobierno ha seguido creciendo. Tengo que dejar el poder tan pronto como sea posible. Tengo que alertar al pueblo cubano en cuanto a lo que está sucediendo. El 19 de octubre envió una segunda carta de renuncia a Castro3, debido al giro comunista por el que Fidel estaba llevando a Cuba. Como respuesta Castro le acusó en un discurso de sedición..."

El texto de Matus dice: "Aquí, en la soledad de mi calabozo, quisiera demoler a golpes los muros y las rejas, para poder salir a la calle y alertar al pueblo cubano sobre la terrible noche que le acecha. Quisiera decirle la verdad de lo que está pasando y también poder refutar las calumnias que el líder de la Revolución lanza contra mí. Pagaría gustoso con mi vida por esa oportunidad. Pero el pueblo está fanatizado. Las multitudes entusiastas van hundiéndose en la oscuridad y yo no tengo fuerzas para romper los barrotes. ¿Qué puedo hacer en estas condiciones para esclarecer la verdad ante la gente? ¿Cómo desenmascarar tanta impudicia, despertar tanta conciencia adormecida por el asedio publicitario y la pasión? ¿Con qué armas combatir la hipnosis política que enajena a los cubanos?

"Pienso en mi familia; especialmente en lo que mi esposa me ha contado sobre nuestro hijo mayor, Huber, de sólo quince años, que al ver ultrajado a su padre, reducido a la condición de reo por traición, y a la familia atacada y perseguida por el poder, se ha apartado de sus inquietudes de adolescente, asumiendo la actitud de un adulto valiente frente a la adversidad. Nuestro abogado ha logrado que él, María Luisa y mi padre puedan asistir al juicio. Mi viejo, con firmeza y serenidad, ayuda a los demás miembros de la familia a soportar este angustioso moento. Maria Luisa enfrenta la situación con singular aplomo y ha hecho cuantas gestiones están a su alcance para defender mi vida y favorecer mi defensa....Voy a juicio con muchas desventajas: la primera, el haber sido prácticamente condenado a pena de muerte, cinco días después de mi arresto, por una multitud de cientos de miles de personas, arengadas y dirigida por el Máximo Líder."

Ese ha sido el liderazgo de Fidel Castro. Y eso es lo que esta campaña orquestada por la burocracia cubana pretende eternizar. Por fortuna los tiempos cambian. Y ya no vivimos en los años en que podía inventarse un legado y sostenerse la imagen de los dictadores para una ignorante posteridad.

La herencia de la revolución

En Rusia y China se avanzó, sin duda, en conquistas sociales importantes. Y en Rusia se han perdido irremediablemente después de setenta años de régimen, tras la contrarrevolución consumada bajo Yeltsin y sus sucesores. Se perdió la educación gratuita, y el servicio médico que, aunque tenía cuadro básico como aquí en México, ahora ya ni eso es accesible. Se perdió la difusión pública de la cultura, con tirajes de millones de ejemplares o el apoyo para miles de conjuntos de teatro, música y artes. Se terminó con el cine social. Se perdió la estabilidad de precios. Se empobreció drástica y repentinamente una amplia mayoría de las clases trabajadoras y de los creadores de la educación. Y desde luego también se perdió la vivienda otorgada por el Estado con un porcentaje mínimo de pago según el salario, así como la propiedad pública de la industria y la infraestructura. En China también se ha instaurado el capitalismo bajo dictadura "comunista". Y me cuesta trabajo ver que después de eso existan personas que se sienten de izquierda y defienden a Stalin, o a Fidel. Si cuando menos hicieran un balance viendo ambos aspectos, lo alcanzado y lo impedido. ¿Pero exaltarlo solamente? ¡Qué extravío mental viven los hombres de estos siglos!

Debemos defender los avances en la educación que Cuba ha alcanzado. Debemos exaltar los logros en la medicina. Debemos defender ese campo cooperativo que permitió elevar una y cien veces los niveles de vida de los mambíes que sufrieron durante décadas la opresión y la miseria de las plantaciones semifeudales, debemos defender ese espíritu solidario y hasta de sacrificio que ha conservado más de medio siglo ese extraordinario pueblo de Cuba. Debemos incluso celebrar su ejemplo, su entereza, para difundir la revolución, para llevarla hasta lugares lejanos al mismo tiempo que con orgullo la defendieron, cualquiera que haya sido esta, ante el cercano imperialismo. Pero debemos, al mismo tiempo, reclamar libertades, liberar a los presos políticos, rehabilitar a los disidentes, publicar la obra de los críticos, abrir las fronteras a la libre circulación de las ideas. Porque el socialismo no se consolida ni se fortalece con la manipulación o impidiendo el acceso al pensamiento plural, ni se levanta negando al mercado de productores libres y asociados.

Debemos aprender a mira en la historia sin endiosar a sus protagonistas. Pudiendo aquilatar la dimensión humana con virtudes y defectos. Debemos cultivar el análisis desideologizado. Necesitamos mirar las paradojas que han tenido lugar detrás de la aparente e idílica historia color escarlata. Porque si no aprendemos todo eso. Si seguimos venerando a Marx, a Lenin, y a todos sus discípulos, no estaremos a la altura del socialismo que debe plantearse en este Siglo XXI. Pues este nuevo socialismo no será solamente el que Marx barruntó, y no se parecerá a la dictadura bolchevique, que en nuestros días se nos aparece con sus formas grotescas.

Porque la sociedad del próximo presente y que proyecte su sombra en un horizonte temporal de mucho mayor longitud, será plural, incluyente, con aportaciones, ideas y amalgamas, que comprendan desde los principios morales de los viejos cristianos socialistas, hasta los más descabellados sueños de la anarquía y el sueño campesino.

Y eso implica pelear, no solo contra los enemigos de la nueva sociedad. Sino también, y acaso antes, contra los fanáticos y los incondicionales de toda dictadura y santón del socialismo real. Teniendo claro que, en este momento, se asemeja la situación al fanatismo de los cristianos de los siglos trece, catorce y quince, que después de exterminar a los nobles cátaros, cuando el vaticano organizara su exterminio a lo largo de dos siglos, se arrodillaran los obstinados fieles, devotamente y llenos de fé, ante los papas asesinos. Es la misma historia de horror, de maldad y de extravío. ¡Coño! Nos falta un Lutero que condene las bulas marxistas y abra una etapa de reflexión en el pensamiento social.

¿Que no podrá el Siglo XXI ofrecer un horizonte menos perverso y menos alienado a quienes sueñan todavía con un mejor porvenir?

Así dejamos la historia
La ocultada truculencia
De tu tortuosa presencia
Comandante lenguaraz
Tu vocación de poder
Te hizo insensible al ideal
Con que naciste primero
Y luchaste junto a tantos...
Tendiste un cerco de muerte
Y de alambradas feroces
Sobre el pueblo que engañabas
Para llenar tu ambición
Tu amor revolucionario
Se convirtió en obsesión
Que impidió otros pensamientos
Y cegó toda canción.
El sufrimiento que has dado
No ennoblece tu papel
Y se convierte en tropel
Que harán tu memoria fría
Sin que conserve hidalguía
Y sí conserve un reclamo
Que por los años exclamo
Sepultarán tu memoria.

Del comunismo a la autogestión.
Radiografía de una conciencia radical

Mario Rechy Montiel

www.barbaspoeticas.com
contacto@barbaspoeticas.com
susana@aguamielcreativo.com

Ciudad de México
2020